| 제2판 |

미디어에 대한 올바른 이해와 활용

디지털 미디어 리터러시

제2판

미디어에 대한 올바른 이해와 활용

DIGITAL MEDIA LITERACY
디지털 미디어 리터러시

김경희
이숙정
김광재
정일권
박주연
심재웅
최세정
전경란

한울
아카데미

* 이 책은 MBC재단 방송문화진흥회의 지원을 받아 출간되었습니다.

머 리 말

이세돌과 알파고가 펼친 세기의 대결은 우리를 '멘붕'에 빠지게 했다. 바둑 하면 이 세상 최고의 강자인 이세돌이 인공지능 바둑 프로그램에게 질 것이라고 예상한 사람은 많지 않았다. 그런데 첫 번째 대국부터 충격적이었다. 승리를 자신하던 이세돌이 완패했기 때문이다. 그리고 계속된 패배 끝에 간신히 1승을 따냈다. 결과는 1:4로 알파고의 승리였다. 사람들은 인공지능의 발전에 감탄하기보다는 두려움에 빠졌다. 이러다가 '인공지능에게 지배받는 세상이 되지 않을까?' 하고 걱정하기 시작했다. 영화 〈킹스맨: 시크릿 에이전트〉에서 스마트폰에 깔린 프로그램에 의해 죽음에 이르는 사람들처럼 우리도 인공지능이 명령하는 대로 살아가게 될까 봐 두려웠다.

그러나 두려움은 두려움일 뿐 우리의 일상은 달라지지 않았다. 우리는 매일 우리의 정보를 구글에 전송한다. 내가 오늘 무엇을 먹었는지, 누구와 어디를 함께 갔는지, 무엇을 샀는지 페이스북에 끊임없이 올린다. 또 네이버에 검색어를 끊임없이 입력하며 내가 어떤 관심을 갖고 있는지, 어떤 물건을 갖고 싶은지를 포털 사이트에 계속해서 알려준다. 인공지능의 머신 러닝machine learning을 걱정했던 순간과는 달리 일상에서는 아무것도 달라지지 않았다. 우리는 '생각하지 않고' 미디어를 끊임없이 소비한다.

집에 아기 용품 광고지가 계속 배달되는 것에 의문을 가진 가정주부가 있었다. 아기가 없는 자신의 집에 왜 이런 광고가 배달되는지 이상하게 생각한 것인데, 알고 보니 자신의 딸이 임신을 했기 때문이었다. 부모도 모르는 사실을 광고회사는 어떻게 알았을까? 광고회사는 어떤 화장품을 사는지, 어떤 상품을 검색했는지를 분석해서 딸이 임신했다는 사실을 알아낼 수 있었다. 미국에서 일어난 일이지만 한국 사회도 예외가 아니다.

노출되기를 원하지 않는 우리의 정보를 광고회사에 주지 않으려면 어떻게 해야 할까? 인공지능 프로그램에게 지배받지 않고 주체적으로 살아가려면 어떻게 해야 할까? 답은 의외로 간단할 수 있다. '생각하면서' 살아가면 된다. 그런데 어떤 생각을 해야 할까? 그것을 알기 위해서는 미디어를 이해해야 한다. 미디어에서 흘러나오는 콘텐츠를 누가 왜 만들었는지, 우리가 누리는 편리함을 미디어 기업들이 왜 제공하는지, 미디어 산업이 어떻게 연결되어 있는지 알아야 한다.

너무나 익숙한 미디어이기에 우리는 미디어에 대해 잘 알고 있다고 생각한다. 필요한 정보를 손쉽게 검색할 수 있고, 이야기하고 싶은 사람들을 SNS를 통해 언제든지 만날 수 있으며, 즐기고 싶은 콘텐츠를 마음대로 클릭해서 볼 수 있다. '많은 정보가 쏟아진다고 하지만 나는 불편함이 없다. 내가 원하는 대로 정보를 검색하고 활용하기 때문이다'라고 자신감을 가진 독자가 있을 것이다. 실제로 사람들 대부분은 미디어 리터러시를 어느 정도는 갖고 있다.

그러나 문제는 우리의 뇌가 우리도 모르는 사이에 우리의 미디어 습관을 길들여나간다는 것이다. 인간의 뇌는 인지 과부하를 막기 위해 자동화 처리를 한다. 즉, 내가 보고 싶은 정보와 콘텐츠에만 주목하게 만들어 나만의 세계 안에 나를 가둬놓는다. 그 사실을 깨닫지 못하면 우리는 진짜 세상이 어떻게 돌아가는지 알지 못한 채 내 안의 세상에 갇혀 살게 된다. 갈수록 다른 사람과는 소통이 안 되며, 최악의 경우에는 잘못된 정보에만 노출된 결과 가짜 세상에서 살게 될 수도 있다.

이것이 바로 우리가 깨어 있어야 하는 이유다. 미디어 리터러시를 증진해야 우리는 깨어 있을 수 있다. 미디어 리터러시를 가져야 미디어 콘텐츠를 생산한 누군가의 의도에 조정당하지 않고 내 생각대로 미디어 콘텐츠를 소비할 수 있다. 또 개인정보의 노출 여부를 스스로 결정하고, 올바른 정보와 건강하게 즐길 수 있는 콘텐츠를 소비하며, 다른 사람과의 소통 속에서 함께 잘 사는 사회를 만들어나가는 데 참여할 수 있다. 이것이 이 책을 쓰게 된 동기다.

이 책은 한국방송학회 미디어교육연구특별위원회가 기획했다. 이제는 과거처럼 'TV는 바보상자니까 안 보면 된다'는 식으로 살 수 있는 사회가 아니다. 우리는 좋든 싫든 미디어와 함께 살아가야 한다. 따라서 우리의 일상과 함께하는 미디어를 올바르게 이해하고 건강하게 소비할 수 있도록 미디어 리터러시를 증진해나가야 한다. 그런데 정작 미디어 리터러시는 무엇인지, 미디어 콘텐츠가 어떻게 생산되고 유통되는지, 어떤 콘텐츠가 나에게 도움이 되는지, 게임이나 광고는 어떻게 이용해야 하는지를 제대로 알려주는 책이 많지 않다. 또 이미 출판된 책들 중에는 미디어의 속성을 전체적으로 이해하지 못한 채 미디어 리터러시를 다룬 책도 있다. 그래서 미디어에 대한 속성과 특성을 제대로 전달하면서 미디어 리터러시를 증진할 수 있도록 하는 책이 필요하다고 생각했다. 이 책의 저자들은 1년 동안 매달 정기적으로 모임을 가지고 어떻게 미디어 생태계를 쉽게 전달할 수 있을지 논의하고 각자의 전문 분야에 대해 발표하고 토론하면서 이 책을 구성했다. 이 책은 미디어에 관심 있는 학생, 미디어 교육에 관심 있는 선생님과 학부모, 미디어를 잘 알고 싶은 성인이 쉽게 읽어볼 수 있게 기술했다. 각 장마다 제시한 활동들은 이 책을 읽는 독자가 스스로 해볼 수 있고, 수업을 운영하는 선생님이 학생과 함께 해볼 수도 있도록 구성했다. 자신의 미디어 이용행태나 미디어 리터러시를 평가해보고 고쳐나가야 할 부분을 스스로 생각해보는 데 활용하기를 바란다.

이 책은 총 2부로 나뉜다. 1부에서는 미디어 리터러시의 필요성과 정의 그리고 민주사회 실천양식으로서 미디어 리터러시에 대해 다루고, 2부에서는 미디어 분야별로 산업과 콘텐츠의 특성을 설명한 다음 미디어 리터러시를 증진할 수 있는 실천 방안을 제시한다.

1장에서는 미디어 리터러시가 왜 필요한지에 대해 기술했다. 건강한 생비자가 되기 위해서 미디어와 콘텐츠에 대한 이해를 바탕으로 '생각하면서' 콘텐츠를 소비할 줄 아는 미디어 리터러시를 가져야 하는 이유를 설명했다.

2장에서는 미디어 리터러시가 무엇인지에 대해 설명했다. 미디어 리터러시는 미디어를 읽고 쓸 수 있는 능력으로 미디어 접근 능력, 비판적 이해 능력, 창의적 표현 능력, 사회적 소통 능력으로 구성된다. '미디어 접근 능력'은 미디어를 통해 필요한 정보를 찾아내고 걸러내는 능력이다. 다양한 미디어에 접근할 수 있어야 하며, 필요한 콘텐츠에 접근하고 불필요한 콘텐츠를 차단하기 위한 기술적 조작 능력과 인지적 조절 능력이 필요하다. '비판적 이해 능력'은 미디어 메시지를 분석하고 평가하는 능력이다. 여기에는 온라인 정보의 신뢰성을 평가해 선별하는 능력도 요구된다. '창의적 표현 능력'은 자신의 관심사와 정체성을 드러내기 위한 글쓰기, 문제 발견과 문제 해결에 관한 새로운 관점을 제시하는 콘텐츠 제작 능력, 흩어져 있는 정보를 자신의 필요와 가치에 부합하도록 재구성해 공유하는 능력이다. '사회적 소통 능력'은 사회적 사안에 대해 공개적으로 자신의 의견을 개진하고 사회적 연결망을 통해 공론화 과정에 참여하며 문제 해결을 위해 협업할 수 있는 능력이다. 이러한 능력이 높은 사람, 즉 미디어 리터러시가 높은 사람이 좋은 시민이 될 가능성이 크다.

3장에서는 민주사회의 실천양식으로서 미디어 리터러시가 왜 주목받는지에 대해 기술했다. 미디어 리터러시는 개인에게 국한된 이야기가 아니다. 개개인의 미디어 리터러시가 모여 사회 전체의 자본이자 역량이 된다. 모든 사람이 미디어를 비판적으로 이용하고 창의적으로 활용하며 사회적 소통에 참여하면 민주사회는 저절로 유지될 것이다. 국가가 미디어 리터러시를 함양할 수 있는 균등한 기회와 환경을 보장해야 하는 이유다. 미디어 리터러시를 가진 사람들은 민주사회의 수레바퀴에서 서로 소통하며 각자의 역할을 잘 수행하는 건강한 시민성을 가질 수밖에 없다.

2부의 시작인 4장은 디지털 뉴스 리터러시를 향상하기 위한 내용이다. 디지털 미디어 환경에서 뉴스의 생산, 유통, 소비 과정은 과거의 상황과 많이 다르다. 직업 기자가 아니더라도 누구나 뉴스를 생산해 인터넷에서 유통할 수 있다. 뉴스를 소비하는 사람도 자신이 읽은 뉴스에 새로운 의견을 담아 재매개하는 일도 가능하다. 이런 현상에 따라 뉴스의 양이 증가했을 뿐만 아니라 뉴스의 정보원과 소재가 다양해져 정보의 독과점이 완화되었고 이용자가 선택할 수 있는 뉴스의 폭이 넓어졌다. 그 결과 정보의 연결성과 투명성이 강화되는 등 여러 긍정적 측면이 나타났다. 그러나 동시에 넘쳐나는 뉴스로 인해 이용자들은 정보과부하라는 부작용을 경험하게 되고, 정보원들 사이의 경쟁 과열로 선정성이 짙어지면서 정보의 품질은 하락하게 되었다. 이런 맥락에서 4장에서는 디지털 뉴스 환경에서 발생하는 문제점에 대응하기 위해 소비자와 생산자의 입장에서 뉴스 리터러시를 향상하는 방안을 살펴보았다. 먼저, 소비자가 좋은 뉴스를 분별해내는 방법과 선택한 뉴스를 통해 얻게 되는 정보를 합리적으로 처리하는 방법에 대해 설명했다. 다음으로 생산자의 뉴스 리터러시를 향상하기 위해 뉴스의 취재 또는 편집 과정에서 고려해야 할 부분을 기술했다. 나아가, 뉴스 생산 과정에서 취재 대상이 되는 사람들과 취재 결과를 소비하는 다른 시민의 상호작용 능력을 향상하는 방법도 함께 다루었다.

5장에서는 디지털 영상 리터러시 증진 방안을 소개했다. 누구나 쉽게 영상 콘텐츠를 소비하고 전달하며 참여하는 시대가 되었다. 디지털 영상 콘텐츠의 소비는 일상적으로 이루어지기 때문에 자신에게 맞는 콘텐츠를 잘 분별하는 방법을 아는 것은 필수적이다. 매스미디어가 생산하는 영상 콘텐츠는 기본적으로 이윤 추구를 위해 제작되기 때문에 상업성이나 오락성을 가질 수밖에 없다. 드라마나 영화, 오락 프로그램 등은 재미있는 내용을 전달해주지만 현실을 과대 포장하거나 폭력적으로 그려낸다. 해당 내용의 유익성을 판단하는 일은 소비자의 비판적 해석과 이해 능력에 의존할 수밖에 없다. 따라서 우리는 디지털 영상 미디어 산업의 동기를 제대로 파악하고 관련 콘텐츠의 이슈를 이해할 필요가 있다. 또한 디지털 영상 미디어가 주는 메시지의 요소나 이 산업이 갖는 영향력에 대한 비판적인 이해도 필요하다. 표현된 메시지를 비판적·적극적으로 해석하고, 이를 표현할 줄 아는 힘을 길러야 하는 것이다. 다양한 콘텐츠를 기반으로 이해, 평가, 창작 등의 기회를 통해 디지털 영상 콘텐츠에 대한 이해도를 높일 필요가 있다. 텔레비전에서 보고 들은 내용을 분석해 무엇이 좋고 나쁜지, 그것이 자신의 생활과 어떤 관계를 갖는지 평가하는 실천을 반복하는 일이 중요하다. 나아가 미디어 제작자와 커뮤니티 참여자로 활동하는 일이 증가하는 일상에서 영상 콘텐츠 기반의 소통·창의 역량을 기를 필요가 있다.

6장에서는 개인방송 리터러시에 초점을 맞췄다. 개인방송은 1인 또는 소규모의 인원이 다양한 디지털 방송 콘텐츠를 생산하고 쉽게 공유하는 플랫폼을 총칭하는 개념이다. 개인방송은 디지털 시민성을 기르고 적극적인 참여문화를 창출하는 기회가 될 수 있다. 모바일 기술의 발달로 제작과 편집이 용이해지면서 개인의 창의적 욕구가 동영상 콘텐츠로 표출되고, 이에 따라 개인방송은 빠르게 발전하고 있다. 그러나 개인방송의 무한한 잠재력을 제대로 실현하는 데 필요한 역량을 키우려는 사회적 노력은 많지 않다. 일부 개인방송의 지나친 선정성과 폭력성, 반윤리적인 내용으로 인한 문제점들이 노출되면서 개인방송 무용론과 규제의 필요성이 강하게 제기되는 상황이다. 이러한 맥락으로 6장에서는 개인방송의 정의와 관련된 다양한 현상을 설명하고 개인방송 리터러시를 위한 실천 방안을 제시했다.

7장에서는 디지털 광고 리터러시를 다뤘다. 디지털의 일상화와 함께 우리는 많은 광고를 접하고 있다. 콘텐츠와 융합된 다양한 형태의 광고가 등장하면서 정보와 광고 또는 콘텐츠와 광고를 구분하는 일이 쉽지 않다. 또 데이터를 실시간으로 수집하고 분석해서 소비자 개개인에게 전달하는 맞춤형 광고는 편리함을 주지만 사생활과 개인정보 보호에 대한 우려를 낳고 있다. 따라서 광고를 제대로 이해하고 주도적으로 소비할 수 있는 광고 리터러시가 무엇보다 중요해졌다. 이러한 맥락에서 7장에서는 디지털 광고의 주요 유형을 소개하고, 디지털 환경에서의 광고의 맥락과 광고 메시지에 담긴 의도를 이해할 수 있도록 관련 이슈들을 살펴보았다. 나아가, 좋은 광고와 나쁜 광고를 구분해 소비자의 선택권과 권리를 확보하고 광고를 활용해 창의성과 커뮤니케이션 능력을 함양하는 광고 리터러시를 증진하는 방안을 제시했다.

8장은 요즘 무엇보다 '뜨거운' 디지털 게임 리터러시를 다뤘다. 먼저 디지털 게임 환경을 이해하기 위해 게임을 둘러싼 다양한 이슈를 살펴보았다. 그동안 디지털 게임은 폭력성, 과몰입의 문제를 야기하는 병리적인 대상으로 여겨졌다. 그러나 디지털 게임을 즐기는 사람들이 증가하고, 디지털 게임 산업이 괄목할 만한 성장을 거두었으며, 디지털 게임이 지닌 교육적 잠재력을 활용하려는 움직임까지 일면서 게임을 둘러싼 논의는 한층 더 복잡한 양상을 보이고 있다. 이러한 디지털 게임을 이해하기 위해서는 규제나 통제교육 또는 도구적 수단으로서 게임을 볼 것이 아니라, 현대인의 삶 전반과 영향을 주고받으며 확장하는 미디어 환경의 일부로 게임을 바라볼 필요가 있다. 따라서 환경으로서 디지털 게임에 대한 총체적인 이해가 요구된다. 게임 리터러시는 게임 콘텐츠에 대한 이해, 합리적인 게임 이용, 게임을 둘러싼 다양한 맥락에 대한 이해, 게임을 통한 창의적 표현과 의사소통 역량을 뜻한다. 이러한 게임 리터러시 교육은 단편적인 진로교육이나 통제교육을 넘어 적극적으로 게임을 활용할 수 있는 역량을 키우는 것이다. 나아가 이러한 교육은 생애 전체를 관통해 이루어져야 하며, 급변하는 사회 흐름에 대처하고 미래를 준비하는 방향으로 진행되어야 한다.

출판을 앞두고 책을 읽어보니 기획 의도를 충분히 살리지 못했다는 반성을 하게 된다. 부족한 것이 한두 가지가 아니다. 조금 더 많은 시간과 노력을 투자했어야 했다. 그럼에도 우리 사회의 미디어 리터러시를 높여 미디어 격차를 줄이고 한층 더 민주적인 사회를 만들고자 하는 미디어학자들의 작은 소망을 담은 책이라고 이해주기를 바란다.

이 책이 나올 때까지 많은 분의 도움이 있었다. 한국방송학회 미디어교육연구특별위원회를 만들어주신 전 한국방송학회 강형철 회장님과 물심양면으로 지원해주신 김영찬 한국방송학회 회장님께 감사드린다. 또 편집회의 때마다 회의록을 작성해주시고 교정과 편집을 꼼꼼하게 해주신 중앙대학교 박사과정의 진소연 선생님께 감사의 말씀을 전한다. 이와 함께 이 책의 저술을 지원해주신 방송문화진흥회와 출판을 흔쾌히 허락해주신 한울엠플러스(주) 김종수 사장님과 어려운 편집 작업을 맡아서 세련된 모습의 책으로 꾸며주신 김초록 편집자께 감사드린다.

미디어 리터러시는 끊임없이 증진해나가야 하는 역량이다. 일정 기간 공부하고 끝낼 수 있는 것이 아니다. 미디어가 끊임없이 발전하고 그에 따라 산업이 변신하며 소통의 기술이 달라지고 있기 때문이다. 부족하지만 이 책이 독자들의 미디어 리터러시를 증진하는 데 조금이라도 기여할 수 있기를 기대한다.

2018년 2월
저자들을 대표하여
한국방송학회 미디어교육연구특별위원회 위원장 김경희

차례

2부 콘텐츠와 산업 그리고 미디어 리터러시

PART 1.

디지털 시대의 미디어 리터러시

1. 미디어 리터러시는 왜 필요한가
2. 미디어 리터러시는 무엇인가
3. 민주 사회 실천양식으로서 미디어 리터러시는 왜 주목받는가

DIGITAL MEDIA
LITERACY

DIGITAL MEDIA LITERACY

01

미디어 리터러시는 왜 필요한가

우리는 늘 미디어와 가까이 지낸다. 항상 스마트폰을 손에 지니고 있으니 미디어와 함께 살고 있다고 해도 틀린 말이 아닐 것이다. 그래서인지 너나 할 것 없이 미디어에 대해 잘 알고 있다고 생각한다. 미디어를 주제로 이야기하면 누구나 할 말이 많다. 그런데 정작 '뉴스는 모두 믿어도 될지', '드라마에서 나오는 상품은 진짜 좋은 것인지', '포털 사이트 검색에서 제일 위에 노출되는 사이트가 가장 정확한 정보를 담고 있는지'에 대해 자신 있게 답할 수 있는 사람은 많지 않다. 이 질문들에 대한 해답은 미디어를 잘 활용하려면 알아야 할 지식이지만 우리는 궁금해하지도 않고 알려고 하지도 않는다. 그래서 우리는 미디어 콘텐츠 제작자가 원하는 방향으로 콘텐츠를 소비하기도 하고 잘못된 정보를 믿기도 한다. 앞으로의 사회는 미디어가 더 중요해지고 미디어를 어떻게 활용하는지에 따라 행복할 수도 불행할 수도 있는 사회다. 미디어를 잘 모르면 경쟁에서 밀릴 수도 있고 다른 사람에게 피해를 줄 수도 있다. 개개인이 미디어 리터러시를 가져야 하는 이유다. 우리 모두는 미디어를 제대로 이해하고 활용하는 방법을 배워야 한다. 그럼에도 미디어 리터러시를 향상하려고 노력하지 않는 것은 미디어가 워낙 친숙한 대상이어서 사람들 대부분이 '미디어에 대해 다 안다'는 착각 속에 살아가고 있기 때문이다. 이것이 미디어 교육이 잘 이루어지지 않는 중요한 원인이다. 다행히 이 책을 읽기 시작한 여러분은 미디어 리터러시의 필요성을 조금이라도 느낀 분들이다. 지금부터 우리가 익혀나가야 할 미디어 리터러시가 왜 필요한지 우리가 처한 현실을 돌아보며 생각해보자.

1. 정보과부화와 선택의 어려움

1) 정보과부하

사람마다 하루에 접하는 정보의 양은 천차만별이다. 스마트폰을 통해 포털 사이트를 자주 보는 사람이라면 하루에도 뉴스와 정보 수십 개를 보고 거기에 딸린 댓글이나 사람들의 평을 볼 것이다. 제휴 언론사들이 네이버에 보내는 뉴스가 하루에 3만여 건이라니 1인 미디어 같은 언론들이 생산한 뉴스까지 고려하면 하루에 우리가 인터넷에서 볼 수 있는 뉴스만 5만여 건은 족히 되지 않을까 싶다. 게다가 뉴스 공급·검색 제휴를 맺은 언론사를 대상으로 뉴스를 검색할 수 있는 네이버나 다음과 달리, 전 세계 5만 개 이상의 뉴스 사이트를 크롤링crawling해 뉴스를 제공하는 구글은 네이버와 다음에 비해 기사 양이 40배 이상 많다. 네이버가 하루 평균 약 3만 건이면, 구글은 하루 평균 약 120만 건 이상의 뉴스를 제공하는 것으로 추산해볼 수 있다. 이처럼 외국에서 생산한 뉴스까지 생각해보면 상상하기 힘들 정도로 많은 뉴스가 매일 생산되는 셈이다.

우리가 접할 수 있는 콘텐츠에는 뉴스만 있는 것이 아니다. 기업들이 쏟아내는 상품 광고, 정부에서 발표하는 정책 자료, 1인 크리에이터들이 제작한 방송 등 볼 수 있는 콘텐츠가 너무 많다. 어디 그뿐인가. 내가 팔로우하는 수많은 페이스북 페이지에서 친구들이 보내주는 사진, 정보, 이야기까지 생각하면 우리는 그야말로 어마어마한 정보의 홍수 속에 살고 있다.

이렇게 많은 정보가 있어서 좋은 점도 많다. 맛난 음식점을 쉽게 추천

받을 수 있고 구경할 곳도 쉽게 찾을 수 있다. 언제 어디서나 필요한 정보를 얻을 수 있으니 낯선 곳에 가도 두렵지 않다. 필요한 물건이 있으면 어느 상품이 좋은지, 어느 쇼핑몰에서 싸게 살 수 있는지, 적금은 어느 은행에서 들어야 높은 이자를 받을 수 있는지, 오늘 우리 지역에서 어떤 사건이 발생했는지 등 경제, 생활, 여가를 포함해 다양한 분야에서 더 현명한 선택을 할 수 있다.

문제는 정보가 너무 많아서 어떤 정보를 취하고 어떤 정보를 버려야 할지 판단하기가 어렵다는 점이다. 맛집이라고 해서 가봤더니 손님도 없고 맛도 없는 음식점일 때가 있다. 홍보성 낚시글에 낚인 것이다. 이 경우에는 한 끼 맛없게 먹는 걸로 끝나지만, 중요한 취업 정보나 비즈니스 정보를 찾는 데 잘못된 글에 낚기면 그야말로 낭패다. 정치인이나 주요한 사회문제에 대해 잘못된 정보와 관점을 접해서 대통령을 잘못 뽑는다면 그 고통은 말할 수 없이 커진다. 따라서 정보과부하 시대에 살면서 어떤 정보를 취하고 어떤 정보를 버려야 하는지를 선택하는 일은 매우 중요하다. 그러나 좋은 정보, 옳은 정보를 취하는 일은 쉽지 않다. 정보 분별력을 키우기 위한 끊임없는 노력이 필요하다.

2) 미디어의 유혹

음란물과 불건전한 정보

미디어에는 우리를 유혹하는 좋지 않은 정보가 넘쳐난다. 인터넷에서 유통되는 정보의 많은 부분이 음란물이라는 것은 공공연한 사실이다. 과거에는 구하기 힘들었던 음란 비디오나 잡지들이 오늘날에는 내 손에 있는 스마트폰에 모두 담겨 있다. 마음만 먹으면 언제든지 음란물을 볼 수 있게 된 것이다. 불법인 몰래카메라로 물놀이 공원의 샤워장을 찍어 유포한 동영상으로 인해 수많은 피해자가 발생한 사건을 기억하는 사람이 많이 있을 것이다. 언제 어디서나 정보에 접근할 수 있고 이를 공유하겠다는 기본 정신으로 출발한 인터넷이 음란물로 몸살을 앓고 있다.

그뿐인가? 누군가를 특별한 이유도 없이 비난하는 혐오 발언들과 막말들, 차마 보기 힘든 폭력적인 장면들까지 떠돌아다닌다. 여중생들이 한 학생을 폭행해 사회문제가 된 적이 있다. 그때 가해 여학생들은 영상통화를 통해 폭행 장면을 중계하고 SNS에 자랑까지 했던 것으로 알려져 충격을 주었다. 그렇게 된 배경에는 타인에 대한 혐오 발언이나 폭행이 부끄러운 일이 아니라 자랑할 만한 일이라고 생각할 만큼 불건전한 정보가 만연한 오늘날 인터넷 환경이 있다.

의도했든 의도하지 않았든 우리는 누군가에게 고통을 줄 수 있는 음란물과 혐오 발언에 노출되고 있다. 이런 불건전한 정보를 걸러내지 못하면 우리는 그런 정보에 오염될 수 있고 또 그런 정보를 자신의 소셜 미디어를 통해 유통하는 실수도 할 수 있다. 이것이 불건전한 정보의 유혹에 빠지지 않을 수 있는 분별력과 자기규제가 필요한 이유다.

낚시성 정보와 뉴스 어뷰징

포털 사이트에서 검색한 뒤 제목을 보고 클릭했는데 입력한 검색어와 전혀 다른 내용이 튀어나와 당황한 경험이 있을 것이다. 이런 낚시성 정보를 보게 되면 기분이 나쁘다. 우리의 귀한 시간을 빼앗기는 것이다. 더구나 보기 싫은 민망한 광고까지 잔뜩 있어 로딩하는 데 오랜 시간까지

걸린다면 더욱 화가 난다.

제목을 보고 클릭한 기사가 방금 전에 읽었던 기사와 똑같은 내용인 경우도 있다. 검색한 단어가 기사 제목에는 있지만 본문에는 없을 때도 있다. 그나마 사실을 다룬 뉴스라면 다행이다. 사실도 아니고 정보도 아닌 광고성 뉴스가 너무 많다.

뉴스 어뷰징news abusing은 포털 사이트에서 많이 검색되어 클릭 수를 늘리기 위해 간편하고 쉬운 방법으로 만들어진 뉴스를 말한다. 뉴스 어뷰징의 종류도 굉장히 다양하다. 사람들이 많이 쓰는 검색 키워드를 의도적으로 조합해 삽입하고 출처가 불분명한 네티즌의 반응들을 나열하는 '네티즌 반응 어뷰징', 키워드가 동일하고 기사 내용이 유사한 경우 최초 기사에 가중치를 주는 알고리즘을 악용해 포털 사이트에 미리 입력했던 기사를 새로운 이슈로 내용을 바꿔버리는 '엎어치기 어뷰징', 기사 내용의 마지막에 전혀 관련 없는 연예인을 엮어 기사를 작성하고 기사 제목으로 클릭을 유도하는 '기승전연예인 어뷰징' 등 새로운 어뷰징이 끊임없이 탄생하고 있다. 이런 다양한 어뷰징에 낚이지 않으려면 이용자가 더 똑똑해져야 한다.

정보를 가장한 광고, 뉴스를 가장한 마케팅

정보인지 광고인지 판단이 서지 않는 광고가 너무 많다. 건강 관련 정보에서 이런 사례를 많이 찾아볼 수 있다. 당뇨병에 좋은 선식을 검색하면 당뇨병과 선식에 대한 건강 상식을 전달해주면서 당이 적게 함유된 선식을 광고하는 내용으로 자연스럽게 넘어가고 상품 구매 사이트까지 링크해준다. 또 '올해의 히트상품 베스트'나 '유망기업 대상' 등 이름 있는 언론사가 심사해 선정했다며 버젓이 소개하는 상품들이 알고 보면 광고비를 주고 제작된 기사형 광고인 경우가 허다하다. 미디어 산업이 어떻게 돌아가는지 이해하지 않고서는 콘텐츠를 똑똑하게 소비하기는 어렵다.

소비자가 정보를 가장한, 또는 뉴스를 가장한 광고를 찾아내서 걸러내는 일은 생각보다 어렵다. 최근에는 사용 리뷰나 구매 리뷰를 읽어보며 현명한 선택을 하는 소비도 많지만, 사용 리뷰조차 광고비를 받고 작성된 사례가 있기 때문에 소비자 리뷰도 걸러서 이해해야 한다. 정보는 많아졌지만 신뢰할 만한 정보를 찾는 일은 더욱 어렵게 되었다.

진짜 같은 가짜 뉴스, 진짜 같은 거짓 정보

박근혜·최순실 게이트 당시 JTBC가 최순실 씨의 태블릿 PC를 입수해서 보도한 일은 너무나 잘 아는 사실이다. JTBC는 이 보도로 한국기자협회에서 주는 기자상을 받았고, 검찰에서 최순실 씨가 사용한 태블릿 PC임을 인정했다는 보도도 나왔다. 그런데도 인터넷에서는 JTBC가 최순실 씨의 태블릿 PC를 입수한 것이 조작된 보도라는 뉴스들이 떠돌았다. 관련 뉴스들은 너무나 정교한 증거들을 제시해 식견이 높은 사람들까지도 JTBC가 조작했을지도 모르겠다는 의심을 갖게 했다.

이처럼 가짜 뉴스의 수준이 매우 높아졌다. 뉴스의 형식도, 사용하는 언어도, 취재 증거를 제시하는 솜씨도 수준급이다. '가짜 뉴스'라는 사실을 알아채기가 쉽지 않다. 특히 스마트폰에서 뉴스를 쓱 훑어보는 데 익숙해진 우리가 뉴스의 진위 여부를 판단하기는 더더욱 어렵다. 정신을 차리고 따져 봐도 거짓임을 알아채기 힘든데, 쓱 훑어 읽으면서 가짜 뉴스임을 안다는 것은 사실상 불가능한 일이다.

실제로 ≪중앙일보≫에서 만드는 청소년 매체 ≪통tong≫에서 청소년을 대상으로 실험한 기사를 읽어보면 매우 흥미로운 결과를 알 수 있다(이경희·최은혜, 2017). 청소년 116명이 참여한 온라인 설문조사에서는 당시 사회적 이슈였던 국정교과서와 관련해 만든 가짜 뉴스를 보여줬다. 문명고 교장이 국정교과서 연구학교를 철회했다는 기사로, '조국일보'라는 이름을 붙이되 중앙일보 온라인 뉴스 포맷에 사진과 텍스트를 넣어 실제 뉴스처럼 보이게 제작했다. 그 결과 조사 대상자의 69.8%가 이 뉴스를 진짜 뉴스라고 답했다. 10명 중 7명이 가짜 뉴스를 진짜 뉴스라고 판단한 것이다. 심지어 진짜 뉴스라고 판단한 청소년들 중 7명은 이 소식을 '뉴스에서 봤다'고 대답했다고 한다. 더구나 이 조사에 참여한 청소년들은 기자로 활동하던 학생들로, 일반 청소년보다 뉴스에 대한 감각이 있는 청소년들이었다는 점에서 가짜 뉴스를 판별하는 것이 얼마나 어려운 일인지 알 수 있다. 뉴스를 주의해서 읽어보는 습관을 기르고 가짜 뉴스와 진짜 뉴스를 분별하는 훈련을 반드시 해야 한다.

3) 선택의 어려움

얼마 전에 만난 고등학교 교사는 많은 학생이 일간베스트를 본다는 사실을 알고 놀랐다는 말을 했다. 미국 데이터 분석 업체 시밀러웹SimilarWeb 통계에 따르면, 2016년 9월 기준 일간베스트의 하루 평균 방문자 수는 70만 4천 명, 2017년 1월 23일까지 하루 평균 방문자 수는 약 52만 2천 명이었다(김상윤, 2017). 이 같은 현상은 청소년들이 어떤 정보를 봐야 하고 보지 말아야 할지를 제대로 판단하지 못하고 있음을 보여주는 단적인 예다.

이것은 비단 청소년의 문제만은 아닐 것이다. 사회문제에 관심이 많은 성인 역시 읽어야 하는 기사를 선뜻 선택하는 데는 어려움이 따른다. 일본의 아베 총리가 8·15 담화를 발표해 한국 사회를 떠들썩하게 했던 시기에 웹사이트에서 아베 담화와 관련된 기사를 검색해본 적이 있다. 네이버에서 검색된 총 기사 수가 2만 2233건, 다음이 1만 9900건, 구글이 83만 1천 건이었다. 첫 페이지에 검색된 기사 수만 네이버가 24건, 다음이 62건, 구글이 700건에 달했다. 이 많은 기사 중에 어떤 기사를 선택해서 읽어야 할지 판단이 쉽지 않았다.

게다가 네이버, 다음, 구글 등 어떤 포털 사이트에서 검색하는지에 따라 다른 기사가 나타난다. 같은 시점에 검색했는데, 네이버에서는 "아베 담화 시민단체 반발, 과거형 사죄"라는 내용으로 ≪연합뉴스≫와 TBS 교통방송 기사가 제일 위에 배치되었고, 다음에서는 "아베 담화 8.15 경축사 실용적 기조"라는 내용으로 ≪한겨레≫ 신문의 기사가 제일 위에 올라와 있었다. 구글에서는 "아베 담화 직접 사죄 없음 일본 행동 명시 안 함"을 내용으로 ≪조선일보≫, ≪오마이뉴스≫, ≪연합뉴스≫, ≪Kyodo News Korean≫, ≪서울경제≫, ≪한겨레≫ 기사가 나타났다. 같은 사건이지만 이렇게 다른 검색 결과가 나오기 때문에, 어느 포털 사이트에서 뉴스를 찾는지에 따라서도 각기 다른 사실과 다른 관점을 접하게 되는 것이다.

잘못된 선택을 통해 거짓 사실과 잘못된 관점에 꾸준히 노출되면 내가 가진 세상에 대한 이미지는 가짜로 구성된 거짓 세상이 된다. 그리고 우리는 그 거짓 세상을 믿게 된다. 그 결과는 히틀러의 선전에 꾸준히 노출되어 어마어마한 살상을 저지른 독일군의 역사적 사례처럼, 상상을 초월한 무서운 현실이 될 수도 있다. 문제는 정보과부하 상황에서 매일 매순간 우리에게 선택의 어려움이 반복되고, 그때마다 옳은 선택을 하는 일은 쉽지 않다는 점이다.

4) 머릿속 자동 정보처리와 메타인지

페이스북에 끊임없이 흘러들어오는 이야기들을 모두 읽는 사람은 많지 않을 것이다. 포털 사이트 애플리케이션을 켰을 때 나오는 뉴스를 꼼꼼하게 살펴보는 사람도 거의 없을 것이다. 우리는 나름대로 선택 기준을 갖고 있고, 그것은 매순간 우리도 모르는 사이에 머릿속에서 자동적으로 진행된다. 우리가 그렇게 할 수 있는 것은 우리 뇌에서 작동하는 '자동화' 기술과 '메타인지' 덕분이다. 뇌의 자동화 작동이 없다면 우리는 매일 쏟아지는 정보들을 처리하느라 금방 쓰러져버릴 것이다.

우리의 뇌는 새로운 정보가 들어오면 작동하기 시작한다. 머릿속에 새로 들어온 정보는 많은 부분 그냥 사라지지만 그중에 우리가 주의를 기울이고 지각한 정보는 작업기억으로 넘어가서 정보처리과정을 거치게 된다. 이때 작업기억에 부과된 정신 활동의 양을 의미하는 인지적 부하를 줄이기 위해 우리 뇌는 자동화 작동을 한다. 전에 쓰던 스마트폰과 키보드 작동방식이 다른 새 스마트폰을 사용할 때 우리 뇌는 내가 손가락으로 키보드를 누를 때마다 작업기억을 할애하기 때문에 문장을 제대로 쓸 수 없다. 이후 그 키보드가 익숙해지면 키보드를 보지 않고도 손가락은 자동으로 움직이고 생각나는 글의 내용에 집중해서 문장을 완성할 수 있다. 이것이 바로 '자동화'다. 이와 같은 방식으로 우리는 페이스북에서 흘러다니는 정보도 손가락으로 페이지를 내리면서 특별한 정보처리 작업을 거치지 않고 자동으로 걸러낸다.

우리 머릿속에서 작동하는 '메타인지'는 나의 인지 과정에 대한 자각과 통제다. 이를테면 내가 불필요한 화장품 광고에 주목하고 있다는 사실을 인지하는 것, 그래서 그 광고에 주목할 가치가 없다는 것을 판단해서 보지 말아야겠다고 생각하게 만드는 것이 메타인지다. 예를 들어, 영희가 드라마를 보는데 주인공이 비타민을 먹는 장면이 나왔다고 가정하자. 비타민의 상품명이 보였지만 영희는 상품명에 주목하지 않고 이야기에만 집중했다. 영희의 메타인지가 작동해 드라마를 보면서도 간접광고 상품명에 주목하지 않도록 통제한 것이다. 하루에도 여러 번 네이버 애플리케이션에 들어가 보지만 메인 페이지 상단에 뜬 기사의 하나도 기억에 남지 않는 일이 허다하다. 우리 뇌가 주의해서 지각할 필요가 없다고 생각한 기사들을 자동적으로 폐기해버렸기 때문이다.

이처럼 메타인지의 작동과 자동화 처리는 정보과부화 시대에도 우리가 쓰러지지 않고 살아가게 해주는 매우 고마운 존재다. 그러나 잘못된 메타인지가 형성되면 우리는 중요한 정보에 주목하지 않고 불필요하고 불건전한 정보에만 노출되면서 살아가는 불행한 상황에 처할 수 있다. 게다가 메타인지나 자동화 처리방식을 바꾸기는 쉽지 않다. 그래서 우리는 미디어 리터러시를 가질 수 있도록 학습해야 한다. 올바른 메타인지와 자동화 처리가 작동할 수 있도록 우리 뇌를 훈련해야 하기 때문이다.

2. 생비자와 자유로운 발산

1) 생비자의 등장

과거에는 기자, PD, 아나운서 등 전문직 종사자들이 콘텐츠를 만들어 보내주는 방식으로 운영되는 미디어가 대부분이었다. 사람들 대다수는 미디어 종사자들이 제작한 콘텐츠를 그저 이용하기만 했다. 인터넷이 등장하면서 상황은 달라졌다. 2000년대 초반부터 'UCCUser Created Contents' 또는 'UGCUser Generated Contents'라는 용어가 사용되었는데, 이들 용어는 이용자가 제작한 콘텐츠를 뜻한다. 이용자들은 직접 동영상을 찍고 편집해 인터넷을 통해 내보낸다. UCC가 유행하면서 언론에 자주 오르내린 용어가 생비자를 말하는 '프로슈머prosumer'다. 프로듀서producer와 컨슈머consumer의 합성어로, 소비자가 소비하는 데 머물지 않고 생산까지 직접 한다는 의미다. 블로그가 등장하면서 이 같은 경향은 더욱 가속화되었고, 아프리카TV나 판도라TV 같은 동영상 스트리밍 서비스가 발전하면서 더욱 일반화되었다.

지금은 스마트폰 하나만 있으면 누구나 언제 어디서든 방송할 수 있게 되었다. 이용자 제작 동영상을 보는 사람도 많아졌다. 이용자가 직접 제작한 동영상이 많이 제공되는 유튜브 이용자 수가 약 10억 명에 달한다니 프로슈머도 무시할 수 없는 존재가 된 것이다. 그중에는 아예 1인 크리에이터를 직업으로 삼은 사람도 생겨났다. 대도서관, 도티, 디바 제시카 등 인기 있는 크리에이터들은 자신의 활동을 관리해주는 매니지먼트 회사까지 두고 있으니 더 이상 프로슈머가 아닐지도 모른다.

중요한 사실은 누구나 글을 쓰고 영상을 찍어 많은 사람에게 전달할 수 있는 세상이 되었다는 것이다. 글의 힘은 크다. 영상의 영향력은 더욱 크다. 따라서 누구나 글을 쓰거나 영상을 만들어 다수의 사람에게 보낼 수 있다는 사실은 모든 사람이 미디어가 미칠 수 있는 다양한 효과를 이해해야 한다는 것을 의미한다. 미디어 리터러시를 향상해야 하는 또 다른 이유다. 내가 만든 콘텐츠가 다른 사람에게 피해를 주거나 잘못된 관점을 퍼뜨리게 해서는 안 되기 때문이다.

2) 자기표현

인터넷이 있는 오늘날 세상에는 나의 생각을 표현하고 나의 외모를 멋지게 포장해서 보여주고 해외를 다니면서 먹은 맛있는 음식을 자랑할 수 있는 공간이 무궁무진하다. 그리고 많은 사람들은 자신을 표현하면서 행복을 느끼는 것 같다. 미니홈피를 만들어 자기의 분신인 아바타를 꾸미고 다이어리를 작성하며 자신의 일상을 기록하게 했던 싸이월드를 기억할 것이다. 20~30대 젊은이들의 80% 이상이 '싸이질'을 할 정도로 인기 있던 서비스였다. 1999년에 설립되어 2003년 SK 커뮤니케이션과 합병하면서 성장한 싸이월드는 2007년에 2360만 명의 가입자를 자랑하며 전년 대비 840%의 성장률을 보였다. 이후 싸이월드는 본격적인 자기PR 시대를 열었다. 아바타, 미니홈피 스킨, 미니미 등 텍스트에서 벗어나 개성 표출을 위한 다양한 서비스를 제공했다. 그중 배경음악은 자신의 마음 상태를 전달할 수 있어 인기였는데, 2008년에 판매된 배경음악 수가 3억 곡을 돌파했다니 사람들의 자기표현 욕구가 얼마나 큰지 알 수 있다.

이후 트위터, 페이스북, 카카오톡 같은 소셜 미디어가 등장하면서 자기표현 방식이 많이 달라졌다. 싸이월드가 자기를 성찰하는 미디어이면서 소규모 지인들과의 대화 창구였다면, 트위터나 페이스북 등은 알지 못하는 다수의 사람과 소통할 수 있는 미디어다. 직접적인 관계가 없는 사람들의 트위터를 팔로우하면서 그들의 이야기를 들을 수 있는 것이다. 그러다 보니 내가 쓴 글이 나도 모르는 다른 사람들에게 읽히고 퍼져나가기도 한다. 소셜 미디어를 이용하는 사람이라면 누구나 내가 쓴 글이 미칠 영향을 생각해봐야 하는 시대가 되었다.

3) 타인에 대한 언급

가벼운 메시지를 보내다 보면 자기를 표현하는 것에 그치지 않고 다른 사람의 이야기를 하게 될 수도 있다. 자신도 모르게 다른 사람의 명예를 훼손할 수도 있고 모욕할 수도 있는 것이다. 카카오톡과 페이스북 등 소셜 미디어에 개인에 대한 사회적 평가를 깎아내릴 만한 구체적인 사실을 적으면 명예훼손에 해당하고, 단순히 평가하거나 경멸하는 감정을 표현하면 모욕에 해당한다. 몇 명이 만나 수다를 떨면서 이야기한 것은 증거가 남기 힘들지만 메시지로 남긴 글은 충분한 증거가 된다.

이는 단순한 법적인 처벌을 넘어서는 문제다. 그보다 더 무서운 상황이 벌어질 수 있는 곳이 인터넷 세상이다. 누군가에 대한 평가를 깎아내릴 수 있는 잘못된 사실을 단순히 지인 몇 명에게 메신저로 보냈을 뿐인데 그것이 지인들의 지인, 그 지인들의 지인으로 퍼져나가 사람들 대다수가 알게 될 수도 있다. 그래서 그 누군가가 억울하고 분해서 자살하는 일이 벌어질 수도 있다. 얼마나 무서운 일인가? 내가 무심코 언급한 타인에 대한 말 한마디가 누군가를 죽고 싶을 만큼 괴롭힐 수 있다는 것을 우리는 알아야 한다.

4) 자기노출과 자기정보결정

KB국민카드 5300만 건, 롯데카드 2600만 건, NH농협카드 2500만 건 등 약 1억 400만 건의 고객 개인정보 유출, 네이버 가입자의 개인정보 20만 건이 해킹으로 유출, KT 가입자의 개인정보 1171만 건이 해킹으로 유출 등등 1991년부터 2017년까지 개인정보 유출 건수는 약 7억 5900만 건이다(정보인권, 2016). 어마어마한 숫자다. 웹사이트를 가입할 때 우리는 개인정보를 기입하라는 요구를 받는다. 포인트를 얻기 위해서, 편리해서, 무료 클라우드를 주니까 무심코 적어버린 개인정보는 이런 식으로 유출되기 일쑤다.

우리가 스스로 노출하는 개인정보도 무수히 많다. 페이스북에 올리는 사진은 우리가 언제 어디서 누구와 무엇을 했는지 고스란히 알려준다. 그 사진들 속에는 우리 집에 어떤 가구가 있는지, 내가 누구랑 같이 살고 있는지 등 세세한 정보들이 모두 담겨 있다.

구글 드라이브에 오래전부터 찍은 사진을 모두 올렸더니, 어느 날 날아온 영상에 아이의 성장 과정이 편집되어 있었다. 아이가 어렸을 때 자랐던 곳, 초등학교 때 살았던 곳, 다녔던 중·고등학교가 모두 담겨 있었다. 이 정도 되면 정말 '구글신'이 모르는 것이 있을까? 조만간 내가 지금 무슨 생각을 하고 있는지도 알아낼지 모른다.

몇 년 전에 본 〈유령〉이라는 드라마는 무서운 미래를 상상하게 했다. 이 드라마는 사람들이 무료 백신을 설치하게 만들어 컴퓨터 안의 모든 정보를 빼돌리는 범죄를 다뤘다. 컴퓨터 안의 정보는 컴퓨터 주인을 꼼짝 못하게 하는 도구로 사용되어, 정보를 가진 사람이 시키는 대로 움직일 수밖에 없는 상황이 연출되었다.

지금은 스스로 노출하는 정보에 민감해질 필요가 있다. 미디어에 대해 잘 알지 못하면 어떤 정보가 어떻게 흘러가는지조차 모른 채 나의 정보를 노출하면서 살아가게 될 수 있다.

5) 소통, 공감과 참여

공유와 참여는 인터넷이 등장하면서 떠오른 키워드이지만, 사람들이 멀리 떨어진 사람들과 쉽게 소통하는 것은 카카오톡이나 페이스북 같은 소셜 미디어가 보편적으로 사용되면서 시작되었다. 특히 스마트폰 보급률이 80%를 넘어가면서 많은 사람들이 실시간으로 또는 자신이 편리한 시간에 메시지를 주고받으며 대화하기 시작했다. 시·공간의 제약이 사라진 대화는 개인들 사이의 소통을 넘어 집단으로, 사회적으로 이루어지고 있다. 내가 누군가에게 받은 메시지를 또 다른 사람에게 전달하는 일이 너무나 쉽기 때문에, 화제가 된 이야기들은 순식간에 퍼져나가 많은 사람이 공유하는 시대가 되었다.

사회문제에 참여하는 일도 쉬워졌다. 5억에 달하는 위안부 할머니 후원금을 모금하는 데 많은 시간이 걸리지 않았고, 청문회에서 정치인이 거짓말을 했다는 사실도 특정 커뮤니티가 순식간에 밝혀냈다. 사람들의 참여를 통해 사회가 변해가는 것이다. 스토리펀딩을 운영하는 셜록기자들은 후원을 받아 우리 사회에서 고통받는 사람들의 이야기를 취재하고 그들을 지원하는 사업을 전개하고 있다. 2015년 9월, 같은 학급 친구들의 괴롭힘을 견디다 못해 교실에서 뛰어내린 시원이의 이야기에 847명이 참여해 1243만 8천 원을 후원했다. 셜록기자들은 취재를 통해 진실을 밝혀냈고, 후원금은 시원이와 비슷한 처지에 놓인 학생들의 아픔을 치료하는 데 기여했다. 소셜 미디어를 이용한 참여를 통해 평범한 사람들이 사회를 바꿔나가고 있는 것이다.

미디어 리터러시를 가지는 것은 이렇게 민주 시민이 되기 위한 첫걸음이다. 미디어를 제대로 이해하면 미디어를 통해 민주적으로 소통하고 공감하고 참여함으로써 사회를 바꿔나가는 '내'가 될 수 있다.

또한 내가 가진 지식을 활용해 다른 사람들과 함께 집단지성을 발휘할 수도 있다. 대표적인 예가 '네이버 지식인'이다. 누군가가 질문을 하면 다른 사람이 답변을 달아준다. 답변들이 쌓여 유용한 지식이 되고 그것은 비슷한 의문을 가진 여러 사람에게 도움을 준다. 학생들이 과제를 할 때 많이 사용하는 '위키피디아'는 집단지성의 좋은 예다. 위키피디아에 잘못된 내용이 있으면 누구나 참여해서 고칠 수 있다.

그런데 네이버 지식인에 잘못된 답변을 올리면, 또 위키피디아에 허위 사실을 적으면 어떻게 될까? 언젠가는 누군가에 의해 수정되겠지만 잘못된 사실을 본 누군가는 낭패를 볼 수도 있다. 그래서 우리는 모두 미디어 리터러시를 가져야 한다. 미디어 리터러시를 향상해 모두가 행복한 사회를 만들어나가는 데 기여하는 '내'가 되어야 하기 때문이다.

3. 스마트폰이 가져온 자기소외

1) 소셜 미디어 속 나에 대한 집착

"영희야, 잘 지냈어? 정말 오랜만이다."

"이렇게 만나니 참 좋다. 와, 디저트가 정말 멋지다. 잠깐 사진 좀 찍을게."

......

영희는 사진 수십 장을 찍고 페이스북에 올리느라 상당한 시간을 보냈다. 그리고 페이스북에 올라온 반응을 읽고 답변하느라 시간은 또 흘러갔다.

......

"어머 시간이 이렇게 됐네. 우리 이제 가야겠다. 잘 지내. 또 보자."

학생들이 만들어온 영상에 나온 이 장면에서 오랜만에 만난 이들이 나눈 대화는 고작 몇 마디뿐이다. 우리가 편리하고 즐겁게 살아가는 데 큰 기여를 한 스마트폰은 동시에 적지 않은 부작용도 초래했다. 손에서 스마트폰을 내려놓지 않는 우리는 항상 스마트폰에 있는 콘텐츠를 보거나 스마트폰 저편 어딘가에 있는 누군가와 대화하고 있다. 정작 옆에 있는 친구, 가족과는 대화하지 않는다.

유명 관광지에 가면 친구들끼리 또는 연인과 함께 놀러온 젊은이들을 볼 수 있다. 그곳에서 그들은 경치를 보거나 대화하는 것이 아니라 한자리에서 수백 번의 셔터를 누르며 사진을 찍는 일에 열중한다. 예쁘게 나온 사진 한 장을 구하기 위해 몇 시간 동안 사진만 찍는 것이다. 그들이 사진 찍기에 열중하는 이유는 젊은 날의 예쁜 모습을 남기고 싶은 것이기도 하겠지만 소셜 미디어에 멋진 사진을 올려 남들에게 보여주기 위한 것이기도 하다.

현실의 나처럼 소셜 미디어의 나를 아끼는 마음은 이해할 수 있다. 하지만 소셜 미디어의 나에 지나치게 집착하게 되면, 정말 내가 원하는 것을 하지 못하게 되거나 옆에 있는 가족들, 친구들과 함께 누릴 수 있는 행복이 줄어들 수 있다는 것을 알아야 할 필요가 있다.

2) 가벼운 인간관계와 짧은 문자 대화 선호 경향

스마트폰에서 카카오톡 같은 메신저를 사용하다 보니 전화하는 비중이 확 줄었다. 전화를 통해 이야기하는 시간을 아끼고 싶기도 하고 상대방이 바쁠 수도 있으니 메시지를 남기는 것이 더 좋겠다는 생각을 하기 때문이다. 그러다 보니 내용도 간략해진다. 수다를 떨지도 않고 용건만 간단히 남긴다. 물론 가끔 전철을 타거나 기차를 타고 이동하는 시간에 안부를 묻거나 나의 근황을 알리는 메시지를 보내기도 하지만 그뿐이다. 긴 대화로 이어지지는 않는다. 길어도 한두 문장의 간단한 대화가 몇 번 오가는 것이 전부다.

이러한 행태를 대화 모드conversational mode가 아닌 연결 모드connected mode라고 한다(Licoppe, 2003). 대화 모드는 대체로 정해진 시간에 장시간에 걸쳐 사적인 대화를 나누는 것으로, 장시간을 할애한다는 것 자체가 관계를 중요하게 여기고 있다는 것을 말한다. 반면 연결 모드는 특별한 목적이나 의미가 없는 짧은 대화나 문자 메시지를 교환하는 것으로, 교환 행위 자체가 유대감을 강화해준다. 연결 모드로도 얼마든지 친숙하고 끈끈한 인간

관계를 형성할 수 있지만, 대화 모드로 연결된 사람들처럼 강한 유대 관계를 유지해나가기는 쉽지 않다.

사람들은 소셜 미디어를 통해 늘 연결되어 있다는 사실만으로 누군가와 함께하고 있다고 느끼지만 막상 어떤 중요한 일이 발생해서 의논하고 싶은 상대를 찾을 때는 말을 할 만한 사람이 없다는 사실에 당황한다. 그래서 어떤 사람들은 익명으로 고백하는 사이트에 자신의 고민을 상담하거나 잘못을 고백하기도 한다. 주변에 말할 사람이 마땅히 없거나 털어놓기가 겁나기 때문에 익명 고백 사이트를 찾는 것이다. 고백하고 나면 자신의 감정을 표현했기 때문에 뭔가 해소되는 느낌이 들기도 하고 다른 사람의 댓글을 읽으며 혼자가 아니라고 느끼기도 한다.

JTBC에서 방영된 드라마 〈이번 주 아내가 바람을 핍니다〉에서 바람난 아내 때문에 고민하던 주인공은 주식 사이트에 자신의 상황을 털어놓는다. 여기에 수많은 댓글이 올라오고 주인공은 댓글을 보며 대처 방안에 대한 도움을 받지만 결국 자신의 선택에 동의할 수 없는 커뮤니티 회원 때문에 아내와 아이에게 안 좋은 일들이 발생하게 된다. 이것은 드라마 속에서만 발생하는 일이 아니다.

미국의 심리학자 셰리 터클Sherry Turkle이 쓴 책에는 익명 고백 사이트에 글을 올렸다가 혼란을 겪은 사람들의 사례가 나온다(터클, 2012). 온라인에서 이루어진 고백이 당사자의 문제 해결에 도움이 되지 않고 오히려 혼란을 초래한 경우가 많은 것으로 나타났는데, 댓글을 통해 공감하고 의견을 교환해도 익명성 때문에 그들의 글이 실제인지, 과장인지 판단하기 어려워 혼란을 겪은 것이다.

인터넷 커뮤니티와 소셜 미디어의 특성, 그리고 그 속에서 대화하는 것이 갖는 의미 등을 잘 파악해야 할 필요가 있다. 그래야 소셜 미디어와 커뮤니티 등을 적절하게 활용하면서 다른 사람들과 좋은 유대 관계를 형성하며 행복해질 수 있다.

4. 기계와의 소통

1) 가상세계와 현실세계와의 연결

4차 산업혁명의 핵심은 가상세계와 현실세계의 연결이다. 우리가 원하든 원하지 않든 이런 세상은 다가올 것이다. 그래서인지 최근 들어 가상현실virtual reality과 증강현실augmented reality이라는 말을 자주 듣게 된다. 가상현실은 배경이나 이미지 모두 가상의 것을 사용해서 우리가 가상세계에 있는 것처럼 느끼게 해주는 것이다. 증강현실은 우리가 보는 현실세계에 가상 이미지를 겹쳐서 하나의 영상으로 보여주는 것이다. 포켓몬고 게임은 우리에게 증강현실을 경험하게 해주었다. 우리는 집과 가까운 공원에서, 놀러간 바닷가에서 포켓몬이라는 동물을 잡으러 다녔다. 머지않아 우리가 살아가는 세상은 가상세계와 현실세계를 넘나드는 곳이 될 것이고, 그것을 매개해주는 것은 미디어일 것이다. 이것이 미디어에 대한 이해와 활용 능력을 키워야 하는 또 다른 이유다.

2) 알고리즘과의 소통

2018년부터 초·중·고등학교에서 코딩교육이 의무화되었다. 코딩교육이란 컴퓨터로 프로그래밍을 하는 언어를 배우는 것이다. 논리적 사고를 키워주고 창의력을 향상하는 교육이라는 설명이 뒤따르지만, 한마디로 말하면 컴퓨터와 소통하는 능력을 키워주는 것이다. 미국 사람하고 이야기하려면 영어를 배워야 하듯이 컴퓨터와 소통하려면 코딩을 배워야 한다. 컴퓨터와 소통하는 일은 이미 우리가 오래전부터 해온 일이다. 웹 브라우저를 열어 정보를 검색한 다음 특정 검색 결과를 선택하는 일, 특정 사이트에 가입해 물건을 사는 일도 컴퓨터와 소통하는 일이다. 우리에게 익숙한 일인데 다만 컴퓨터와 소통한다는 생각을 하지 못했을 뿐이다.

이처럼 우리는 이미 컴퓨터와 소통하고 있지만, 코딩교육을 의무화하는 이유는 지금보다 훨씬 더 많이 컴퓨터와 소통해야 하는 시대가 올 것이기 때문이다. 여기서 컴퓨터는 인터넷이 연결된 모든 기기를 의미한다. 로봇도 해당되고 스마트폰으로 작동이 가능한 가전제품도 해당된다. 최근 사물인터넷이라는 말이 자주 쓰이는데, 사물인터넷 시대는 우리를 둘러싼 사물들이 모두 인터넷으로 연결되어 우리가 언제 어디서나 그들을 쉽게 작동할 수 있는 세상을 말한다. 즉, 기계와의 소통이 훨씬 많아질 것이다. 그래서 우리는 기계와 대화하는 방식을 배워야 하고, 그것이 코딩교육인 것이다.

우리가 많이 사용하는 포털 사이트 검색에서도 알고리즘이 작동된다. 이에 따라 검색 결과가 표출되니 알고리즘의 특성을 이해해야 검색 결과를 우리의 의도대로 활용할 수 있다. 앞서 설명했듯이, 같은 검색어를 입력해도 포털 사이트에 따라 검색 결과는 달라진다. 뉴스 검색의 경우 포털 사이트는 클러스터링 알고리즘을 적용한다. 클러스터링은 검색 키워드와 관련된 뉴스를 자동으로 인식하고 유사한 뉴스를 주제별 클러스터로 묶어 검색 결과를 노출하는 방식이다. 이런 클러스터링 알고리즘은 포털 사이트마다 다르게 구성되어 있다. 따라서 우리가 어떤 곳에서 검색할지를 결정하는 순간 우리가 접할 수 있는 콘텐츠는 달라진다. 검색 순위가 지닌 의미가 무엇인지, 검색 결과를 어떻게 현명하게 활용할지를 우리 스스로 알고 있어야 한다. 나아가, 잘못된 알고리즘은 밝혀내서 수정을 요구할 수 있는 적극성도 키워나가야 한다. 이처럼 스마트 미디어 시대에서의 미디어 리터러시는 미디어 콘텐츠를 올바르게 선택하고 비판적으로 이해하는 것, 사람들과 소통하고 참여하는 것을 넘어서 기계와의 올바른 소통방식을 익히고 개선해나갈 수 있는 능력까지 포함한다.

5. 문제 해결을 위한 미디어 리터러시의 토대

1) 네트워크에 대한 이해

지금까지 왜 미디어 리터러시가 필요한지에 대해 알아보았다. 정보과부화 시대에 우리 뇌 속의 메타인지와 자동화된 정보처리는 아무 생각 없이 미디어를 습관적으로 이용하게 한다. 또 미디어 종사자들은 종종 자사의 이익을 추구하는 메시지를 내보내고 철부지 생비자들은 음란물 같은 불건전한 정보들을 양산해내고 있다. 그런 가운데 우리는 하루 종일 스마트폰과 함께하며 소셜 미디어 속 누군가와 이야기하고 기계와도 끊임없이 대화한다. 이런 환경에서 우리가 똑똑한 미디어 소비자, 나아가 민주사회를 지탱하는 민주 시민이 되려면 미디어 리터러시를 향상해야 한다. 그렇다면 미디어 리터러시를 향상하기 위해 우리가 알아야 하는 것은 무엇일까? 우선 네트워크에 대해 이해해야 한다. 우리가 늘 쓰고 있는 인터넷은 네트워크의 네트워크다. 네트워크는 거미줄처럼 연결되어 있어서 한 줄이 끊어져도 다른 줄을 이용해서 연결될 수 있다. 한때 중국에서 네트워크의 연결을 막으려고 노력했지만, 시민들은 중국 위구르에서 벌어진 강제 진압 현장을 트위터로 내보내 전 세계로 확산시켰다. 이처럼 네트워크는 검열할 수도 막을 수도 없는 거대한 그물망이다. 이렇게 네트워크는 다양한 긍정적인 현상을 만들어낸다. 하지만 동시에, 소셜 미디어에 잘못된 정보를 올리면 순식간에 퍼져나가 막대한 피해를 발생시킬 수도 있는 무서운 세상이라는 것도 알아야 한다.

2) 미디어에 대한 이해

미디어 리터러시에서 가장 기본이 되는 것은 미디어에 대한 이해다. 신문에 실린 뉴스, 방송에 실린 뉴스, 인터넷에 올라온 뉴스는 말투부터 포맷까지 비슷한 것 같지만 똑같지 않다. 미디어마다 다른 특성이 있기 때문이다. 마셜 매클루언Marshall McLuhan의 유명한 말처럼 '미디어가 메시지'인 것이다(매클루언, 2011). 미디어에 따라 전달되는 내용과 영향력, 이용자가 달라진다.

미디어에 대해서는 알아야 할 것이 많다. 미디어 자체의 특성뿐만 아니라 정책, 시장, 기업, 광고, 소비자 사이의 관계를 이해해야 하고 미디어 생태계가 어떻게 돌아가는지를 파악해야 한다. 그래야 미디어 콘텐츠가 왜 그렇게 제작되고 우리에게 그러한 메시지를 전달하는지도 비판적으로 이해할 수 있다. 예를 들어 공영방송과 민영방송에서 언론사의 편집권의 차이는 무엇인지, 사장은 어떻게 임명되고 사장의 임명이 왜 중요한지, 방송사 노조는 왜 파업을 하는지, 방송사 이사회는 어떤 조직이고 방송에 어떤 영향을 미치는지 알아야 한다.

미디어의 잘못된 보도로 피해를 입었을 때는 어떻게 반론권을 행사해야 하는지, 언론중재위원회에서 나를 어떻게 보호해줄 수 있는지, 언론중재위원회의 결정에 승복할 수 없을 때는 어떻게 해야 하는지도 알아야 한다. 또한 나와 직접적으로 관련은 없지만, 우리 사회에 나쁜 영향을 미치는 프로그램이 방송되었을 때 방송통신심의위원회에 어떻게 심의를 제출할 수 있는지, 또 시민단체들이 하고 있는 미디어 인권보호와 미디어의 잘못된 행태를 바로 잡을 수 있는 활동에는 어떤 것이 있는지 알아보고 내가 할 수 있는 일도 찾아보는 적극성도 가져야 한다.

3) 콘텐츠에 대한 이해

콘텐츠마다 각기 다른 특징이 있다. 뉴스, 드라마, 예능 등 장르별로도 다르고 1인방송, 웹툰, 게임 등 콘텐츠가 갖는 특성도 모두 다르다. 뉴스를 이해하려면 뉴스를 누가 왜 어떻게 생산하는지, 어떻게 유통되고 확산되는지를 이해해야 한다. 뉴스 포맷이나 뉴스 작성의 기본 원칙도 알고 있어야 가짜 뉴스를 분별할 수 있는 능력이 생겨난다.

1인방송을 하는 크리에이터들은 어떤 사람들이고, 그들이 소속된 MCN은 어떤 일을 하고, 1인방송이 유통되는 플랫폼은 어떻게 운영되고, 1인방송은 왜 만들어지는지 그 의도도 파악해야 한다.

게임은 누가 만들고 어떻게 상품화되어 유통되는지, 게임에서 보여주는 세계관은 나에게 어떤 영향을 미치는지, 게임회사에서 수익을 만들어내기 위해 제작한 확률형 게임은 소비자를 위한 것인지, 불건전한 게임을 발견하면 어디에 신고해야 하는지 등 게임 리터러시를 향상하기 위해 알아야 할 것도 많다.

광고는 미디어를 움직이는 핵심적인 요소다. 광고가 들어와야 미디어 콘텐츠를 제작할 수 있는 재원이 마련되기 때문이다. 요즘은 광고가 아닌 것 같은 광고가 여기저기 돌아다닌다. 드라마에서 흔히 볼 수 있는 간접광고, 광고주의 후원을 받아 탄생한 웹툰, 검색된 동영상을 보기 전에 봐야 하는 광고 등 다양한 유형의 광고들이 우리를 기다리고 있다. 광고 생태계를 이해하는 것은 미디어 콘텐츠를 비판적으로 이해하는 데 꼭 필요한 부분이다.

4) 자신에 대한 이해

미디어 리터러시를 향상하는 데 가장 중요한 것은 '나에 대한 이해'다. 의도하지 않게 불건전한 애플리케이션에 접속했을 때 과감하게 애플리케이션을 닫고 나올 수 있는가? 가짜 뉴스나 누군가의 평판을 떨어뜨리는 메시지를 접했을 때 퍼뜨리지 않고 지워버릴 수 있는가? 쉽게 분산되는 주의력을 모아 좋은 정보와 나쁜 정보를 분별해낼 수 있는가? 이럴 때 나는 어떻게 했는지 생각해보자. 미디어 리터러시를 통해 올바르게 대처하기 위해서는 '미디어의 유혹을 이겨내기', '분산된 주의력을 관리하기', '머릿속 자동화 작동을 멈추고 생각하면서 콘텐츠 보기' 등 자기규제가 가능해야 한다.

내가 비판적 사고를 할 수 있는 사람인지도 생각해보자. 비판적 사고critical thinking는 증거에 근거해서 생각하는 능력이며, 미디어 리터러시에서 가장 중요한 요소다. 소셜 미디어에서 떠돌아다니는 뉴스가 가짜 뉴스인지 사실을 다룬 뉴스인지 판단하려면 증거를 찾아야 한다. 누가 작성했는지, 믿을 만한 언론사인지, 기자가 사건을 직접 확인하고 기사를 쓴 것인지 또는 누군가의 말을 듣고 쓴 것인지, 누군가의 말을 듣고 쓴 기사라면 말한 사람은 믿을 만한 사람인지 등등 뉴스를 읽으면서 판단의 증거를 찾아야 한다. 내가 이러한 비판적 사고를 할 수 있는지 평가해보고 비판적 사고 능력이 부족하다면 그것을 향상하기 위한 훈련을 해야 한다. 자신이 어떤 사람인지 알아야 미디어 리터러시를 향상하기 위해 어떤 훈련을 할 수 있을지 알 수 있다.

5) 나와 너, 미디어, 사회 변화에 대한 이해

미디어는 사회와 밀접한 관계를 맺고 있다. 우리가 알지 못하는 수많은 미디어가 등장한 지 얼마 지나지 않아 사라졌는데, 사람들이 사용하지 않았기 때문이다. 미디어의 역사를 살펴보면 사람들은 변하는 사회에서 새로운 필요needs를 느끼고 그것을 해결하기 위해 새로운 미디어를 탄생시켰다. 그리고 많은 사람이 사용하면서 자리 잡은 미디어는 사회를 바꿔나간다. 스마트폰은 우리의 라이프스타일과 대화하는 방식을 바꿔놓았다. 선거행태를 달라지게 했고 나아가 산업을 변화시켰다. 미디어가 사회를 완전히 다르게 바꾼 것이다.

우리와 미디어 그리고 사회는 떨어질 수 없는 관계 속에 있다. 우리는 미디어를 통해 사회를 바꿔나갈 수 있는 영향력이 있는 사람이다. 한 사람이 시작해서 세상을 바꾼 사례는 얼마든지 찾아볼 수 있다. 한 커뮤니티에 올린 여고생의 아이디어로 광우병 소 수입 반대 촛불문화제가 시작되었고 소셜 미디어를 통해 조직 없이 움직인 여대생들의 문제 제기가 대통령의 탄핵으로 이어졌다. 한 사람이 가진 힘은 보잘것없지만, 미디어를 통해 소통하고 행동하는 우리의 힘은 사회를 변화시킬 수 있다. 바로 이것이 우리 모두가 미디어 리터러시를 향상해야 할 이유다.

참여활동

❶ 나의 미디어 이용 시간을 생각해보자. 어제 내가 다음과 같은 미디어를 얼마나 사용했는지 적어본 후 친구 두 명과 비교해보고 내가 미디어를 잘 이용하고 있는지 평가해보자.

(　　)시간 (　　)분 게임하기
(　　)시간 (　　)분 소셜 미디어(페이스북, 인스타그램, 카카오스토리 등) 이용하기
(　　)시간 (　　)분 소셜 네트워킹(카카오톡 등)과 문자 등으로 아는 사람과 대화하기
(　　)시간 (　　)분 e-러닝 강의 듣기
(　　)시간 (　　)분 인터넷으로 동영상 시청하기(유튜브, 아프리카TV, 딩고 등)
(　　)시간 (　　)분 인터넷으로 뉴스 보기
(　　)시간 (　　)분 인터넷으로 자료 검색하기
(　　)시간 (　　)분 인터넷으로 위치 찾기
(　　)시간 (　　)분 미디어 콘텐츠 만들기(유튜브에 올릴 동영상, 블로그 포스트, 페이스북에 올릴 사진 편집하기 등)
(　　)시간 (　　)분 텔레비전 보기
(　　)시간 (　　)분 종이 신문 읽기
(　　)시간 (　　)분 라디오 듣기
(　　)시간 (　　)분 기타(사례에 포함되지 않은 미디어 사용)
(　　)시간 (　　)분 합계

❷ 각자 서로 다른 포털 사이트를 하나씩 정해 같은 시점에 올라온 실시간 검색어를 비교해보자. 실시간 검색어에서 차이가 나타났다면 왜 그런 차이가 있는지 생각해보자. 실시간 검색어의 알고리즘에 대해서도 이야기해보자.

❸ 오늘의 주요 이슈를 하나 선정한 후에 각각 다른 포털 사이트에서 같은 키워드를 사용해 검색해보자. 각 포털 사이트의 검색 결과에서 상위 5개의 기사를 선택해 제공 언론사와 작성자, 제목을 비교해보자. 서로 다른 기사들이 검색되었다면 왜 다른 기사가 검색되었는지 그 원인을 생각해보자. 기사 검색 알고리즘에 대해서도 의견을 나눠보자.

DIGITAL MEDIA LITERACY

02

미디어 리터러시는 무엇인가

우리가 자주 이용하는 포털 사이트 네이버의 어학사전에서는 미디어 리터러시를 '미디어 정보 해독력'으로 정의한다. 네이버 지식백과에서는 '다양한 매체를 이해할 수 있는 능력이며 다양한 형태의 메시지에 접근하여 메시지를 분석하고 평가하고 의사소통할 수 있는 능력'으로 정의한다. 위키피디아 영어판에는 '메시지를 분석하고 평가하고 창조할 수 있는 능력'으로 서술되어 있다. 이러한 정의에는 미디어 리터러시가 무엇인지를 짐작하게 하는 핵심적인 단어들이 포함되어 있다. 접근, 분석, 평가, 의사소통, 창조 등이다. 미디어 리터러시를 정의하는 데 왜 이러한 단어들이 나열되는지 그 맥락을 생각해보자. 리터러시는 읽고 쓸 수 있는 능력이다. 미디어 리터러시는 미디어를 읽고 쓸 수 있는 능력이다. 미디어를 읽는 것은 미디어를 통해 제공되는 메시지의 의미를 파악하는 것을 말한다. 의미를 해석하는 과정에서는 메시지가 어떻게 구성되었는지를 분석하고 그 메시지가 믿을 만한지 또는 타당한지를 평가하는 비판적 읽기의 능력이 요구된다. 미디어를 쓰는 능력은 자신의 생각을 담은 콘텐츠를 만들어 미디어를 통해 공유할 수 있는 능력을 의미한다. 미디어를 읽고 쓰기 위해서는 다양한 맥락에서 자신에게 유용한 미디어와 콘텐츠에 접근할 수 있는 능력이 선행되어야 한다. 나아가 미디어 리터러시는 지식의 차원을 넘어 다른 사람과 상호작용하는 사회적 행위로서 요구되는 능력이기 때문에 미디어를 활용해 사회적 의사결정 과정에 참여하는 능력도 포함한다. 종합해보면, 미디어 리터러시는 ① 다양한 미디어를 통해 필요한 콘텐츠에 접근하고, ② 미디어에 대한 이해를 바탕으로 미디어 콘텐츠를 비판적으로 해석하며, ③ 자신의 생각을 표현하기 위해 미디어 콘텐츠를 창의적으로 생산하되 그 영향력을 책임지고, ④ 미디어를 활용해 사회적 소통에 참여할 수 있는 능력을 의미한다. 이 장에서는 미디어는 무엇인지에 관한 논의로 시작해 미디어 리터러시를 접근, 비판적 이해, 창의적 표현, 사회적 소통의 차원으로 나누어 자세히 살펴본다.

1. 미디어에 대한 이해

우리가 당연히 알고 있다고 생각하는 미디어, 미디어는 무엇인가? 미디어는 정보를 전달하는 매체라는 사전적 의미부터 미디어는 공기와 같다는 다소 진부한 표현까지 다양하게 정의된다. 지금부터 제시하는 미디어에 대한 정의는 미디어 자체가 지닌 영향력을 상기시켜준다는 점에서 되새겨볼 만하다.

미디어는 매개한다

미디어의 어원은 라틴어 'medius(영어 middle의 의미)'다. 16세기 후반에 사용되기 시작한 미디어라는 개념은 17세기 초 '중간적인 것'의 의미로 사용되었는데, 중간적인 것이라는 미디어 개념은 '중재하다, 화해하다'라는 의미의 'mediare'와 밀접하게 관련되어 있었다고 한다(요시미 순야, 2005). 이는 미디어라는 개념이 물질적인 매개체의 의미로 한정되는 것이 아니라 심리적·관계적 차원의 매개적 작용까지 포함하고 있음을 말해준다. 즉, 미디어는 물질적 매개체로서 중간에 위치한다는 의미에만 머물러 있지 않고 사람들의 심리와 관계를 조정하고 중재하는 역할을 한다는 것을 알 수 있다.

미디어는 커뮤니케이션 수단이다

미디어는 사람들 사이의 커뮤니케이션을 매개한다. 전화는 멀리 떨어져 있는 두 사람의 대화를 매개해주며, 텔레비전은 방송사가 만들어낸 프로그램을 동시에 다수에게 전달해주는 매개체다. 사람들은 커뮤니케이션이 일어나는 맥락, 커뮤니케이션에 참여하는 사람, 전달하려는 메시지를 고려해 가장 적합한 미디어를 선택한다. 동시에, 사회 구성원들이 선택하고 의존하는 미디어는 그 사회의 커뮤니케이션 방식을 구조화한다. 따라서 오늘날 소셜 미디어로 매개되는 커뮤니케이션 방식이 자아 커뮤니케이션, 대인 간 커뮤니케이션, 집단 간 커뮤니케이션, 조직 내 커뮤니케이션, 한 사회의 커뮤니케이션 방식에 어떤 영향을 주는지 성찰해볼 필요가 있다.

미디어는 메시지다

메시지는 미디어에 담기는 내용임에도 불구하고 매클루언은 '미디어가 메시지'라고 말했다(매클루언, 2011). 미디어가 메시지라는 관점은 메시지의 영향력보다 메시지를 담아내는 미디어의 영향력에 더 주목해야 함을 역설하는 것이다. 미디어의 영향력이 메시지나 콘텐츠, 이용 동기, 이용 맥락 등에 따라 달라지는 것은 분명하다. 그러나 미디어가 메시지라는 관점은 이용자의 특성이나 메시지의 유형에 상관없이 미디어 자체가 개인이나 사회에 미치는 영향이 크다는 점을 강조한다. 이를테면 인터넷의 보편적 특징인 하이퍼링크와 멀티태스킹은 우리의 주의력을 분산하는 경향이 있다. 즉, 미디어 자체가 갖는 특성에 대한 이해가 필요하다.

미디어는 인간의 확장이다

미디어는 인간의 감각기관과 신체기관의 확장이다(매클루언, 2011). 책은 시각의 확장이며 라디오는 청각의 확장이고 텔레비전은 시각과 청각의 확장이다. 컴퓨터는 두뇌의 확장이라고 할 수 있다. 사람들은 자신의 감각기관을 이용해 대상을 지각하고 인식한다. 미디어는 인간의 감각기관이 가진 물리적 한계를 극복하게 하고 감각기관의 기능을 확장해준다. 텔레비전은 우리가 눈으로 직접 보고 귀로 들어야 할 대상에 대해 시각 정보와 청각 정보를 전달해준다. 텔레비전이 우리의 눈과 귀의 역할을 하는 것이다. 미디어에 의해 우리의 어떤 감각기관이 확장되거나 퇴화되는지 그리고 미디어에 의한 지각방식의 변화가 우리의 사고방식, 관계 형성과 유지 방식, 사회적 참여 방식 등에 어떤 근본적인 변화를 가져오는지 주목할 필요가 있다.

2. 미디어 접근 능력

미디어 접근 능력은 다양한 미디어를 통해 필요한 정보를 찾아내고 걸러내는 능력을 말한다. 우리는 다양한 미디어에 접근할 수 있어야 하며 그 미디어를 통해 자신에게 필요하고 유용한 정보를 찾아낼 수 있어야 한다. 이를 위해 미디어를 조작하고 정보를 검색하는 기술적 능력이 필요하고 원하지 않는 콘텐츠를 차단할 수 있는 기술적 능력도 필요하다. 그러나 미디어에 접근할 수 있는 기술적 능력이 있더라도 인지적 차원의 조절 능력이 없다면 필요한 정보를 찾아내는 일은 쉽지 않을 것이다. 필요한 정보가 무엇인지를 제대로 알고 수많은 링크 속에서도 길을 잃지 않는 주의력이 필요하다. 이 절에서는 미디어의 층위를 구분해 미디어에 접근하는 것이 무엇을 의미하는지를 살펴보고, 기술적 차원의 접근 능력과 인지적 차원의 접근 능력에 대해 알아본다.

1) 미디어 층위별 선택과 결합을 통한 접근

우리가 일상적으로 사용하는 미디어는 컴퓨터 같은 미디어 기기를 의미할 때도 있고, 인터넷 같은 네트워크를 의미할 때도 있다. 통칭해서 부르는 미디어의 개별적 층위는 ① 미디어 기기media device, ② 전송 네트워크transmission network, ③ 미디어 플랫폼media platform, ④ 콘텐츠 패키징contents packaging, ⑤ 단위 콘텐츠unit contents로 나누어볼 수 있다. 우리의 미디어 이용은 이 다섯 층위를 선택적으로 결합한 행위다(이재현, 2013).

먼저, 미디어 기기는 이용자가 직접 만질 수 있는 장치다. 미디어 기기에는 책, 종이 신문, 텔레비전 수상기, 라디오 수신기, 컴퓨터, 전화기, 카메라, 오디오 시스템, 비디오 플레이어, 게임기 등이 있다. 미디어 기기에 대한 접근 능력은 소유 여부를 의미하고, 이는 경제적 능력에 의해 결정되는 측면이 있다. 따라서 경제적 능력에 의해 접근의 불평등이 발생할 수 있는데, 이를 해소하기 위해서는 공공장소에 미디어 기기를 설치해 누구나 접근할 수 있도록 해야 한다. 즉, 개인의 미디어 리터러시를 위해 미디어 기기에 대한 보편적 접근은 사회가 관여해야 하는 부분이다.

미디어의 두 번째 층위인 물리적 네트워크는 콘텐츠를 공급받아 사람들에게 전송하기 위해 필요한 것이다. 전송 네트워크에는 케이블이나 위성 같은 방송 네트워크가 있고, 전화망이나 컴퓨터 네트워크 같은 통신용 네트워크도 있다. 네트워크는 유선 네트워크와 무선 네트워크로 나뉘기도 한다. 우리가 사용할 수 있는 네트워크에 따라 전송 속도, 전송 방식, 전송 메시지 유형 등이 달라지고 미디어 기기 이용방식도 달라지며 나아가 라이프스타일도 달라질 수 있다. 예를 들어, 무선 통신망으로 스마트폰을 이용할 수 있게 되면서 우리는 언제 어디서든 정보를 검색하고 친구와 약속 시간을 조정하고 카페에서도 회사 업무를 처리할 수 있게 되었다. 전송 네트워크에 대한 접근 역시 개인의 경제적 능력에 의해 제한되는 측면이 있기 때문에 보편적 서비스로 제공되어야 한다. 미디어 리터러시가 높은 사람은 이 층위와 관련해서 망중립성(네트워크 사업자들은 인터넷상의 모든 데이터를 동등하게 취급하고 콘텐츠 유형, 수신자 및 발신자, 단말기 종류 등에 따른 차별 없이 데이터를 전송해야 한다는 원칙) 같은 이슈에도 관심을 가질 수 있다.

미디어의 또 다른 층위는 미디어 플랫폼이다. 플랫폼은 원래 기차역의 승강장이라는 공간을 뜻하는데, 미디어 플랫폼은 전송 네트워크와 이용자 사이에 위치해 콘텐츠를 패키징하고 이용자들이 그 콘텐츠를 손쉽게 이용할 수 있도록 마련된 공간이다. 이를테면 페이스북, 트위터, 구글 등이 미디어 플랫폼이다. 각 플랫폼은 콘텐츠 유통 방식, 콘텐츠 패키징 방식, 이용자의 콘텐츠 접근 방식 등을 그 나름의 방식대로 운영한다. 미디어 리터러시가 높은 사람은 페이스북의 운영 방식과 트위터의 운영 방식의 차이를 이해할 수 있을 것이다. 또한 구글과 네이버의 검색 알고리즘 차이, 네이버와 다음의 검색 결과의 차이 등을 비교해볼 수 있을 것이다.

콘텐츠 패키징은 콘텐츠를 조직해 묶어내는 것을 말한다. TV 방송 프로그램 편성표는 콘텐츠를 시간적으로 조직화한 것이고 종이 신문의 지면에 배열된 뉴스 기사는 공간적으로 조직화된 것이라고 할 수 있다. 콘텐츠를 시간적으로 패키징한 경우 편성 시간에 따라 콘텐츠의 중요도가 달라진다. 또한 편성 시간에 따라 콘텐츠의 중요도에 대한 사람들의 인식도 달라진다. 이는 공간적으로 패키징된 콘텐츠에서도 마찬가지다. 사람들은 신문 1면에 배치된 뉴스 기사를 마지막 면에 배치된 뉴스 기사보다 더 중요한 이슈로 인식하는 경향이 있다. 미디어 리터러시가 높은 사람은 콘텐츠가 어떻게 패키징되는지, 콘텐츠의 배열이 자신의 콘텐츠 선택에 어떤 영향을 미치는지를 이해할 수 있을 것이다. 그리고 자신에게 필요한 콘텐츠를 패키징하는 미디어 플랫폼을 적절하게 선택할 수 있을 것이다.

단위 콘텐츠는 문자, 영상, 소리 등으로 구성된 메시지다. 라디오 뉴스는 소리로 된 단위 콘텐츠이며, 텔레비전 뉴스는 영상으로 된 단위 콘텐츠다. 콘텐츠는 미디어 양식에 따라 문자 정보, 영상 정보, 음성 정보, 멀티미디어 정보로 나뉠 수 있다. 또한 콘텐츠는 생산자 유형에 따라 개인이 생산한 콘텐츠, 집단이 생산한 콘텐츠, 상업적 기업이 생산한 콘텐츠, 비영리적 기관이 생산한 콘텐츠 등으로 구분될 수 있다. 미디어 리터러시가 높은 사람은 문자 정보와 영상 정보의 장단점을 파악하고 또 생산자 유형에 따른 콘텐츠 특성의 차이를 파악해 자신이 필요로 하는 유형의 콘텐츠를 선택할 수 있다.

2) 기술적 조작 능력

하나의 단위 콘텐츠나 패키징된 콘텐츠에 접근하기 위해서는 미디어 기기, 전송 네트워크, 미디어 플랫폼을 이용할 수 있는 기술적 능력이 필요하다. 텔레비전으로 뉴스 프로그램이나 예능 프로그램을 시청하는 일에는 리모콘을 조작하는 정도의 기술적 능력만 있으면 된다. 그러나 컴퓨터, 인터넷, 스마트폰 등을 이용하기 위해서는 더욱 수준 높은 기술적 능력이 요구된다. 예를 들어, 특정 정보를 검색하기 위해서는 컴퓨터에 인터넷이 연결되어 있는지 확인할 수 있어야 하며 웹 브라우저를 통해 인터넷에 접속할 수 있어야 한다. 그리고 검색 플랫폼 주소를 알고 키워드 검색이나 검색식을 활용할 수 있어야 한다.

구체적으로 인터넷 사용 능력은 인터넷 환경설정을 조정할 수 있는 능력, 자료와 정보를 검색하는 능력, 다른 사람과 소통하고 파일을 주고받기 위해 메신저나 이메일을 이용할 수 있는 능력, 인터넷을 통해 다양한 멀티미디어(신문, 잡지, 영화, 음악, 동영상 등)를 이용할 수 있는 능력, 인터넷으로 각종 거래(예약, 인터넷뱅킹, 쇼핑, 공과금 납부, 민원서류 발급 등)를 처리할 수 있는 능력, 인터넷 카페나 동호회에 가입하고 게시판을 이용할 수 있는 능력 등을 포함한다. 이러한 기술적 능력은 모바일 기기를 이용할 때도 필요하다. 특히 모바일 기기의 경우 이용자가 원하는 대로 환경설정 기능을 조정하는 일이 중요하다. 여기에는 네트워크 설정, 애플리케이션 관리, 은행 거래 같은 금융 업무, 파일 이동, 악성코드 검사 및 관리 등을 할 수 있는 능력이 요구된다.

필요한 콘텐츠를 찾기 위한 미디어 조작 기술뿐만 아니라 불필요하고 불쾌하고 유해한 콘텐츠를 차단하기 위한 기술적 능력도 필요하다. 인터넷 환경설정이나 스마트폰 환경설정을 통해 쿠키, 방문기록, 검색기록 등을 삭제함으로써 원하지 않는 광고 메시지를 차단할 수 있다. 인터넷 보안 수준을 조정하고, 광고성 팝업창과 스팸 문자 또는 스팸 메일을 차단하고, 컴퓨터 백신 프로그램이나 애플리케이션을 설치해 바이러스에 감염된 파일을 차단할 수 있어야 한다. 필요한 경우에는 이용 시간을 조절할 수 있는 애플리케이션도 활용할 수 있어야 한다. 소셜 미디어에서도 상업적 정보와 원하지 않는 사회적 관계를 차단하고 개인정보에 대한 공개 범위 등을 조절할 수 있어야 한다. 온라인 기업들의 일방적인 이용자 맞춤형 서비스로 제공되는, 그러나 원하지 않는 정보를 차단하고 조절하는 기술적 능력이 점점 더 중요해지고 있다.

3) 인지적 조절 능력

미디어를 통해 필요한 콘텐츠에 접근하는 것은 자신이 원하는 콘텐츠, 자신이 필요한 콘텐츠가 무엇인지 잘 알고 있다는 것을 전제로 한다. 그러나 실제로는 필요한 콘텐츠가 무엇인지를 미리 생각하지 않고 검색부터 시작하는 경우가 많다. 키워드를 통해 검색된 정보를 하나하나 클릭하다 보면 정보의 홍수 속에서 허우적거리고 있는 느낌이 든다. 검색된 정보들 가운데 흥미로운 것들을 클릭하다 보면 어느 순간 내가 어떤 정보를 찾고 있던 것인지 잊어버릴 때도 있다.

하워드 라인골드Howard Rheingold는 그의 저서 『넷 스마트net smart』에서 디지털 미디어 리터러시의 첫 번째 능력으로 주의력을 제시했다. 온라인 공간에서 디지털 자극에 이리저리 끌려다니지 않기 위해 자신이 필요로 하는 것에 의식을 집중하는 주의력이 중요한 능력으로 요구된다는 것이다. 필요한 것에 주의를 기울이기 위해서는 내가 무엇을 필요로 하는지, 어떤 유형의 정보를 필요로 하는지를 미리 생각하고 메모지에 정리해본 다음 검색을 시작해야 한다. 목표가 분명하면 그와 무관한 내용을 걸러내기가 쉽다. 검색을 시작한 후에는 자신의 검색 행위를 관찰할 수 있어야 한다. 그리고 검색 결과가 본인이 찾고자 했던 것에 해당되는지를 재확인하며 검색 행위를 의식적으로 조절해야 한다. 넘쳐나는 콘텐츠 가운데 자신에게 필요한 것과 자신이 계획한 것을 찾기 위해서는 의도적인 인지적 노력으로서 주의를 분산하지 않고 집중하는 능력이 필요하다.

한 사람의 미디어 이용 패턴은 비슷하다. 이미 습관이 되었기 때문이다. 습관은 자각하지 못한 채 반복하는 행동이다. 자기감시self-monitoring라는 인지적 과정이 생략되기 때문에, 즉 자신이 무엇을 하고 있는지를 지각하지 못하기 때문에 습관을 바꾸는 것은 쉽지 않다. 습관을 바꾸려면 의식적인 자기감시 노력이 필요하다. 반복적으로 일어나는 미디어 이용 패턴을 인지하기 위해 의도적으로 자신의 미디어 이용 행위를 기록해볼 수도 있을 것이다. 미디어 이용 패턴에 대한 자기감시와 판단의 과정을 통해 미디어 이용 행위를 조절함으로써 미디어 접근에 대한 자기규제가 가능해진다.

3. 비판적 이해 능력

1) 미디어 메시지에 대한 비판적 읽기

미디어를 비판적으로 읽는 것은 미디어 메시지가 생산된 맥락과 의도를 파악하는 것이다. 이를 위해 메시지를 누가 어떻게 왜 구성했는지를 분석할 수 있어야 한다. 비판적 읽기의 궁극적인 목적은 메시지 생산자 또는 작성자를 비난하거나 메시지를 단순히 의심하기 위함이 아니라 다양한 관점을 정확하게 이해하고 주체적으로 자신의 의견을 형성하고 성찰하기 위함이다. 여기에서는 미디어 메시지에 대한 비판적 읽기를 미디어 리터러시 센터Center for Media Literacy가 제시한 질문 다섯 가지를 중심으로 살펴본다.

제작자: 누가 메시지를 만들었는가?

모든 미디어 메시지는 구성된다. 즉, 미디어 메시지는 현실을 그대로 보여주는 것이 아니라 제작자의 의도가 반영되어 만들어진 것이다. 메시지 또는 콘텐츠의 생산자가 누구인지를 파악함으로써 메시지의 의도, 질, 편향성, 신뢰성 등을 짐작할 수 있다. 생산자가 누구인지에 따라 메시지가 다르게 구성된다는 사실을 안다면 동일한 사건을 다른 생산주체들이 어떻게 다르게 구성하는지를 비교 분석해볼 수 있을 것이다. 콘텐츠 생산자는 개인, 집단, 조직으로 구분될 수 있고, 그중 조직은 영리적 목적의 조직과 비영리적 목적의 조직으로 구분될 수 있다. 뉴스 보도의 경우 언론사의 정치적 성향에 따라서도 생산자의 유형을 구분해볼 수 있다.

형식: 주의를 끌기 위해 어떤 테크닉을 사용했는가?

메시지 생산자들은 사람들의 시선을 끌기 위해 다양한 테크닉을 사용해 메시지를 구성한다. 여러 테크닉을 사용해 특정 의미를 부각하거나 왜곡하기도 하고 선택적으로 한 측면만을 강조하기도 한다. 이러한 테크닉 때문에, 사람들은 다른 중요한 메시지에 집중해야 할 주의력을 잃어버리기도 하고 다른 중요한 메시지의 의미를 축소해 해석하기도 한다. 예를 들어, 사람들의 주의를 끌기 위해 영상 클립을 추가할 수도 있고 사진을 첨부할 수도 있으며 자막의 크기를 크게 할 수도 있다. 또한 제목에 사람들의 호기심을 자극할 수 있는 단어를 추가할 수도 있고 감정에 호소하는 인터뷰 내용을 넣을 수도 있다. 따라서 이러한 테크닉을 분석하고 이들 테크닉이 메시지 해석에 미치는 영향을 고려해 메시지의 내용을 평가할 수 있어야 한다.

수용자: 사람들은 동일한 메시지를 어떻게 다르게 해석하는가?

모든 사람이 하나의 메시지를 똑같이 해석하지 않는다. 동일한 메시지일지라도 사람들은 각자 자신의 경험, 신념, 사전 지식 등에 따라 다르게 해석할 수 있다. 사람들의 선유경향이 메시지 해석에 영향을 미치는 것이다. 이를 감안해 개방적인 태도로, 다른 사람들은 메시지를 어떻게 해석하고 이해하는지를 살펴볼 필요가 있다. 메시지에 대한 자신의 해석 역시 선유경향의 영향을 받았다는 점도 인정해야 한다. 다른 사람들은 어떻게 해석하고 이해하는지를 참고해 메시지를 평가해야 한다. 즉, 다각적인 관점을 참고해 메시지가 재현하는 사건, 상황, 대상을 재구성해보면 그에 대한 자신의 타당하고 주체적인 의견을 형성할 수 있다.

내용: 메시지에 어떤 가치, 관점, 생활양식이 강조되고 배제되었는가?

미디어 메시지에는 특정한 가치나 관점이 내재되어 있다. 메시지는 의도적으로 특정한 관점이나 가치를 전달할 목적으로 구성되기도 하지만, 의도하지 않게 생산자의 가치와 관점, 사회적 고정관념 등이 메시지에 스며들기도 한다. 또한 분명하게 관점이 드러나는 메시지도 있으나 특정한 가치와 전제가 이면에 깔린 메시지도 있다. 따라서 의도된 그리고 의도되지 않은 가치, 관점, 전제, 편견 등을 파악할 수 있어야 한다. 서로 다른 관점이 내재된 메시지들을 비교 분석하고, 어떤 메시지가 본인이 추구하는 가치에 부합하는지 또는 어떤 메시지가 공공의 가치에 부합하는지 등을 평가할 수 있어야 한다.

목적: 메시지의 전달 목적은 무엇인가?

메시지는 이윤 또는 영향력을 얻기 위해 전달된다. 미디어 메시지는 이윤을 목적으로 삼은 미디어 기업에 의해 생산되고 유통되는 상품이다. 시청자가 직접 돈을 지불하고 미디어상품을 구매하기도 하지만 시청자들 대부분은 미디어 콘텐츠나 프로그램에 삽입된 광고를 보는 대가로 미디어상품을 무료로 소비한다. 미디어 메시지가 상업적 이윤 추구를 위해 구성되었는지, 그렇다면 상업적 이윤 추구를 위해 소비 가치를 어떻게 재현하는지, 그리고 수용자에게 어떤 영향력을 행사하는지 등을 파악할 수 있어야 한다. 한편, 미디어 메시지는 집단들 사이의 이해관계나 갈등적 이슈를 다루는 경우가 많다. 이러한 경우에 미디어 메시지는 특정 집단의 이익을 대변하면서 수용자에게 영향력을 행사하려고 한다. 따라서 어떤 집단의 이익을 대변하는지, 이를 위해 어떤 설득적 기법을 사용하는지 등을 평가해볼 필요가 있다.

2) 온라인 정보에 대한 신뢰성과 타당성 평가

매스미디어의 경우에는 메시지 생산자가 한정되어 있다. 따라서 메시지의 생산자를 쉽게 파악할 수 있으며, 이미 그 생산자(방송사나 언론사 등)에 대한 평판이나 신뢰도가 형성되어 있는 경우가 많다. 그러나 인터넷 공간에서는 누구나 정보를 생산할 수 있다. 생산된 정보는 또 누군가에 의해 복사되고 쪼개지고 재결합되고 공유된다. 정보의 정확한 출처를 알기도 어렵고 그 출처가 믿을 만한지 판단하기도 어렵다. 따라서 온라인 정보의 신뢰성을 평가할 수 있는 다양한 방법을 고민해봐야 한다.

작성자가 누구인가?

포털 사이트를 통해 정보를 찾게 되면서 정보 작성자가 누구인지에 대해 관심을 갖지 않는 경우가 많아졌다. 제목만 보고 내가 찾으려 했던 정보인지 아닌지를 판단한다. 제목을 확인하고 관련성이 높을 것 같다고 판단하게 되면 글 전체를 훑어보기 위해 클릭을 한다. 그리고 전체적으로 훑어본 다음 축적된 경험을 통해 직관적·총체적으로 그 정보가 유용한지를 판단한다. 이러한 과정에서 작성자가 누구인지, 사이트가 믿을 만한지를 판단하는 인지적 노력은 생략된다. 각자 나름대로 온라인 정보의 신뢰성을 판단하는 방법을 이미 가지고 있을지도 모른다. 그러나 직관적인 방법이 타당성을 갖기 위해서는 그 방법들을 구체화하고 그 효과를 반복적으로 검증해볼 필요가 있다. 이를테면 작성자가 누구인지 검색해볼 수 있다. 그 작성자가 과거에 작성한 다른 글이나 그 작성자에 대한 다른 사람들의 평판을 바탕으로 작성자가 믿을 만한 정보를 제공하는 정보원인지를 판단해볼 수 있다.

사이트는 믿을 만한가?

개인 작성자가 아니라 특정한 사이트에서 검색된 정보라면 해당 사이트의 신뢰성을 판단해봐야 한다. 사이트의 신뢰성은 그 사이트의 비영리성(이를테면 정부기관 사이트 'gov.', 교육기관 사이트 'edu.', 비영리단체 사이트

'org.')을 먼저 확인하고 최근에 업데이트된 기록이 있는지, 사이트 구성원 가운데 전문 인력이 있는지, 서술 방식이 중립적인지 등을 확인해 판단해볼 수 있다. 작성자의 이름을 검색해 작성자의 신뢰성을 판단해보듯이, 사이트의 이름을 검색해 그 사이트에 대한 평판을 확인해볼 수도 있다. 온라인 신뢰성을 판단하는 데는 사이트 디자인의 우수성도 영향을 미친다. 디자인이 유치하고 텍스트에 문법 오류가 있다면 믿을 만한 곳이 아니라고 판단할 수 있다. 다만 사이트 디자인의 우수성을 신뢰성의 주된 지표로 삼는 것은 주의해야 한다.

다른 자료와 비교해보았는가?

작성자나 사이트에 대한 신뢰성 평가가 정보 자체에 대한 신뢰성을 보장해주지는 않는다. 따라서 다른 자료source와 비교하는 교차 검증을 통해 정보의 신뢰성을 보다 정확하게 평가할 수 있다. 어떤 정보가 의견이 아니라 사실을 말하는 것이라면 같은 사실을 말하는 다른 자료와 비교해보았을 때 일관된 내용이어야 한다. 어떤 정보가 의견에 관한 것이라면 다른 자료의 의견들과 비교해 다각적인 관점에서 종합적으로 평가해야 한다. 특히 의견에 관한 정보를 찾고 있다면 자신의 관점과 배치되는 자료일지라도 서로 다른 관점에 대해 합리적인 판단을 할 수 있어야 한다.

관심 정보를 지속적으로 수집하고 있는가?

앞에서 제시한 것처럼, 작성자를 확인하고 사이트의 평판을 점검하고 다른 자료들과 비교해 교차 검증해보는 방법들은 정보의 신뢰성을 판단하는 데 도움이 된다. 하지만 온갖 정보가 넘쳐나는 인터넷에서는 모든 정보에 주의를 기울이기 힘들다. 이 같은 환경에서는 평소에 관심 있는 정보를 제공하는 신뢰할 만한 사이트를 정기적으로 방문하는 것도 리터러시를 높이는 방법이 된다. 관심 있는 이슈에 관한 정보를 능동적으로 찾고 지속적으로 갱신함으로써 전체 맥락을 파악하고 세부 내용을 이해하는 능력이 향상될 수 있다. 이러한 능력은 믿을 수 없고 적절하지 않은 정보를 걸러내는 데 유용하다.

다른 관점의 정보에도 노출되었는가?

관심 정보를 구독하는 것은 정보의 홍수 속에서 내가 원하는 정보를 찾아내야 하는 어려움을 해결해주는 하나의 방법이다. 그러나 관심 정보의 구독이나 소셜 미디어와 검색 서비스를 통한 정보 이용은 필터 버블 filter bubble 현상을 초래할 수 있다. 인터넷 정보 제공자는 이용자의 인터넷 이용 기록을 바탕으로 정보를 필터링해 이용자 맞춤형 정보를 제공한다. 이용자는 이를 의식하지 못한 채 인터넷 정보 제공자가 필터링한 정보에만 노출된다. 버블에 갇혀 자신이 원하는 정보, 더 정확하게는 이용자가 원할 것으로 가정하고 인터넷 정보 제공자가 필터링한 정보만을 소비하고 자신과 비슷한 성향의 사람들하고만 소통하게 된다. 결국 다른 의견에 노출될 가능성은 줄어들고 기존에 갖고 있던 의견은 강화되며 다른 의견은 배척하게 되는 위험성이 생긴다. 이를 예방하기 위해서는 본인의 정보 이용 습관 때문에, 다른 관점에 노출될 기회가 줄어든 것은 아닌지 점검해봐야 한다. 다른 사람들의 의견에 대해 개방적인 태도를 가지고 다양한 관점을 이해하고 다른 관점과 타협할 수 있어야 한다.

4. 창의적 표현 능력

디지털 미디어 환경에서는 메시지를 비판적으로 읽는 능력과 함께 미디어 공간에 참여해 자신을 창의적으로 표현할 수 있는 능력이 요구된다. 온라인 공간에서 창의적 표현 능력은 자신의 관심사와 정체성을 드러내는 글쓰기, 문제 발견과 문제 해결에 관한 새로운 관점을 제시하는 콘텐츠 제작 능력, 다양한 정보를 자신의 필요와 가치에 따라 재구성해 공유하는 능력 등을 포함한다.

1) 자기표현과 글쓰기

온라인 공간에서 자기표현의 한 방식은 글쓰기다. 온라인 카페, 페이스북, 트위터, 소셜커머스, 블로그 등에서 글쓰기를 할 수 있다. 이들 플랫폼은 익명성 정도, 수용자 크기와 특성 등이 서로 다르다. 페이스북은 기존에 알던 지인을 중심으로 하는 사회적 연결망이다. 따라서 기존의 이미지나 정체성에서 크게 벗어나지 않는 자신을 표현하게 된다. 트위터는 짧은 글쓰기를 통해 부담 없이 자신의 생각을 가볍게 전달할 수 있는 플랫폼으로, 다른 플랫폼에 비해 확산 속도가 빠르다. 온라인 커뮤니티는 공통의 관심사를 바탕으로 익명의 사람들이 모인 공간이지만 지속적인 상호작용으로 친밀한 관계 형성이 가능한 공간이다. 블로그는 자신의 생각을 충분히 드러낼 수 있는 플랫폼으로, 다른 소셜 플랫폼보다 더 명료하고 설득력 있게 자신의 생각을 전할 수 있다.

모든 공간에서 자신을 표현하고 드러낼 필요는 없다. 어떤 공간이 자신의 생각과 경험을 표현하기에 적합한지 생각해보고 자신을 드러내는 글쓰기를 시도해볼 수 있을 것이다. 자기표현의 글쓰기는 자신의 정체성을 탐색하는 데, 의견을 형성하는 데, 생각을 다시 반성해보는 데 도움이 된다. 또한 자신의 목소리를 드러냄으로써 동일한 관심사를 가진 다른 사람과 관계를 맺고 친밀감과 신뢰를 형성하는 데도 도움이 된다.

소셜 미디어나 메신저 덕분에 안부를 묻고 자신의 근황을 알리는 메시지를 주고받는 일이 빈번해졌다. 일상적이고 의례적인 대화가 증가한 것이다. 사소한 대화는 내용에 특별한 의미가 없더라도 관계 유지에 기여하는 하나의 사교 수단이다. 이러한 스몰 토크small talk는 사회적 관계를 유지하고 친밀감을 형성하는 데 기여한다(Duck, 1994). 그러나 스몰 토크에서는 자신의 생각을 충분히 드러낼 수 있는 기회가 줄어든다. 특히 인터넷으로 매개된 스몰 토크에 익숙해지면 두세 사람이 마주 앉아 진지하게 대화하는 상황이 어색해질지도 모른다. 대화는 자신을 드러내고 다른 사람의 생각에 귀 기울이고 자신을 다시 돌아보는 과정이다. 그러한 과정에서 의도하든 의도하지 않든 자신의 생각이 조정되고 확장되거나 심화된다. 사회적 관계를 유지하기 위한 스몰 토크도 중요하지만 자신의 생각을 드러내고 성찰할 수 있는 대화와 글쓰기를 시도해보는 것도 중요하다.

2) 창의적 콘텐츠 제작

온라인 공간에서는 글이나 사진 못지않게 개인이 만든 동영상 콘텐츠도 많이 유통되고 있다. 스마트폰 카메라로 영상을 찍어 온라인 공간에 바로 업로드할 수 있으며, 또 애플리케이션을 활용해 효과음 삽입이나 이어 붙이기 등 간단한 편집을 한 후 업로드할 수도 있다. 동영상을 제작하는 데 요구되는 기초적인 기술 수준이 낮아진 것이다. 그러나 미디어 리터러시는 콘텐츠를 제작하는 기술적 능력만을 의미하는 것이 아니다. 생산하려는 메시지가 무엇인지에 초점을 맞춰야 한다. 어떤 가치와 의미를 담을지, 무엇을 다른 사람과 공유하고 싶은지, 왜 공유하려고 하는지 등에 관한 질문을 먼저 묻고 답할 수 있어야 한다.

제작하려는 콘텐츠의 주제나 동기는 다양할 수 있다. 미디어 리터러시 측면에서 콘텐츠 제작은 창의적인 활동이어야 한다. 창의적이라는 것은 새로운 것, 적절한 것, 유용한 것을 말한다. 창의성은 문제를 해결하기 위해 새롭고 유용한 방법을 찾아내는 능력이다. 또한 문제를 발견해나가는 과정이기도 하다. 문제 발견은 주어진 상황에서 바람직하지 않은 것, 불편한 것 등을 인지하고 탐색 가능성이나 도전적 요소를 찾아내는 일을 의미한다(하주현, 2003). 가령 개인적으로 불편한 것, 사회적으로 바람직하지 않은 것, 변화되어야 할 것에 대한 문제 제기를 담은 콘텐츠라면 창의적인 콘텐츠라고 할 수 있다. 또한 특정 문제를 해결하는 새로운 방법이나 대안을 제시하는 콘텐츠 역시 창의적이라고 할 수 있다. 미디어 리터러시로서 창의적 콘텐츠 제작 능력은 촬영이나 편집 기법에서의 새로움 또는 독특함을 넘어 가치, 관점, 문제 발견, 문제 해결 차원에서의 새로움과 유용함을 담아낼 수 있는 능력이어야 한다.

3) 콘텐츠 큐레이션

기존의 정보를 그대로 복사하거나 공유하는 차원을 벗어나 정보를 재

조합하고 재구성하는 능력이 필요하다. 의미 있는 정보들을 연결해 조직화된 지식으로 체계화할 수 있어야 한다. 정보는 의미 있게 가공한 2차 데이터이지만 맥락과 분리되어 있다는 점에서 파편화된 지식이라고 할 수 있다. 반면, 지식은 특정한 맥락 속에서 연결되고 조직화된 정보들이다. 특정한 현상이나 상황을 이해하고 판단하고 결정하고 행동하기 위해 필요한 것은 체계화된 정보들, 즉 지식이다. 이는 콘텐츠 큐레이션 능력과 유사하다. 콘텐츠 큐레이션은 다양한 정보를 특정한 주제나 관심사에 따라 수집하고 분류하고 조직화해 공유하는 것을 말한다. 이러한 큐레이션 능력을 통해 이용자는 소비자가 아닌 생산자 역할을 할 수 있게 되며, 콘텐츠를 재구성해 지식으로 체계화하는 과정에서 문제의 발견과 해결을 위한 아이디어를 만들어내는 창조자가 될 수 있다.

개별적인 콘텐츠 큐레이션뿐만 아니라 협업으로서의 콘텐츠 큐레이션 능력도 중요하다. 이 능력은 복잡하고 예측하기 어려운 사회현상을 이해하고 해결책을 강구하고 행동을 실행하는 데 더 유용한 방식이다. 여기에는 사회적 유대 기술이 함께 요구된다. 공동의 목표를 위해 정보를 공유하고 자원을 적절하게 배분하고 서로의 역량을 향상하고 또한 함께 책임져야 한다. 서로의 존재를 인정하고 서로의 목소리에 귀 기울이되 자신의 목소리도 잃지 않아야 한다. 공동의 목표를 달성하기 위해 개개인의 역량이 서로 모여야 한다. 이러한 협업을 위해 사회적 소통 과정이 필요하다.

5. 사회적 소통 능력

미디어를 읽고 쓰는 개인적 능력은 궁극적으로 사회적 실천을 위한 능력이다. 여기서 사회적 소통 능력은 사회적 사안에 대해 공개적으로 자신의 의견을 개진하고 사회적 연결망을 통해 공론화 과정에 참여할 수 있는 능력으로 정의해볼 수 있다. 소통되는 내용이 공적 사안이라는 점, 의견이 공개적으로 개진된다는 점, 다른 사람과 공개적으로 논의하는 공론화 과정이라는 점, 공동체의 목표 달성을 위한 것이라는 점에서 사회적 소통은 사적 대화와 구별될 수 있다.

1) 공적 사안에 대한 관심

미디어 리터러시의 하부 영역으로 사회적 소통 능력은 미디어로 매개되는 메시지 가운데 사회적 사안과 관련된 정보 또는 사회적 쟁점이 될 수 있는 정보에 관심을 가지는 것에서 출발한다. 미디어를 이용하는 동기는 다양하다. 우리는 개인적 흥미, 호기심, 재미, 심심풀이, 기분 전환을 위해 미디어를 이용한다. 그 결과 우리의 호기심이 충족되고 기분이 전환되고 즐거움을 느낀다. 미디어는 스트레스를 해소하는 데 도움이 될 뿐만 아니라 다른 사람과의 일상적인 대화에서 소재로 활용되기도 한다. 다만 스트레스를 해소하고 기분을 전환하기 위해 오락물만을 찾는다면, 그로 인해 사회적 쟁점과 관련된 정보에 노출되지 않는다면 문제가 될 수 있다. 가령 본인에게 영향을 줄 수 있는 공적 사안을 결정하는 데 참여할 기회를 갖지 못하게 될 수도 있다. 우리는 공동체 구성원으로서 마땅히 관심을 가져야 할 사안에 대한 정보를 적극적으로 탐색하고 비판적으로 수용하고 나아가 공적 사안에 대한 자신의 견해를 표현할 수 있어야 한다.

사적인 호기심으로 소비한 정보나 콘텐츠에서 '사회학적 상상력'을 발휘하는 일도 중요하다. 비록 개인적인 호기심으로 접하게 된 콘텐츠이지만 해당 콘텐츠가 사회에 어떤 영향을 미칠지, 어떤 사회적 맥락에서 그 콘텐츠를 이해해야 하는지, 어떤 사회적 가치를 재현하는지를 생각해볼 수 있다. 또한 자신의 미디어 소비 행위나 정보 검색 행위에 대한 사회학적 상상력을 발휘해볼 수도 있다. 즉, 자신의 미디어 이용 행위를 단지 개인적인 습관으로 치부할 것이 아니라 자신의 미디어 소비 패턴과 정보 노출 패턴에 영향을 주는 사회구조적 문제를 생각해볼 수 있다. 미디어를 개인의 문제가 아니라 우리의 문제로 인식하는 것이 바로 사회적 소통의 출발점이다.

2) 공개적 의견 표명

우리는 자신의 의견을 공개적으로 표현할 수 있어야 한다. 한 사람의 공개적인 의견 표명은 다른 사람을 설득하거나 다른 사람에게 추가적인 정보를 제공할 수 있다. 또한 다른 사람에게 그들 자신의 의견을 밝힐 용기를 줄 수도 있다. 공개적인 의견 표명은 이처럼 다른 사람들에게 영향력을 행사한다는 점에서 중요한데, 더욱 중요한 것은 의견을 표현한 당사자에게 미치는 영향력이다. 공개적으로 자신의 의견을 밝히기 위해서는 먼저 자신의 생각을 정리해야 하며, 이를 표명하는 과정에서 자신의 의견은 더욱 분명해질 수 있다. 또한, 인터넷 공간에서 자신의 글이 가시화되면 자신의 의견을 다시 검토해볼 기회를 가질 수 있다. 이러한 과정은 주체적이고 독립적인 의견 형성에 도움이 된다.

의견 표명을 반드시 익명의 다수에게 해야 하는 것은 아니다. 카카오톡 단체방과 같은 소규모 온라인 공간에서도 가능하다. 그리고 공개적 의견 표명은 그 규모에 상관없이 다른 사람과의 연결을 가능하게 한다. 반대하든 찬성하든 그 의견에 관심이 있는 사람들이 모이게 된다. 그러나 서로 찬성하는 사람들끼리만 모이거나 반대하는 사람들을 배척하는 것은 사회적 소통이 아니다. 공개적 의견 표명은 어떤 다양한 의견이 있는지, 어떤 측면이 상충하는지 등을 이해하고 상충하는 의견들을 조율하기 위한 것이어야 한다. 다른 사람의 의견을 공감적인 태도로 경청하고 자신의 의견을 진솔하게 드러낼 때 사회적 소통이 가능하다.

3) 공론화 과정에 참여

미디어 공간에서 다른 사람과의 연결은 사안에 대한 공론화를 촉진할 수 있다. 공론화되지 않으면 그 사안은 이내 사라지게 된다. 한 사람의 의견 개진이 다른 사람의 의견 개진을 촉발하고, 의견을 중심으로 사람들이 연결된다. 사회적 연결망의 특성상 유사한 의견을 가진 사람들 사이에 더 강한 연결망이 형성되고, 사람들의 공감을 받을수록 그 의견은 더 큰 네트워크로 연결된다. 많으면 달라진다는 표현처럼, 큰 연결망을 가지게 된 의견이 결국 큰 영향력을 발휘하게 되는 것이다. 온라인 공간에서 의견 연결망이 형성되면서 나타나는 공론화 과정은 사회문제를 해결하는 데 도움이 될 수도 있으나 경우에 따라서는 사회적 갈등을 심화할 수도 있다. 따라서 유사한 의견을 더 선호하고 피해자 프레임에 더 공감하며 큰 연결망을 더 신뢰하는 온라인 공론장의 특성을 이해하고 공론장 참여에 신중해야 한다.

나아가, 공론장 참여는 문제 해결을 위한 실질적인 참여 행위로 이어져야 한다. 공론화 과정을 통해 문제의식에 충분히 공감했다면 문제 해결을 위한 실질적인 행동을 취할 수 있어야 한다. 이는 자신의 가치를 실현하는 사회적 참여일 수도 있고 시민으로서의 의무적 참여일 수도 있다. 공적 사안에 관심을 가지고 자신의 의견을 공개적으로 표명하고 공론화 과정에 참여하는 사회적 소통 능력까지 갖추어졌을 때 미디어 리터러시가 높은 사람은 좋은 시민일 가능성이 크다.

참여활동

❶ 수업에서 탐구 과제를 수행해야 한다고 가정하고, 그 과제를 하기 위해 어떤 방식으로 정보를 검색하고 평가하고 활용하고 재구성하는지 본인의 정보 이용 습관을 되돌아보고 문제점을 파악해보자.

❷ 인터넷을 이용하면서 원하지 않는 콘텐츠에 노출된 경험을 이야기해보고 그러한 콘텐츠를 차단할 수 있는 방법에 관해 이야기해보자.

❸ 본인의 소셜 미디어 이용방식을 떠올려보자. 왜 이용하는지, 어떤 정보에 주로 노출되는지, 어떤 주제의 글을 주로 작성하는지, 어떤 사람과 관계를 맺고 있는지, 자신의 사생활 보호를 위해 어떤 행동을 하고 있는지 등에 대해 정리해보자.

❹ 본인의 미디어 리터러시 수준을 평가해보자. 미디어 접근 능력, 비판적 이해 능력, 창의적 표현 능력, 사회적 소통 능력으로 세분화해 영역별로 본인의 미디어 리터러시 수준에 점수(1~5점)를 부여해보고, 그렇게 점수를 부여한 이유를 이야기해보자.

DIGITAL MEDIA LITERACY

03

민주사회 실천양식으로서 미디어 리터러시는 왜 주목받는가

미디어 리터러시를 바라보는 시선 가운데 상당수는 그 논의 자체를 개인적 측면에 국한한다. 그러나 오늘날 미디어 리터러시에 대한 이해는 보다 크고 광범위하게 이루어지고 있다. 미디어 리터러시는 주로 사회 또는 사회 구성원의 자산이자 역량으로 해석되는 경향이 강하다. 이러한 미디어 리터러시를 함양할 수 있는 균등한 기회와 환경을 보장하는 다양한 활동을 사회적 의제로 삼아 관련된 논의를 펼치는 곳이 많다. 미디어 리터러시의 함양을 위한 노력들이 단순하게 개인의 능력 제고 또는 소외된 일부 계층을 돌보는 교육적 활동에 그치지 않는다는 의미다. 모든 사람이 미디어가 제공하는 정보에 접근하고 해독하며 활용할 수 있어야 한다는 전제가 갖는 의미가 크기 때문이다. 많은 국가들 역시 개인은 물론 사회 전반의 이익을 위해 미디어와 그 산물인 콘텐츠를 활용할 수 있는 창의적 역량을 갖추는 일을 궁극의 목표로 삼는다. 이는 개인적 역량을 주로 이야기하는 듯하지만 사실상 시민사회 공동체가 추구하는 전반의 목표에 부합하는 것이다. 시민이 적극적 주체가 되는 민주사회 시스템이 올바로 작동하기 위한 조건 가운데 하나가 미디어 리터러시가 될 수 있다는 믿음은 바로 여기에 근거하고 있다. 이 장에서는 민주사회 실천양식으로서 미디어 리터러시가 왜 주목받는지, 그리고 그 실천 행위가 어떤 결과를 야기할 수 있는지에 대해 논의를 전개한다.

1. 미디어 리터러시와 민주주의의 연관성

2015년 1월, 미국 스탠퍼드 대학교 교육연구팀은 자국 학생들을 대상으로 대규모 실험연구에 착수했다(Stanford history education group, 2016). 피험자 수만 7800여 명으로, 그들은 미국 12개 주에 분포되어 있었고 대다수가 중등학교와 대학교에 재학 중인 학생이었다. 연구 목표는 온라인에서 제공되는 정보들에 대한 실험참가자의 비판적·논리적 추론 과정을 살펴보는 것이었다. 연구자들은 이를 시민의 온라인 정보 판단 능력을 평가하는 작업civic online reasoning이라고 불렀다. 이 실험은 무려 약 1년 6개월에 걸쳐 진행되었다.

2016년 말에 공개된 연구팀의 보고서는 연구 결과를 "암담하다Bleak"는 한마디로 압축해놓았다. 그리고 다음과 같은 말을 덧붙였다.

> 우리 사회의 민주주의가 사회 이슈에 대한 그릇된 정보로 인해 크게 위협받고 있다는 점을 우려할 수밖에 없다(Stanford history education group, 2016).

자극적이면서도 단호한 결론이었다. 동시에 의문 몇 가지도 불러일으켰다. 첫째, 대규모 연구를 수행한 뒤 연구진은 무엇을 근거로 이처럼 부정적인 결론에 이르게 되었을까? 둘째, 연구 결과를 민주주의 논의와 연관 짓고 우리 사회의 단면을 진단한 이유는 무엇일까? 마지막으로, 그 연관성이 의미하는 것은 무엇인가?

지금부터는 이 질문들에 대한 답을 찾아가면서 미디어 리터러시와 민주주의를 왜 함께 고려해야 하는지, 그리고 두 개념이 사회 공동체에서 올곧은 방식으로 함께 숙의될 때 우리는 무엇을 얻을 수 있을지에 대해 살펴본다.

美, 비판적 콘텐츠 이해·해독 능력 측정을 위한 실험

첫 번째 질문에 대한 답을 찾기 위해서는 스탠퍼드 대학교 연구팀의 연구 설계를 이해할 필요가 있다. 실험을 위한 연구조사 설계는 일반적으로 두 단계를 거친다. 사전조사와 본조사다. 사전조사는 본조사에 앞서 설문지와 조사 방법에 관한 제반 문제를 연구하고 수정, 보완하기 위해 작은 표본으로 실험적으로 이루어지는 조사를 의미한다. 사전조사 결과를 반영해 본조사가 실시되는 것이 일반적이다. 이 연구 역시 두 단계에 걸쳐 실험연구를 실시했다. 먼저 사전조사 개념으로 도입한 방법은 온라인상에서 제공되는 정보에 대해 실험참가자들이 그 진위 여부를 판단하고 최종 판단을 내리도록 하는 과정을 조사하는 방식으로 구성되었다. 모두 100여 명의 중·고등학생과 대학생들이 사전조사에 참여했다. 이들은 최저임금 관련 정보를 제공하는 인터넷 사이트(www.minimumwage.com)를 방문하도록 요청받았다. 실험참가자들은 이 사이트에 나와 있는 최저임금정책과 고용률에 관한 정보의 진위 여부를 판단하고, 동시에 자신이 내린 판단의 근거를 제시하도록 요구받았다. 이 웹사이트에서 제공되는 정보들은 경영자 입장에 유리하게 구성되었으며 겉으로 보기에는 미국의 공신력 있는 기관들과 연계된 것처럼 꾸며졌다.•

• 실험에 활용된 웹사이트의 초기 화면은 www.minimumwage.com에서 확인할 수 있다.

연구진은 사전조사 결과를 확인한 뒤 놀라움을 금치 못했다. 단지 응답자의 10% 미만(고등학생 참가자의 9%, 대학생 참가자의 7%)이 정보의 진위 여부를 확인하기 위한 추가적인 노력을 펼쳤기 때문이다. 응답자의 90% 이상은 웹사이트에서 제공된 정보의 진위 여부를 파악하기 위한 어떤 노력도 하지 않은 채 제시된 정보를 곧이곧대로 믿고 받아들였다는 의미다. 의외의 결과였지만 연구진은 놀라움을 잠시 뒤로 미뤄야 했다.

연구진은 실험 설계 방식이 올곧게 작동하고 있다는 판단을 내렸다. 그리고 본조사를 위한 실험물을 새롭게 구성했다.* 실험물은 미국에서 발행되는 웹매거진 ≪슬레이트Slate≫를 활용했다. 실험물은 세 가지 형태의 정보로 꾸며졌다. 첫째, 전통적 형식의 기사다. 둘째, 전통적 형식의 광고다. 셋째, 기사처럼 보이는 광고다. 이 광고는 일명 네이티브 광고native advertising로, 광고주에 의해서 제공되는 정보(후원받는 콘텐츠sponsored content)이지만 기사와 함께 제공되어 마치 기사처럼 보이도록 디자인된 광고다.

후원받는 콘텐츠는 무엇인가?

실험참가자들은 세 가지 형태의 정보를 접한 뒤에 각각의 정보가 어떤 유형의 속성을 지닌 정보인지를 판별하고 그 추론의 근거를 제시하도록 요구받았다. 연구진은 응답자들의 답변을 세 가지로 분류했다. 응답자가

* 본조사에서 활용된 실험물과 응답자가 제시한 답변, 그리고 이를 분류한 기준들은 https://stacks.stanford.edu/file/druid:fv751yt5934/SHEG%20Evaluating%20Information%20Online.pdf, p. 9에서 확인할 수 있다.

광고 또는 기사 등을 본 뒤 이를 부정확하게 추론하고 식별한 경우를 '초보 수준의 추론beginning', 어떤 속성을 지닌 것인지 식별은 하지만 최종 판단에 이르는 추론 과정이 정확하지 않은 경우를 '보통 수준의 추론emerging', 정보의 속성에 대한 판단과 그 과정이 모두 정확한 경우를 '상위 수준의 추론 능력을 지닌 사람mastery'으로 구분했다.

응답자들의 답변은 과연 어떠했을까? 앞서 거론했던 사전조사와 마찬가지로 연구진은 무척 부정적인 결과를 받아들었다. 사전조사에서 확인했던 피험자들의 반응 결과와 크게 다르지 않았던 것이다.

분석 결과, 실험에 참여했던 학생들 대부분은 전통적 형태의 기사와 광고를 정확하게 구분해냈다. 그러나 네이티브 광고에 대해서는 학생들의 80% 이상이 명확하게 구분해내지 못한 채 이를 기사라고 판단했다. 심지어 일부 학생들은 네이티브 광고가 광고주에 의해 후원받아 제공되는 정보라는 사실을 아는데도, 이것이 기사와 같다고 믿었다. 연구진이 경악한 점은 바로 이 부분이었다. 미국의 경우 정규 초등 교육과정에서 광고주에 의해 후원받는 콘텐츠가 무엇을 의미하는지 명확히 가르치고 있다. 즉, 과거에 충분한 학습이 이루어졌는데도 실험에 참가한 학생들은 이를 구분하지 못한 것이다. 연구진은 이 결과를 민주주의와 비판적 해독 능력의 상관성을 전제로 해석했다. 그 결과 미국 사회의 민주주의가 그릇된 정보의 범람으로 위협받고 있다는 결론을 내린 것이다.

그렇다면 연구진은 왜 그릇된 정보를 분별해내고 이를 추론하는 판단력을 측정한 뒤, 그 결론을 민주주의와 연관해서 생각한 다음에 암담하다고 표현했던 것일까? 비판적 이해·해독 능력은 민주주의와 어떻게 연관되어 있는 것일까? 이는 우리가 탐구하고 있는 두 번째 질문이다. 이 질문에 대한 답을 찾기 위해, 미디어 리터러시를 화두로 삼아 연구 활동을 전개하는 일부 연구자들 그리고 우리보다 앞선 경험을 지닌 일부 국가들이 두 개념의 상관성에 대해 취하고 있는 논리적 고리를 살펴보자.

2. 21세기 기본 시민 역량으로서 미디어 리터러시

소니아 리빙스턴Sonia Livingstone은 미디어 리터러시를 사회적 참여를 위한 핵심 수단으로 판단했다. 미디어 리터러시를 제고하는 목적은 "미디어 이용자를 수동적인 위치에서 적극적인 위치로, 수용자에서 참여자로, 그리고 단순한 미디어 콘텐츠의 소비자에서 시민으로" 자리매김하는 데 있다고 주장했다(Livingstone, 2004: 20). 더불어 미디어 리터러시를 "다양한 형태의 메시지에 접근해 분석하고 평가하며 다양한 형태의 메시지를 만들어낼 수 있는 능력ability to access, analyze, evaluate, and create message in a variety of forms"으로 정의했다. 그는 시청각 미디어가 지배적이던 시기에는 미디어 리터러시가 "이용자의 수용성audience reception"과 "해석interpretation" 능력에 초점을 맞추었지만, 누구나 콘텐츠를 생산하고 확산시킬 수 있는 현재의 미디어 이용 환경에서는 참여적·비판적 능력이 반영된 미디어 리터러시 개념이 요구된다고 언급하며, 그 이유로 민주사회의 시민으로서 역량 강화를 꼽았다. 능동적 참여와 비판, 그리고 생산된 콘텐츠의 해독이라는 관점은 미디어 사회로 규정되는 현대사회의 시민으로서 갖춰야 할 기본 역량이라는 의미다.

르니 홉스Renee Hobbs는 리빙스턴이 제시한 미디어 리터러시의 구성 요소에 '성찰reflect'과 '행동act'을 추가해 그 개념을 설명한다. 그는 미디어가 편재되어 있고 풍부한 정보가 제공되는 오늘날 미디어 환경에서 사회적 참여를 위한 필수적인 일련의 생활 능력life skills으로서 "디지털 미디어 리터러시digital and media literacy"라는 개념을 제시했다. 그리고 이를 달성하기 위한 핵심적인 능력들을 제시했는데(Hobbs, 2010: 18), 이것 역시 민주사회에서의 참여와 시민성을 강조한 개념이라고 볼 수 있다(황치성·김광재·한승연, 2014). 이 같은 추세는 공동체 정신을 강조하는 학문공동체만의 전유물은 아니었고, 국가적 차원에서도 시민사회 구성원의 역량으로서 미디어 리터러를 증진하는 방안에 대해 다각적으로 논의되었다.

1) 국가정책 차원의 제도화

일부 국가들은 정책 차원에서 미디어 리터러시를 21세기 시민사회의 필수 역량으로 규정하고, 이를 제도화하는 노력을 지속적으로 경주해왔다. 대표적인 국가가 영국과 프랑스다. 영국은 교육과정에서 미디어 리터러시 교육을 독립교과 형태와 통합교과 형태로 모두 적용하고 있다. 영국에서 미디어 교육은 이미 1980년대 말부터 공교육의 일부로 자리 잡았다. 미디어 교과는 중등 교육과정 국가시험GCSE과 대학 준비 과정에 해당하는 고등학교 A-level의 AS와 A2학년에서 선택과목으로 지정되었으며, '미디어 연구', '영화 연구', '커뮤니케이션 연구' 과목 등이 교과과정에 마련되었다. 지난 2013년 A-level의 경우 전체 수험생의 8%가 미디어 과목을 선택한 것으로 조사되었다(www.BFI.org.uk).

프랑스는 정부 차원에서 적극적으로 미디어 교육에 관여한다. 대표적인 미디어 교육 관련 기관으로 1983년 설립된 교육부 산하 미디어 교육센터인 끌레미CLEMI: Le Centre pour l'éducation aux médias et à l'information를 들 수 있다. 끌레미는 유치원부터 대학까지 모든 학교의 모든 학년을 대상으로 미디어 교육을 실시하는데, 주요 활동으로는 학교에서의 미디어 실습 지원, '미디어 주간' 행사, 미디어 교육 자료 생산 등이 있다(www.clemi.fr). 끌레미가 학교 안에서의 미디어 교육에 전폭적인 지원과 활동에 주력한다면, 학교 밖의 사회 미디어 교육은 각 지역의 미디어센터 네트워크 프로그램인 멀티미디어 문화공간ECM: Espaces Culture Multimédia이 그 역할을 담당한다. 프랑스에서는 2015년 1월에 발생한 테러 이후 전 사회적으로 미디어 교육의 중요성이 부각되었다. 특히 그동안 학교에서의 미디어 교육에 주력하던 것에서 나아가 학교 밖 미디어 교육의 필요성이 프랑스 저널리즘총회에서 논의되는 등 그 중요성이 사회적으로 확산되고 있다(김광재·장은미·강신규, 2017).

시장 원리와 자율을 강조하는 미국에서도 미디어 리터러시 교육의 중요성은 높게 인정받고 있다. 다만 타율적 모델보다는 자율적 관점에서 민간 주도로 이루어지는 경우가 많다. 그럼에도 정책 차원에서 이를 추진하려는 움직임도 일고 있다. 예컨대, 2005년 10월 민주주의 정보 충족을 위한 나이트위원회Knight Commission on tje Information Needs of Communities in a Democracy는 「커뮤니티 사회의 도래: 디지털 시대의 지속가능한 민주주의」라는 정책보고서를 통해 "미디어가 일상생활에 깊숙이 자리하고 있고 정보 홍수 시대에 충분하고 완성된 참여를 위해 디지털 미디어 리터러시 교육이 필요하다"고 강조하고, 디지털 미디어 리터러시 교육에 대한 액션 플랜을 제시한 바 있다(Hobbs, 2010). 또한 미국의 상원의원인 제이 록펠러Jay

Rockefeller는 교육과정에 정보 리터러시와 미디어 리터러시를 공식적으로 포함하는 내용을 골자로 하는 '21세기 핵심 능력을 위한 인센티브 펀드법'을 제안했다. 이 법안은 비록 법제화되지는 못했지만 디지털 미디어가 일상화되고 있는 현실에서 학교라는 울타리를 넘어 비판적인 사고와 시민으로서의 참여를 강조하고, 나아가 미디어 리터러시에 대한 정책 차원의 관심을 보여준다는 점에서 주목을 끌었다.

한편 2009년에 미국 뉴멕시코주는 6학년부터 12학년까지의 공립학교 학생들에게 미디어 리터러시 교육을 의무화하는 'HB 342New Mexico Passes Media Literacy Bill'를 제정했다. 뉴멕시코주 교육부는 "미디어 리터러시는 21세기에 가장 걸맞은 교육방식으로 민주사회에서 시민에게 필수적인 비판적인 사고방법일 뿐만 아니라 사회에서 미디어의 역할이 무엇인지를 이해하는 데 큰 기여를 한다"라고 법안 도입의 취지를 밝혔다(황치성·김광재·한승연, 2014).

2013년부터 2016년까지 핀란드는 미디어 리터러시 활성화를 위해 정부 기본정책government programme의 하나로 문화정책 가이드라인을 제정해 발표했다(Finland Ministry of Education and Culture, 2013). 이 가이드라인은 미디어 리터러시에 대한 참여와 일반적인 교육으로서 테크놀로지 역량 함양에 역점을 두고 있으며, 사회적 참여와 포괄inclusion을 위한 필수 전제 조건으로서 광범위한 의미의 미디어 리터러시의 중요성을 강조한다. 핀란드 정부는 '굿 미디어 리터러시'를 실현하기 위해 "모든 어린이와 청소년이 더 많은 가능성과 잠재력을 제공하는 성장 환경을 향유할 수 있도록 굿 미디어 리터러시를 발전시켜나간다"는 비전을 설정했다. 이와 함께 '어린이·청소년 중심의 미디어 교육 전개every-day media education centred round children and adolescents', '지속가능한 구조sustainable structures 구축', '프로파일링과 이해관계자 파트너십profiling and stakeholder partnerships 확대', '글로벌 차원의 역할 강화' 등을 전략 목표로 제시했다.

2013년 호주미디어청ACMA: Australian Communications and Media Authority은 '디지털 경제 시대의 디지털 시민권 향상과 온라인 참여 촉진'이라는 정책을 구현하기 위해 「디지털 시티즌 가이드digital citizen guide」를 발표했다. 이 가이드는 디지털 시민권에 대한 사회단체, 산업계, 비영리기관 등의 입장에 관한 연구와 포커스 그룹 테스트를 거쳐 완성한 것이며, 해외의 디지털 시티즌 관련 프로그램과 다양한 자료에 대한 검토를 기반으로 작성되었다(황치성·김광재·한승연, 2014).

2) 무엇을 어떻게 실천해야 하나

연구자별 또는 국가별로 미디어 리터러시의 중요성을 강조하고 이를 구현하기 위한 각론은 조금씩 차이가 있다. 그러나 그들이 생각하는 미디어 리터러시의 궁극적 지향점이 민주사회의 시민성 함양으로 수렴된다는 점은 의심의 여지가 없다. 이는 민주주의 체제는 결코 소수 엘리트 계층에 의해 이룩되는 것이 아니며, 다수의 주인의식을 지닌 능동적인 시민들에 의해 가능하다는 생각을 공유하고 있기 때문이다. 시민이 주체가 되는 사회 시스템이 올바로 작동할 수 있는 조건 가운데 하나가 바로 미디어 리터러시가 될 수 있다는 믿음이기도 하다.

그러나 만약 이 과정이 여의치 않다면 어떠할까? 미디어 리터러시를 함양하기 어려운 사회 환경이 구축되고, 시민들이 올바른 판단을 내릴 수 있는 역량을 갖추고 있지 못하다면 우리 사회가 더 나은 미래를 향해 나아가고 있다고 자신할 수 있을까. 아마도 부정적일 수밖에 없을 것이다. 사회 이슈에 대한 그릇된 정보가 범람하는 상황을 간파하고 그 의미를 해석할 수 있는 역량이 부족하다는 점을 고려하면, 스탠퍼드 대학교 연구팀이 미국 사회의 민주주의에 대해 암울하다고 표현할 수밖에 없었던 이유를 이해할 수 있을 것이다. 두 번째 질문에 대한 답은 이로써 비교적 명확해진다.

이제 문제는 어떻게 그 목표를 달성할 수 있는가 하는 점으로 귀결된다. 방법론의 문제다. 현상에 대한 진단, 그리고 이를 토대로 한 구체적인 해결방식을 고민하는 것이 우리가 풀어야 할 세 번째 질문과 맥을 같이하는 숙제다. 연구팀이 내렸던 진단처럼, 우리 사회 역시 그 연관성의 의미를 파악할 수 있는 연구 결과들이 존재한다. 그러나 기존의 연구들을 살펴보면, 광범위한 조사 또는 연구 과정을 통한 결론으로 보기에는 다소 어려운 측면들이 있다. 세부적인 연구 활동 과정에서 나온 결론들은 다소 파편화되거나 현상의 한 측면만을 집중적으로 부각해 의미를 부여하는 경향이 강하다는 의미다. 결과들을 조합하고 보다 큰 그림을 그려보기 어려운 이유다. 이 경우 우리가 취할 수 있는 대안은 다소 직관적인 방법으로 스스로에게 질문을 던져보고 그 의미를 새겨보는 것이 될 수 있다.

가장 먼저 던질 수 있는 질문은 '우리 사회의 미디어 리터러시는 어디쯤 어떤 모습을 한 채 머물러 있는 것일까'이다. 이 질문에 대한 답을 짐작해볼 수 있는 장면 몇 가지를 제시한다.

scene 1. 갇혀버린 논의, 반복되는 구호, 그러나 실천은 …

2016년 미국에서 전개된 대선 경쟁은 세계의 이목을 집중시켰다. 세계 각국이 자국의 이익과 직간접적으로 연관된 사안이기에 미국 대선 경쟁에서 펼쳐지는 주요 이슈에 관심을 기울이며 그 이해관계를 따졌기 때문이다. 흥미로웠던 점은 선거 구도 외에도 세계적인 관심을 촉발한 현상이 일어난 것인데, 바로 가짜 뉴스fake news다. 그해 말 한국에서도 국정 운영의 혼란을 경험하며 가짜 뉴스에 관한 사회적 관심이 고조되면서 그 피해를 호소하는 목소리가 높아지고 있었다.

가짜 뉴스가 주목받을수록 우리 곁에 함께 다가서는 주제어가 있다. 바로 미디어 교육이다. 둘의 관계는 간명하다. 범람하는 정보 속에서 가짜 뉴스는 올곧은 판단을 저해하는 부정적 요소로, 미디어 교육은 이를 해소할 적절한 대안으로 인식되었다. 큰 이견이 발생하기 어려운 시각이다. 이곳저곳에서 저마다 뉴스나 미디어 리터러시의 중요성을 설파해왔던 다양한 기관들이 앞다퉈 세미나 또는 콘퍼런스를 개최했다. 그럼에도 사회적으로 비판적 이슈가 존재할 때마다 기다렸다는 듯이 튀어나오는 미디어 교육에 관한 주장은 여전히 공허했다. 그 외침에는 필요성만 언급될 뿐이었고, 결국 대안으로 인식될 뿐이었다. 구체적인 행동양식 그리고 실천을 위한 사회적 동의는 여전히 요원한 듯 보였다. 아마도 미디어 이슈가 어느 순간 우리의 관심에서 멀어질 것이라고 여겼기 때문일 것이다.

scene 2. 공유되는 시각은 여전히 청소년 보호?

서울 시내 모처의 콘퍼런스 룸에서는 우리 삶의 일부가 되어버린 스마트폰 같은 미디어와 그 콘텐츠로부터 우리 아이들을 보호하기 위한 논의가 활발하게 진행되고 있었다. 이른바 '매체 중독'에 따른 다양한 피해, 각 가정과 학교 등에서 전개되는 학생들과 어른들의 갈등 양상 등이 앞다퉈 소개되었다. 교사, 학부모, 시민단체, 연구자 등 다양한 참석자들은 청소년의 과도한 콘텐츠 소비에 따른 폐해에 동조하고 효율적인 콘텐츠 차단 방법 등을 공유했다. 그리고 이 문제를 해결하는 궁극의 해법은 미디어 리터러시 능력을 향상하는 데 있다고 입을 모았다. 유해하거나 부적절한 콘텐츠로부터 이용자를 보호해야 한다는, 이른바 보호주의 관점으로 미디어 교육에 접근하는 대표적인 시각들이 논의되는 모습이었다. 이는 스스로 유해 콘텐츠를 걸러내는 능력을 기를 때까지는 어린 이용자들은 보호의 테두리 안에서 다루어져야 한다는 인식에서 비롯된 것이다. 학교에서의 미디어 교육의 필요성 역시 이러한 인식에서 출발한다. 이는 한동안 미디어 리터러시 향상을 위한 교육을 논하는 데 매우 보편적으로 공유되던 시각이자 우리 사회에서 반복되어온 양상이었다.

이 장면들을 통해 우리가 살필 수 있는 점은 크게 두 가지 정도일 것이다. 우선, 우리 사회가 미디어 리터러시 또는 교육의 문제를 여전히 표면적 수준 또는 확고한 실천 없는 구호 수준에서 대하고 있다는 것이다. 마치 사회적 이슈가 제기될 때마다 만병통치약인 듯이 미디어 리터러시를 그 해결책으로 제시할 뿐이었다. 이는 미디어 리터러시가 여전히 단순한 개념적 수준에서 이해되고 다루어져왔음을 의미하는 것이기도 하다. 또한, 구체적인 실천의 문제로 받아들이고 사회구조 안에서 미디어 리터러시를 보다 적극적으로 체계화하지 못한 데서 나타나는 결과일 것이다.

둘째, 미디어 리터러시가 그나마 적극적으로 이해되고 받아들여지는 공간과 방식이다. 미디어 리터러시는 주로 미래 세대를 돌보기 위한 교육

목표로서, 그리고 폐해로부터 어린 자녀를 보호하기 위한 능력 또는 정신무장 같은 개념으로 이해되어왔다. 청소년에게 교육해야 하는 도구 또는 보호막으로 인식되는 경향도 있다. 학교에서 미디어 교육을 실시해야 하는 이유조차 바로 여기에 있다고 믿기도 한다. 이는 교육과정에서 나타나는 비자발적인 교육 방식마저 용인되는 배경이기도 하다. 물론 오늘날 이러한 방식은 크게 환영받지도 널리 수용되지도 않지만 말이다.

3. 사회구조적 측면에서의 미디어 리터러시

앞서 제시된 두 장면을 통해 분명히 가늠할 수 있었던 우리의 모습은 아직 사회가 미디어 리터러시라는 개념과 실천방식을 온전히 이해하고 제대로 활용하지 못하고 있음을 보여준다. 기존의 틀과 익숙한 관행 속에서 미디어 리터러시는 다소 형식적으로 이해되고 다루어져왔다. 따라서 미디어 리터러시에 대한 논의가 한국 사회에서 전개되기 시작한 1970년대 이후 제법 많은 시간이 흘렀는데도 시간의 흐름만큼이나 큰 진전을 이루었다고 단언하기 어려운 것인지도 모른다.

단편적인 진단일 수 있지만, 앞서 살펴본 모습은 우리의 과제를 명확하게 드러낸다. 미디어 리터러시를 왜 사회 발전의 동력을 확보하는 과정에서 중요한 요소로 여겨야 하는지, 그리고 기존의 논의를 뛰어넘어 무엇에 조금 더 집중해야 하는지에 대한 것이다.

미디어 리터러시는 결코 개인만의 문제가 아니며 단순한 역량에 국한된 이야기도 아니다. 보다 크게 이해되고 활용되어야 할 사회 구성원의 자산이자 역량이다. 미디어 리터러시를 함양할 수 있는 균등한 기회와 환경을 보장하는 것은 단순히 사회적 불만을 잠재우는 일도 아니다. 그것은 모든 사람이 미디어가 제공하는 정보에 접근하고 해독하며 활용할 수 있는 창의적 역량을 갖추는 것과 관련된다. 이는 비록 개인적 역량을 이야기하고 있지만 사실상 공동체 전반의 목표에 부합하는 것으로 받아들일 수 있다. 일군의 학자들은 이를 다음과 같이 풀이하기도 한다.

> 디지털 미디어 환경에서 생산되고 유통되는 정보는 사람들의 일상생활뿐만 아니라 정치·경제·사회·문화 등 모든 삶의 영역에 파급력을 행사하고 있다. 이에 따라 정보에 대한 접근 기회와 정보를 이해·활용할 수 있는 능력은 삶의 질에 영향을 미치며, 이러한 능력의 차이는 정보 격차를 발생시켜 정보 불평등이라는 구조적 불평등이 발생할 수 있다. 이러한 정보 격차는 "정보의 접근 및 활용 능력을 키울 수 없게 하고 정보를 활용하는 생활습관을 가질 수 없게 하여 더 나아가 교육의 기회와 직업 선택의 기회, 문화생활의 기회 등을 제약함으로 해서 결국 삶의 질을 제약하는 데까지 이르게 한다"(양승목·송호근·조권중, 2002: 83).

이는 미래 사회 구성원들이 사회 발전과 통합이라는 목표를 이루어나가는 과정에서 미디어 리터러시가 그 역할을 적절하게 수행할 수 있다고 주장하는 것이다. 불평등과 차이를 인식한 상태에서도 역동적인 사회관계, 공유된 가치와 상징, 공동체에 대한 정체성과 결속감, 구성원들 사이의 신뢰를 만들어가는 사회적 노력이 수반될 때 우리 사회는 건강한 모습으로 발전할 수 있다는 의미다.

정보복지 개념이 등장한 배경도 이와 맥을 같이한다. 미래 한국 사회의 성장 동력이 건강한 시민사회의 회복에 있음을 인식해야 한다는 것이다. 한국이 질적으로 한 단계 더 도약하기 위해서 절실한 것은 건강한 시민사회다. 이는 서구 선진국들의 경험을 통해 이미 확인된 바 있다.

미디어가 제시하는 콘텐츠가 우리의 편견을 강화하는 효율적인 도구로 전락할지, 또는 우리의 건강한 비판 의식을 일깨우는 배경이 될지는 결국 우리에게 달려 있다. 우리가 이 사회의 건강한 주인임을 자각하고 깨어 있어야 할 이유를 미디어 리터러시를 함양하는 과정에서 다시 한 번 확인할 수 있을 것이다. 그리고 그것이 시민사회의 성숙을 이끄는 실천방식 가운데 하나로 미디어 리터러시를 꼽는 이유일 것이다.

참여활동

❶ 다양한 레퍼런스에서 제시되고 있는 미디어 리터러시와 민주주의에 대한 개념적 정의를 정리하고, 이를 연관 지어 이해해보자.

❷ 우리 사회에서 논의되고 있는 미디어 리터러시 이해방식을 구체화한 뒤에 이를 자신의 삶에 적용해보고 그 의미를 숙고해보자.

❸ 미디어 리터러시가 어떻게 21세기 시민사회의 필수 역량으로서 기능할 수 있는지 그 상관관계를 숙고해 정리해보자.

❹ 미디어 리터러시 함양을 통해 달성될 수 있는 구체적인 시민문화는 무엇이 있는지에 대해 다양한 매체 속에서 등장하는 여러 형태의 시민문화와 연관 지어 생각해보자.

PART 2.

콘텐츠와 산업 그리고 미디어 리터러시

DIGITAL MEDIA
LITERACY

DIGITAL MEDIA LITERACY

04

디지털 뉴스 리터러시

과거에는 집집마다 받아 보는 신문이나 즐겨 보는 TV 뉴스 프로그램이 다르더라도 전달받는 뉴스의 내용은 크게 다르지 않았다. 신문마다 그리고 방송사마다 보도하는 주제와 설명이 대동소이했기 때문이다. 이런 환경에서는 두 시간만 투자하면 하루의 주요 뉴스를 거의 다 접할 수 있었다. 그러나 이제는 불가능하다. 뉴스가 넘쳐나기 때문이다. 이는 방송국과 신문사의 증가에 따른 것이기도 하지만 뉴스를 접할 수 있는 다양한 미디어가 등장한 것에도 기인한다. 이보다 더 중요한 것은 우리가 컴퓨터, 스마트폰, 태블릿 PC 등을 통해 각종 뉴스에 일상적으로 노출되는 것이다. 게다가 새로운 미디어를 통해 제공되는 뉴스는 주제와 해설 방식에서 미디어별 차이가 뚜렷하게 드러난다. 또한 새로운 정보를 담은 추가 뉴스가 여러 차례 업데이트되기 때문에 한 사건을 전체적으로 이해하는 데 필요한 뉴스의 수도 늘어났다. 우리를 당황하게 하는 것은 이뿐만이 아니다. 과거에는 기자 신분증을 가진 사람만이 뉴스를 취재하고 기사를 작성했다. 그런데 이제는 누구든지 뉴스를 만들어서 인터넷을 통해 널리 퍼뜨릴 수 있다. 오늘 점심 때 같이 밥을 먹은 친구가, 조금 전 마트에서 만나 수다를 떨었던 이웃이 쓴 기사를 인터넷에서 발견할 수 있게 된 것이다. 최근에는 누구나 조종할 수 있는 무인 비행기인 드론이 유행하면서 이를 이용한 뉴스 제작이 주목받고 있다. '넘쳐나는 뉴스 가운데 어떤 뉴스를 골라 읽어야 할까?', '나도 뉴스 제작자가 될 수 있을까? 내가 찍은 사진이나 동영상에 글을 더해 인터넷에 올리면 될까? 다른 문제는 없을까?' 등등. 디지털 시대를 살아가는 보통 사람이 가질 수 있는 이런 걱정과 기대는 디지털 뉴스에 대한 이해가 왜 필요한지를 보여준다. 이 같은 맥락에서 이 장에서는 디지털 미디어 환경에서 뉴스를 현명하게 소비, 유통, 생산하는 방법에 대해 생각해본다.

1. 디지털 미디어 환경의 이해

1) 디지털 시대의 뉴스 소비

일반적으로 뉴스는 미디어를 통해 유통되는 공공의 관심사 그리고 이익에 관한 정보를 의미하고, 조금 더 확장하면 여기에 해당 정보에 대한 논평과 해설까지를 포함하는 것의 의미로 사용된다. 지금은 꽤 수가 줄었지만 얼마 전까지만 하더라도 아침에 일어나면 대문을 열고 배달된 신문을 집어 드는 사람이 많았다. 하루를 신문 읽기로 시작한 것이다. 그리고 아침 또는 저녁을 먹으며 TV 뉴스 프로그램을 시청하는 일이 낯설지 않았다. 성인들 대부분은 마치 하루의 일과인 양 뉴스를 접해왔다.

많은 사람이 뉴스를 읽거나 보고 오후 날씨를 예상하며 출근길에 우산을 챙길지 말지를 결정한다. 때로는 장애인 자녀를 둔 부모의 하소연을 듣고 울기도 하고, 또래들에게 맞아 피투성이가 된 여중생의 사진을 보며 분노하기도 한다. 어떤 사람들은 뉴스를 통해 과일과 채소 가격이 올랐는지, 대통령은 무엇을 하는지, 정치인들은 왜 다투는지, 우리 동네의 유치원은 오늘 왜 문을 닫았는지에 대한 궁금증을 해소하기도 한다. 언론학의 토대를 세운 학자들 가운데 한 사람인 해럴드 라스웰Harold Lasswell은 이러한 뉴스의 사회적 기능을 환경 감시, 상관 조정, 문화 전수로 정리했다(Lasswell, 1948). 언론은 뉴스를 통해 내 주변에서 무슨 일이 일어나는지, 다툼을 해결하는 방안은 무엇인지, 다른 사람들과 더불어 살기 위해 알아야 할 것은 무엇인지를 알려주는 역할을 한다.

디지털 환경에서의 뉴스는 기능, 생산과 유통 과정, 소비 방식 등 모든 분야에서 과거의 뉴스와 구별된다. 그리고 생산, 유통, 소비 주체의 경계가 흐려지면서 세 영역은 서로 맞물려 영향을 주고받으면서 변하고 있다. 뉴스 수용자의 요구가 변하면서 뉴스의 기능이 바뀌고, 또 이런 기능을 수행하기에 적합한 형식의 뉴스를 제공하려다 보니 생산과 유통 과정이 바뀌게 되는 것이다. 그 반대의 과정도 마찬가지다. 달라진 생산 목표에 따라 생산된 뉴스의 모습이 바뀌면 이를 소비하는 방식과 이런 소비를 통해 얻게 되는 이익도 달라질 수밖에 없다.

2) 디지털 시대의 뉴스 생산자

과거에 뉴스는 한정된 사람들만이 만들 수 있는 콘텐츠였다. 전문교육을 받고 언론사에 고용된 '기자'만이 뉴스를 만들 수 있었고, 따라서 뉴스를 통해 세상을 바꿔보려는 많은 사람들이 기자가 되기 위해 언론사 채용 시험에 매달렸다. 그러나 이제 뉴스는 더 이상 기자의 전유물이 아니다. 글 쓰는 재주와 사진이나 동영상을 찍을 열정이 있고 컴퓨터와 인터넷을 다룰 줄 아는 사람이라면 누구나 뉴스를 만들 수 있다. 그래서 요즘은 뉴스를 만드는 사람을 전통적 의미의 기자인 '전문 기자'와 일반인 제작자인 '시민 기자'로 구분하기도 한다.

시민이 참여해서 뉴스를 생산하는 '시민 참여 저널리즘'은 다양한 형태를 지닌다. 그중 하나는 시민이 제작한 뉴스를 언론사가 보도하는 경우다. 이 부류의 뉴스 프로그램은 일부분만을 시민이 직접 제작한 내용으로 채우는 형태와 ≪오마이뉴스Ohmynews≫, ≪허핑턴포스트Heffington Post≫처럼 전체를 시민 기자가 제공한 기사로 채우는 형태로 나뉜다. 다른 하나는 시민이 자신의 블로그나 소셜 미디어에 뉴스를 게재하는 경우다. 여기에는 시민이 제작한 뉴스가 그대로 게재되는 경우가 있고 기존 언론사의 뉴스가 그대로 또는 일부 변형, 편집되어 게재되는 경우도 있다. 최근에는 개인이 팟캐스트podcast나 MCNMulti Channel Network 플랫폼을 활용해 자신이 제작한 뉴스를 전달하는 경우가 늘고 있다. 마지막으로, 뉴스를 직접 제작하지는 않지만 제작된 뉴스를 편집하는 과정에서 자신의 생각을 추가하는 경우가 있다. 간단하게 기존 뉴스에 댓글을 달기도 하고, 관련 자료를 추가하거나 자신의 의견을 덧붙여 전달하기도 한다.

3) 디지털 시대의 뉴스의 내용

일반인이 뉴스 제작에 참여하면서 뉴스의 내용은 더욱 다양해졌다. 기존 언론사는 뉴스의 시장성을 고려할 수밖에 없고, 따라서 많은 사람이 원하는 뉴스를 제작하게 된다. 이 과정에서 소수가 원하는 주제와 내용은 뉴스로 만들어질 가능성이 상대적으로 낮아지고, 사회적 소수자의 목소리가 뉴스에 담기는 경우도 줄어든다. 한편, 일반인이 뉴스를 제작하게 되면 그 주변인이 뉴스에 등장할 가능성이 높아진다. 전문 기자는 권력자, 전문가, 시민 단체 대표 등을 주로 인터뷰하지만 시민 기자는 주변인들과의 대화를 뉴스 소재로 삼는 경우가 많기 때문이다. 이런 이유에서 시민 기자가 만들어내는 뉴스에서는 사회적 쟁점보다는 보통 사람의 일상적인 삶과 직접적으로 관련되는 내용이 더 많이 다뤄진다. 어떤 경우에는 전혀 공적이지 않은, 지극히 사적인 내용을 담은 뉴스도 제작된다. 이런 과정을 통해 전통적 의미의 뉴스에서는 배제되었던 내용 또는 정보가 뉴스에 담기게 되었다.

4) 뉴스 형식과 서비스의 변화

형식적인 면에서 디지털 뉴스는 매우 다양하다. 과거에 신문과 방송에서 보지 못했던 새로운 형식의 뉴스가 디지털 미디어를 통해 제작되어 전파되고 있다. 가장 눈에 띄는 변화는 텍스트 중심에서의 탈피다. 뉴스에서 동영상, 음성, 도표, 지도, 사진 등의 비중이 늘었다. 그중에는 이용자가 디지털 미디어를 사용해 뉴스를 볼 때, 해당 개체를 클릭하면 추가 정보를 제공하는 상호작용interactive 기능을 지닌 것이 많다. 이용자가 마치 게임을 하듯 몰입해 뉴스를 이용하게 하는 '게이미피케이션gamification 뉴스', 가상현실을 통해 실제 사건을 경험하게 하는 'VR 저널리즘', 사람이 아닌 기계가 알고리즘을 통해 기사를 작성하는 '로봇 저널리즘', 긴 설명문과 연속된 화면이 아니라 여러 장의 카드에 핵심 내용만 담아 전달하는 '카드 뉴스' 등도 예전에는 보지 못했던 뉴스 형식이다.

한편, 수용자 입장에서는 자신이 원하는 시간에 원하는 방식으로 콘텐츠를 소비할 수 있게 되었고 자신이 만들지 않은 콘텐츠의 수정 과정에 참여할 수 있게 되었다. 또한, 디지털 공간은 시간과 공간의 제약을 거의 받지 않고 실시간 업데이트가 가능하다. 내가 한 문장을 쓴 다음 다른 사람이 내 글에 한 문장을 더하는 과정이 몇 차례 반복되면서 하나의 완성된 뉴스가 만들어질 수 있다. 이런 이유로, 완성된 형태로 존재했던 전통적 뉴스와 달리 디지털 공간에서 생산되는 뉴스는 한 줄짜리 단신과 속보 형식이 많다. 과거의 기준으로 보면 완성된 형태가 아니라 전체 뉴스의 일부분이 제각기 뉴스라는 이름으로 생산되는 것이다. 물론 이런 자투리 뉴스도 시간이 지나면 집단지성의 힘을 빌려 완성된 형태로 변하지만, 그 중간 과정의 산물도 고스란히 뉴스라는 이름으로 수용자에게 공개된다.

5) 뉴스 유통 과정의 변화

오프라인에서 온라인으로의 미디어 생태계 전환이 가져온 뉴스의 변화를 가장 쉽게 확인할 수 있는 단계가 유통이다. 과거에 종이 신문은 배달원에 의해 일정한 시간에 정기적으로 전달되었고, TV 방송 뉴스는 텔레비전이 놓인 공간에 정해진 시간에 도착해야 시청할 수 있었다. 이 과정에서 유통의 주체는 언론사였다.

요즘에는 오프라인 전용 뉴스가 존재하지 않는다. 신문 지면이나 방송에 실린 뉴스 기사들은 아주 예외적인 경우를 제외하고는 포맷(텍스트, 사진, 그래픽, 동영상 등)에 관계없이 인터넷을 통해서도 제공된다. 그리고 스마트폰 같은 모바일 기기가 확산되면서 시·공간의 구분도 사라졌다. 실시간으로 방송되는 뉴스 또한 TV 수상기가 아닌 컴퓨터나 스마트폰으로 시청이 가능하다. 이 과정에서 뉴스 배달원은 사라지게 되었고 뉴스 시청을 위해 특정 시간에 특정한 장소에 머무를 필요도 없어졌다.

뉴스 유통은 대부분 온라인 공간에서 이루어진다. 이에 따라 네이버와 다음 같은 포털 사이트가 뉴스 유통의 핵심이 되었다. 최근에는 블로그, 카카오톡, 페이스북 같은 소셜 미디어를 통한 뉴스 전달이 증가하고 있다. 이 과정에서 실제로 뉴스를 전달하는 사람은 과거에는 뉴스 소비자에 불과했던 일반 시민이다. 이제는 소비자가 뉴스의 생산과 유통의 일부분을 담당하게 되었다. 이런 의미에서 이들의 역할을 정의하는 용어로는 소비자보다는 '생비자prosumer'나 '생용자produser'가 더 어울린다. 그리고 뉴스의 유통 과정에서 선택과 배제, 배열과 편집, 통합과 분리, 첨삭이 이루어지면서 유통을 담당한 주체도 뉴스 생산의 주체처럼 뉴스를 통해 다른 사람들이나 사회에 영향을 미칠 수 있게 되었다.

6) 인기 뉴스의 변화

주변에서 종이 신문을 보는 경우를 목격하는 일이 흔치 않게 되었고 3대 지상파 방송(KBS, MBC, SBS)의 저녁 뉴스 프로그램의 시청률도 많이 낮아졌지만 사람들의 뉴스 소비량이 줄어든 것은 아니다. 컴퓨터, 소셜미디어, 스마트폰 등의 디지털 미디어를 이용해서 여전히 뉴스를 소비하기 때문이다.

뉴스 이용량의 변화에 비해 즐겨 찾는 뉴스 종류의 변화는 보다 분명하다. 요즘 사람들은 정치, 경제, 세계 쟁점과 같이 시사적이고 무거운 주제보다는 사건·사고, 연예, 스포츠 등의 전통적 연성 뉴스와 각종 생활정보(건강, 날씨, 취미, 여행, 식생활, 쇼핑, 패션 등) 등 가벼운 주제를 다룬 뉴스를 좋아한다. 그리고 사회적으로 중요한 사안보다는 개인적인 관심사와 부합하는 내용의 뉴스를 선호한다. 특히 과거에 전문 기자들이 뉴스 소재로 다루지도 않았던 생활정보는 일반 이용자들에게 인기가 높다. 그만큼 뉴스 소재의 범위가 넓어진 것이다.

인기 있는 뉴스의 다른 특징은 사실 전달보다는 의견 전달이 목적이라는 점이다. 이는 뉴스 소비자들 가운데 자신의 생각이나 의견에 대한 확신을 얻으려는 의도로 뉴스를 보는 사람이 많기 때문이다. 사실보다는 의견이 많이 드러나거나 정파성이 강한 뉴스는 자기 입장이 확실한 사람이 자신의 의견을 지지하는 근거를 찾는 데 유리하다. 이는 자신의 의견을 공고히 할 수 있거나 갈등 사안에 대한 고민을 덜 수 있게 한다.

한편, 개별 뉴스 단위가 아니라 뉴스 서비스 단위로서 최근 인기를 끌고 있는 것은 큐레이팅curating 서비스다. 개인이 소화하기에는 너무 많은 뉴스가 넘쳐나는 요즘에 누군가가 자신에게 맞는 꼭 필요한 뉴스를 골라 준다면 뉴스를 소비하는 데 드는 시간을 절약할 수 있다. 이런 요구에 응답한 형태가 큐레이팅, 즉 맞춤형 뉴스 서비스다. 이메일 뉴스레터, RSS Really Simple Syndication/Rich Site Summary 피드, 소셜 미디어에서의 관계망network, 포털 사이트의 뉴스 스탠드 등을 이용하면 자신이 원하는 뉴스만을 쉽게 골라서 받아볼 수 있다.

2. 디지털 뉴스의 문제

인터넷을 기반으로 하는 온라인 뉴스 생태계에서는 정보원과 뉴스의 양이 늘어나고 다양해져 정보의 독과점이 완화되고 이용자의 정보 선택 폭이 확장된다. 또한 정보의 연결성과 투명성이 강화되는 등 여러 긍정적인 변화가 관찰된다. 그러나 동시에 이용자가 정보의 과잉생산으로 인해 정보과부하라는 부작용을 경험하게 되고, 정보원들 사이의 경쟁 과열로 인해 선정성이 짙어지면서 전반적으로는 정보의 품질이 하락하는 경향 또한 함께 나타나고 있다. 이러한 문제점을 이해하고 비판하는 능력이

'뉴스 리터러시'다. 이는 좋은 뉴스를 분별해내고 선택한 뉴스를 통해 얻게 되는 정보를 합리적으로 처리하는 데 반드시 필요하다.

1) 정보의 파편화와 피상화

디지털 미디어 환경은 뉴스 이용의 분절화·파편화·단편화·피상화라는 부작용을 낳는다. 디지털 미디어를 통해 우리는 이동을 하면서도 뉴스를 소비할 수 있게 되었고 과거보다 더 많은 뉴스를 보다 신속하게 공급받게 되었다. 이러한 환경에서는 뉴스의 가치 기준 가운데 속보성에 부여되는 의미가 증가한다. 이에 따라 제목만으로 뉴스가 구성되는 초단문 뉴스가 출현하게 되었다. 이제 뉴스 이용은 별도로 시간을 할애해서 하는 일이 아니라 자투리 시간을 활용하는 활동으로 변하고 있다. 따로 시간을 내서 뉴스를 이용하더라도 한 언론사의 기사를 집중해서 보거나 개별 기사를 찬찬히 읽기보다는 다양한 언론 매체와 기사를 옮겨 다니며 대략적으로 훑어보는 '유목형' 뉴스 소비가 늘고 있다. 이러한 소비행태에 어울리는 기사는 짧고 간략하지만 완결되지 않은 형태이기 때문에 이를 통해 얻을 수 있는 정보는 단편적이고 피상적일 수밖에 없다. 개인적으로 또는 사회적으로 중요한 이슈의 맥락을 짚어내고 그것이 자신 또는 사회와 관련해서 지니는 의미를 파악하는 일이 어렵게 된 것이다. 특히 단발성 사건이 아닌 오랜 기간에 걸쳐 진행되고 변하는 이슈의 경우 단순 사실 위주의 뉴스만 봐서는 사건의 의미는커녕 윤곽을 파악하는 것조차 쉽지 않게 되었다.

모바일 기기의 화면 크기 또한 파편적 뉴스 소비를 부추기는 요인이다. PC 화면에서는 시작 페이지에 많게는 100개까지 기사 헤드라인을 넣을 수 있는 것에 비해 모바일 기기 화면에서는 20개를 넘기기가 어렵다. 이런 이유에서 모바일 환경에서는 뉴스 이용자의 눈길을 끌기 위해 조금 더 자극적인 편집을 선호하게 된다. 더불어, 인터넷 환경이 가져온 경쟁의 심화는 뉴스를 조금 더 '가볍게' 만드는 요인으로 작용한다. 수용자에게 인기 없는, 사건의 원인 분석과 같은 사안의 본질을 보도하는 일에 충실하기보다는 이들의 주의를 끄는 데 유리한 재미있는 에피소드 또는 인물의 개인적인 측면을 부각해 보도하는 경우가 늘었다.

2) 의견 기사와 가짜 뉴스

예전에는 뉴스의 소재를 보다 신중하게 선택했고 기준도 더욱 명확했다. 뉴스로 다룰 만한 소재인지 평가하는 기준이 '뉴스 가치news value'인데, 시의성, 신기성, 영향성, 근접성, 갈등성 등이 포함된다. 즉, 시의적절하고, 일상적이지 않고, 더 많은 사람에게 영향을 미치고, 사건의 발생 장소가 지리적·문화적으로 가깝고, 사회적 갈등과 관련이 깊은 소재일수록 뉴스로서 다룰 필요성이 높게 평가된다. 이런 기준에 따라 선택된 뉴스 소재를 정확성, 객관성, 공정성, 균형성, 중립성, 불편부당성, 완전성, 독립성, 투명성 등의 원칙에 따라 취재하고 글을 작성해야 좋은 기사로 인정받았다. 그러나 오늘날 뉴스 생산 환경에서는 이러한 원칙을 충실히 따른 뉴스가 반드시 이용자에게 환영받는 것은 아니다.

누구나 기사를 작성할 수 있게 되면서 전통적으로 기자에게 요구되었던 기사 작성 원칙이 무너지고 있다. 사실과 의견을 명확히 구분하는 객관주의 저널리즘은 이제 구시대의 교과서에서나 찾아볼 수 있는 이야기가 되었다. 그 대신 자신의 의견을 마치 검증된 사실인 양 기술한 기사를 쉽게 찾아볼 수 있다. 이른바 주창 저널리즘assertive journalism 시대가 된 것이다. 본래 뉴스에서는 사실에 관한 정보와 함께 기자의 해석과 설명을 허용하는데, 그럼에도 성격이 다른 글의 구분만은 명확히 이루어져야 하는 것이 전통적인 기사 작성 원칙이었다. 그러나 오늘날 뉴스에서 객관적 정보와 주관적 의견의 구분은 더 이상 명확하지 않다. 사실이 아니라 편향적 의견이 기사의 중심을 대체하고 있다. 이에 따라 뉴스 소비자가 기자의 의견을 사실로 받아들여 자기 의견의 근거로 삼는 경우가 발생한다.

더욱 문제가 되는 것은 사실관계가 틀린 정보가 포함되는 경우다. 디지털 미디어 환경에서 가중된 속보성 경쟁은 과거에 비해 사실 확인 절차를 경시하는 결과를 낳았다. 구체적으로 사실이 확인될 때 비로소 보도하는 관행이, 사실이 아닐 경우 즉시 기사를 내리고 수정된 내용으로 대체하는 방식으로 변했다. '일단은 남보다 먼저 쓰고, 사실 여부는 읽는 사람이 확인하며, 혹시 사실이 아니라는 것을 알게 되면 그때 수정하자'라고 생각하는 기자가 많아진 것이다. 이는 가짜 뉴스가 늘어나는 중요한 배경의 하나다. 특히 선거와 관련해서는 특정 후보를 유불리하게 만드는 수단으로 가짜 뉴스가 이용되기도 한다. 또한 광고주에게 대가를 받고 광고를 기사처럼 보이도록 형식만 바꾼 '기사형 광고'도 늘고 있다.

3) 정보과부하와 어뷰징 기사

누구나 쉽게 뉴스를 만들고 여러 채널을 이용해 많은 사람에게 뉴스를 전달할 수 있는 디지털 미디어 환경은 뉴스의 양을 증가시킨다. 소비자 입장에서 뉴스의 양적 팽창은 뉴스 선택의 폭을 넓게 만들지만 선택을 위해 쏟아야 할 노력도 증가시킨다. 요구되는 노력이 너무 많으면 소비자들은 피로감을 느끼고 일정 수준 이상의 피로감은 소비 행위를 변화시킨다. 접해야 할 뉴스가 너무 많다고 생각하면 사람들은 뉴스를 단순히 훑어보는 질 낮은 소비 활동을 선택하기도 하고 더 나아가서는 아예 뉴스 읽기를 포기하기도 한다.

한편, 누구나 뉴스를 만들어 제공할 수 있고 소비자가 뉴스를 선택적으로 이용하는 경향이 강화된 미디어 환경은 생산자 입장에서는 경쟁의 심화를 의미한다. 이들은 경쟁에서 살아남기 위해 새로운 방법을 찾을 수밖에 없다. 우리나라 사람들이 뉴스를 접하기 위해 가장 많이 선택하는 경로는 뉴스 포털 사이트다. 이곳은 뉴스 소비자를 확보하기 위한 생산자들 사이의 경쟁이 가장 치열한 시장이다. 뉴스 포털 사이트에서의 높은 노출률을 위해 언론사들은 다양한 방법으로 자사의 기사가 '인기 검색어', '핫토픽 키워드', '실시간 이슈'와 같은 검색 도움 기능과 연동되도록 만든다. 특히 뉴스 포털 사이트가 유일한 시장 기반으로, 클릭 수에 의해 수익이 결정되는 인터넷 언론사는 클릭 수를 늘리기 위해 사활을 걸 수밖에 없다. 이들은 자사의 기사를 더욱 많은 사람에게 노출하기 위해 뉴스를 제목만 바꿔 지속적으로 업데이트한다.

누구나 뉴스 포털 사이트에서 제목을 보고 새로운 기사인줄 알고 클릭했더니 이미 읽은 기사였던 경험을 한 번씩은 해봤을 것이다. 이와 같이 동일하거나 유사한 내용을 제목만 바꿔 온라인 뉴스 공간에 업데이트하는 것을 '뉴스 어뷰징'이라고 한다. 어뷰징 기사는 뉴스 생산자가 더 많은 뉴스 소비자를 확보하기 위한 수단으로 채택한 방법이지만 소비자의 피로감을 더욱 가중하는 심각한 부작용을 낳았다. 게다가 어뷰징 기사에는 '취재'와 '데스킹' 과정이 없다. 이용자의 클릭을 유발해 트래픽을 높이고 이를 통해 광고수익을 얻는 것이 목적이기 때문에 기사 내용에 사실이 아닌 부분이 있더라도 개의치 않는다. 어뷰징 기사는 단기적으로는 클릭 수를 늘리는 데 도움이 될지 모르지만 장기적으로는 해당 뉴스 사이트 이용을 위축시키고 더 나아가서는 전체적인 뉴스 소비를 줄여 뉴스 제공 사업 자체에 해를 끼친다.

4) 선택적 노출과 맞춤형 소비: 편향 강화

디지털 환경에서는 자신이 원하는 콘텐츠만을 선별해서 이용하는 것이 가능하다. 최적화된 맞춤형 서비스를 더 쉽게 누릴 수 있게 된 것이다. 그러나 각자가 지닌 성향은 뉴스의 선택과 이해 과정에서 편향을 낳고, 이는 폭넓은 소통을 방해해 의견의 극화로 이어진다. 특히, 선택적 뉴스 이용은 사회 구성원이 공동체 일원으로서 꼭 알아야 하는 중요한 공적 정보에 노출될 기회를 봉쇄한다. 이는 시민이 공동의 관심사를 형성해 공공이슈에 관여하는 활동 자체를 위축시킬 수 있다. 엘리 패리저Eli Pariser는 각종 검색엔진과 소셜 미디어 기업들이 제공하는 정보와 개인 맞춤형 서비스에 과도하게 의존하는 정보 편식으로 인해 이용자들이 점차 자신만의 정보막에 갇히게 되고 그 바깥의 현안에는 관심을 두지 않게 되는 현상을 지적하며 이를 '필터 버블'이라고 말했다(Pariser, 2011). 그에 따르면, 개인의 관심사와 선호에 따른 맞춤형 정보에만 노출될 수 있는 환경이 이용자로 하여금 늘 비슷한 콘텐츠를 소비하게 만들고, 이로써 자신과 성향이 다른 사람들에 대한 관용성은 낮아지면서 동시에 기존 태도나 성향은 오히려 극단적이 되며, 사회적 차원에서는 공공 이슈에 대한 관심이나 정보 추구 자체가 줄어들게 된다.

최근에는 큐레이팅 서비스를 통해 개인 맞춤형 뉴스 노출 현상이 강화되고 있다. 이용자 스스로 또는 서비스 매체가 미리 조건을 내걸고 이용 가능한 전체 뉴스 가운데 그 조건에 부합되는 뉴스만 선택적으로 노출시키는 방법이다. 이용자가 원하는 콘텐츠를 매거진 형태로 직접 구성하는 방식으로 운영되는 '플립보드Flipboard', 이용자가 설정한 관심 영역에서 정보를 추천하고 이용자의 취향대로 정보를 관리하는 것이 가능한 '핀터레스트Pinterest'가 대표적인 큐레이션 서비스로 개인화된 콘텐츠를 제공한다. 국내 서비스 플랫폼으로는 '피키캐스트Pikicast'와 '직썰' 등이 여러 콘텐츠를 수집해서 이용자의 관심사에 맞게 가공해 제공한다.

큐레이팅 서비스는 선택적 노출을 부추기는 측면과 완화하는 측면을 동시에 지닌다. 선택적 노출을 완화하는 것은 이용자가 포털 사이트나 SNS상에서 뉴스를 볼 때 해당 기사가 어느 언론사의 것인지를 인지하지 못하게 하기 때문이다. 앞서 말했듯이, 뉴스 포털 사이트나 SNS는 모두 기본적으로는 '인기'에 기반을 둔 뉴스 추천 시스템이다. 따라서 평소에 자신의 성향과 일치하지 않아서 멀리했던 언론사의 뉴스도, 기사의 '브랜드'를 인지하기 쉽지 않은 플랫폼 구조로 인해, 보게 될 가능성이 높아진다. 물론 이런 효과는 SNS에서 친구로 맺어진 사람들 가운데 자신과 다른 성향을 가진 이들이 많을수록 더 강화될 것이다. 반대로 뉴스 선택 기준 자체가 편향되어 있다면 이는 다양한 뉴스에 노출되는 것을 방해하는 장애물로 작용한다. 특히나 알고리즘 또는 관계에 의한 큐레이션은 자신이 아닌 다른 누군가에 의해 선택된 틀 안에서 자신이 접할 뉴스가 결정되기 때문에 이용자가 스스로를 다른 사람의 통제 아래에 두는 결과를 초래한다. 거대 미디어 자본이 아닌 큐레이팅 서비스 업체에 의한 새로운 게이트키핑이 되는 것이다. 결국, 중요한 것은 이용자의 편의를 위해 선택하는 기준이 지닌 적절성이다. 특히 정보 선택의 과정이 이용자의 바람만을 충족할 경우 사회 구성원으로서 마땅히 관심을 가지고 알아야 할 정보에서 배제될 수도 있다는 점에 주의해야 한다.

3. 뉴스 리터러시: 소비와 생산

디지털 미디어 환경에서는 과거보다 더 많은 정보를 더 쉽게 접할 수 있을 뿐만 아니라 내가 직접 정보를 수집하고 가공해 다른 사람들에게 배포할 수도 있다. 이런 환경은 분명 개인의 삶을 더욱 풍족하고 편하게 하고 사회적 효능감을 높이는 데 도움이 된다. 그러나 다른 한편으로는 기술 발달이 초래한 정보의 과잉생산 및 유통으로 인해 여러 부작용이 발생하고 있는 것도 사실이다. 디지털 미디어 환경은 우리에게 더 나은 삶의 가능성을 제시하지만 가능성이 곧 결과는 아니다. 이런 맥락에서 디지털 환경 아래 뉴스를 소비하고 생산하는 데 주의해야 할 점을 짚어볼 필요가 있다.

우선 어뷰징 기사, 낚시성 제목의 기사, 기사형 광고, 근거가 미약한 편향적 의견 기사 등 저급한 기사가 다량으로 쏟아져 나오는 문제에 대해 생각해봐야 한다. 참여와 공유에 제한이 없는 디지털 미디어 환경에서 이런 문제를 모두 언론사 탓으로 돌릴 수는 없다. 일반 시민이 스스로 기사를 만들어 공유하는 부분이 있기 때문이다. 개인이 나름의 기준에 따라 검증해 선별한 정보를 기사 형태로 전달하는 것을 국가기관이 검열하는 것은 옳지도 않지만 가능하지도 않다. 일상적으로 품질이 낮은 기사에 노출되는 상황에서 자신에게 필요하고 유용하며 믿을 만한 정보를 분별하는 능력은 선택이 아닌 필수다. 이것이 뉴스 리터러시가 필요한 이유다. 어떤 뉴스를 선택해 어떻게 이용하고 어떻게 뉴스 제작에 참여하는지에 대해 개인이 나름대로의 기준을 설정해야 한다. 이런 의미에서 뉴스 리터러시 교육은 시민으로 살아가기 위한 기본 역량을 함양하는 과정이다.

뉴스 리터러시 교육은 생산되는 뉴스의 품질, 즉 한 사회의 저널리즘의 품질을 제고하기 위해서도 중요하다. 나쁜 품질의 뉴스를 몰아내기 위해서도 이런 뉴스를 배제하려는 소비자의 노력이 필요하다. 그리고 좋은 품질의 뉴스가 지속적으로 생산되기 위해서도 이 품질을 알아보고 소비하는 이용자 집단이 있어야 한다. 아무리 훌륭한 내용의 기사가 생산되더라도 가치를 알아보는 사람이 없다면 소비되지 않는다. 또한 아무리 비판을 받더라도 품질이 떨어지는 뉴스를 통해 경제적 이익을 얻게 된다면 생산 활동이 멈추지 않는다. 이런 맥락에서 뉴스 리터러시 교육은 뉴스 소비 영역뿐만 아니라 뉴스 생산 영역의 발전을 위해서도 매우 중요하다.

1) 뉴스의 선택

접할 수 있는 뉴스의 양이 늘어났다고 해서 모든 뉴스를 읽거나 봐야 하는 것은 아니다. 오히려 앞에서 지적한 것처럼 파편화되고 피상적인 정보를 담은 뉴스, 의견과 사실의 구분이 명확하지 않은 뉴스, 사실관계가 명확하지 않은 뉴스는 걸러내야 한다. 그리고 비슷한 내용을 다룬 뉴스들 중에서는 대표적인 것 한두 개를 골라서 소비하는 것이 효율적이다. 또한 나의 관심사나 의견에만 맞춰 정보를 접하다 보면 자신도 모르는 사이에 사고가 편향될 수 있기 때문에 때로는 다른 사람들이 관심을 가진 뉴스와 나와 다른 의견을 다룬 뉴스를 일부러 찾아보는 일이 필요하다.

좋은 뉴스란 결국 나에게 필요한 뉴스다. 그런데 나에게 필요한 뉴스가 무엇인지 알아내기는 쉽지 않다. 우선 떠오르는 방법이 전통적인 뉴스 가치를 활용하는 것인데, 본래 뉴스 가치란 전문적으로 교육받고 언론사에 소속된 전문 기자들이 수용자에게 환영받을 수 있는 기사를 선택하는 기준이라는 점에서 적절하지 않다. 다수에게 필요한 뉴스가 반드시 나에게도 필요한 것은 아니다. 누구에게나 적용될 수 있는 보편적인 기준이 아니라 나만을 위한 기준을 스스로 세워야 한다.

개인 맞춤형 뉴스를 선택하는 기준을 세우기 위해 먼저 해야 할 것은 자신의 관심사를 명확하게 파악하는 일이다. 자신의 관심사를 명확히 알아야지만 자신에게 필요한 정보가 무엇인지를 알 수 있고, 따라서 이를 다룬 뉴스를 선택할 수 있다. 다음으로 원하는 뉴스와 필요한 뉴스를 구분해야 한다. 원하는 것만을 취하다 보면 정작 필요한 것은 배제되어 심리적 만족과는 별개로 다른 부작용을 가져올 수 있다. 이는 균형 있는 식사가 필요한 것과 같은 이치다. 내가 원하는 음식만 먹다 보면 늘 식사 시간이 즐거울지는 모르지만 영양 과다로 인한 비만과 특정 영양 요소 부족으로 인한 영양 불균형 문제에 직면하게 된다. 정보 또는 뉴스도 마찬가지다. 내가 원하는 뉴스만을 소비하다 보면 사회 구성원으로 살아가는 데 필요한 정보를 얻을 기회를 의도하지 않게 놓칠 수 있다. 따라서 개인으로서 나에게 필요한 것과 함께 사회 구성원으로서 나에게 필요한 것이 무엇인지를 구분하고 각각의 요구에 맞는 정보를 함께 추구하도록 노력해야 한다. 이 노력이 부족하면 사회로부터 나를 격리하는 결과를 가져올 수도 있다.

세 번째는 디지털 미디어 생태계의 이해를 바탕으로 제대로 검증된 뉴스와 그렇지 않은 뉴스를 구분해내는 것이다. 뉴스라는 이름을 달고 있더라도 한 줄짜리 기사, 개인의 의견을 사실인 양 서술하는 에세이, 충분하게 사실관계를 검증하지 않은 정보 등은 뉴스로 취급하지 말아야 한다. 그리고 이렇게 완성도가 떨어지는 질 낮은 콘텐츠를 많이 포함한 뉴스 공급처는 뉴스원news source으로 간주하지 말아야 한다.

마지막으로, 공정성과 객관성 대신 투명성을 핵심적인 뉴스 품질 기준으로 삼아야 한다. 공정한 뉴스, 객관적인 뉴스는 좋은 뉴스임이 틀림없지만 무엇이 공정하고 객관적인지는 대단히 주관적이다. 나에게는 공정한 뉴스가 다른 누군가에게는 불공정할 수 있고, 이 상황에서 누구의 판단이 옳은지를 알 수도 없다. 따라서 이를 뉴스의 품질을 평가하는 기준으로 활용하기는 어렵다. 대안으로 뉴스의 투명성을 생각해볼 수 있다. 취재원, 취재 과정, 인용된 자료의 출처 등을 명확하게 밝히면 보도의 신뢰성을 확보할 수 있다. 그럼에도 불구하고 이를 은닉한다면 기자가 실제로 취재하지 않았거나 취재 과정이 부적절하거나 취재원에 대한 기자의 믿음이 부족했기 때문이다. 따라서 투명하지 못한 뉴스는 처음부터 이용에서 배제하는 것이 옳다. 특히 디지털 미디어 환경에서는 기사에 인용된 각종 자료에 대해 원자료로 연결되는 링크를 제공함으로써 자료 분석의 투명성을 확보하는 일이 훨씬 용이해졌다. 따라서 개념상으로뿐만 아니라 실제 적용 가능성의 측면에서도 투명성은 뉴스 품질을 판단하는 데 훌륭한 기준이 된다. 다만, 취재원을 보호하기 위해 이를 드러내지 않는 오프 더 레코드off the record 방식을 취하거나 정보원·취재원의 권익 보호가 목적인 취재원 비닉권秘匿權 때문에 관련 정보를 공개하지 못하는 경우에는 예외를 인정해야 한다.

2) 뉴스의 저장과 전달

오늘날 뉴스 소비자들은 단순히 뉴스를 읽거나 보고서 기억하는 데 머무르지 않는다. 디지털 미디어로 뉴스를 저장하고 때로는 이를 다른 사람에게 전달한다. 그런데 저장과 전달 과정에서 원출처가 누락되는 경우가 많다. 그래서 결과적으로 뉴스의 내용은 기록되고 전달되지만 뉴스를 만든 사람은 사라지거나 전달자로 대체되는 경우가 발생한다. 이렇게 뉴스의 제작자에 관한 정보를 삭제하고 정보를 저장하거나 전달하는 것은 뉴스 생산자의 저작권을 침해하는 행위일 뿐만 아니라 뉴스 내용에 잘못된 부분이 있을 경우 책임 소재를 따질 수 없다는 점에서 문제가 된다.

뉴스 원문을 편집하거나 수정해 전달할 경우에는 단순히 필요한 정보를 누락해서 전파한 것보다 더 큰 문제가 생길 수 있다. 다른 사람들과 공유하기 위해 뉴스를 온라인 공간에 업로드하는 과정에서 어떤 사람들은 댓글이나 의견을 달거나 사진을 추가하기도 하고 두 개 이상의 기사를 짜깁기하기도 한다. 흔히 말하는 UCC 또는 UGC라는 콘텐츠를 유통하는 것이다. 이 경우에 무엇이 원문이고 무엇이 추가된 부분인지를 명확히 밝히지 않는다면 전달받는 사람은 그것을 기사의 원문이라고 생각하게 된다. 잘못된 정보를 전달받게 되는 것이다. 전달하는 사람은 다음 사람을 위해 정보를 추가한 것일지도 모르나 애초에 기사를 작성한 사람은 자신의 저작물이 훼손되었다고 생각할 수 있다. 이런 이유에서 반드시 원기사와 변경된 부분을 구분해야 한다.

댓글 형태로 원문에 대한 비평을 추가할 경우에는 원기사의 저자에 대한 특별한 배려가 요구된다. 원저자에 대한 비난이 제삼자에게도 노출된다는 점으로 인해 원저자는 댓글 작성자가 예상하는 것보다 훨씬 큰 당황함과 창피함 또는 노여움을 느끼게 된다. 원기사를 비판적으로 평가하되 허위 사실을 적시하거나 근거 없는 비방은 하지 말아야 한다. 이러한 악플은 도의적 책임 외에 법적 책임까지 져야 할 수도 있다. 이 외에도 기사 내용과 무관한 댓글, 같은 내용의 반복, 저속한 용어의 사용은 윤리적으로 비난받는 행위다.

3) 뉴스를 통한 의견 교류

디지털 공간에서 유통되는 뉴스는 오프라인 뉴스에 비해 의견을 담은 경우가 많다. 어떤 뉴스는 거의 90%가 글쓴이의 의견으로 채워지기도 한다. 이러한 주창 저널리즘 기사를 접할 때는 당연히 해당 내용이 사실이 아니라 의견이라는 점을 인지해야 한다. 어떤 사람들은 자신이 내세우는 주장의 근거가 언론에 보도된 기사라는 사실만으로 충분하다고 생각한다. "이번 일은 A가 잘못했어"라는 말에 왜 그렇게 생각하는지를 물으면

"OO신문에서 읽었어"라고 대답하는 식이다. 그러나 이 판단의 근거가 사실이 아니라 하나의 의견이라면 결국 A가 잘못했다는 판단은 기사를 작성한 사람의 의견에 동의한 것일 뿐 객관적인 근거를 지닌 것은 아니라는 점을 인식해야 한다.

의견 기사를 접했을 때는 우선 의견을 지지하는 근거의 타당성을 따져야 하며, 필요하다면 다른 의견을 지지하는 기사와 비교해봐야 한다. 이를 통해 한편으로는 자신과 의견이 다른 사람을 보다 많이 이해할 수 있고, 다른 한편으로는 자기 의견의 부족한 부분을 다듬고 수정할 수 있다. 만약 자신의 의견을 동의하는 기사만을 좇게 된다면 자신의 의견이 다른 많은 사람에게 지지받는다는 잘못된 판단에 이르게 되고, 이는 자신의 의견을 수정하고 보완할 수 있는 기회를 스스로 던져버리는 결과를 낳는다. 이것이 엘리 패리저가 말하는 필터 버블이다. 나에게 필요한 유용한 정보를 얻을 기회를 스스로 벽을 쳐서 차단하는 격이다. 이런 사람이 많을수록 사회적 소통은 어려워진다. 많은 사람이 저마다 자신의 의견을 표명하지만 이러한 의견이 교류되지 않는다면 집단 간 갈등은 해결될 수 없다. 겉으로는 민주주의 사회인 것 같지만 실상은 조정되지 않는 주장만이 가득한 모양만 그럴듯한 '모자이크 민주주의' 사회가 되는 것이다.

4) 뉴스 생산 활동 참여의 의미

과거에 뉴스는 기자라는 특수 직종 종사자들만의 전유물이었다. 일반인은 기자가 취재할 경우에만 기자의 손을 빌려 자신의 생각을 다른 사람들에게 전달할 수 있었고, 스스로 뉴스를 만들 수는 없었다. 즉, 일단 기자에게 선택받아야지만 제한적으로나마 자신을 드러낼 수 있었다. 그러나 이제는 누구나 기자가 되어 자신을 드러낼 수 있다. 다른 사람들이 인정해주지 않더라도 스스로 기사 형식을 지닌 글과 영상을 만들어 온라인 공간에서 다른 사람들에게 공개할 수 있게 되었다.

시민의 뉴스 제작 참여를 넓게 해석하면 취재에 응하는 것에서부터 뉴스를 다른 사람들에게 전달하는 것, 뉴스 내용을 비판하거나 추가하는 것, 뉴스거리를 기자에게 제안하는 것, 정보나 사진 등을 언론사에 제공하는 것, 직접 뉴스를 만들어 배포하는 것까지 포함할 수 있다. 그러나 디지털 미디어 환경에서 뉴스 제작은 실제로 뉴스를 취재해 글을 쓰고 필요하면 사진이나 동영상을 덧붙이는 행위로 이해되는 경우가 많다. 따라서 여기에서는 뉴스 제작의 의미를 좁게 해석해 제작 주체로서 뉴스 제작에 능동적으로 참여하는 경우로 한정해서 일반인의 뉴스 제작 참여 활동을 살펴본다.

5) 취재에서 배포까지 전 과정을 포함하는 뉴스 제작

카메라와 드론 등 취재에 필요한 영상 장비의 가격이 하락하고 이를 다루는 데 요구되는 기술 수준이 낮아지면서 많은 사람이 직접 뉴스를 취재해 온라인 공간에 게재하는 경우가 늘어나고 있다. 동시에, 이들에게 배포의 편의를 제공하면서 상업적 이익을 얻으려는 개인 미디어 제작 영상 배포 서비스MCN platform 사업자도 늘고 있다. 뉴스 제작의 과정을 이해하고 자신의 지식과 가치관을 다른 사람과 공유하는 수단으로서의 뉴스 제작은 꽤 괜찮은 선택이다.

그러나 개인 자격으로 뉴스를 제작하는 사람들 가운데 상당수가 이내 주저앉고 만다. 처음에는 스스로 뉴스를 제작할 수 있다는 것 자체로 만족감을 얻지만, 시간이 지날수록 자신이 만든 뉴스에 대한 다른 사람들의 칭찬과 격려를 기대하게 되고 기대에 미치지 못하는 반응을 보면서 점점 지쳐가는 것이다. 그런데 생각해보면 애당초 전문교육을 받고 더 나은 장비와 취재 환경에서 뉴스를 제작하는 사람들만큼 다른 사람들의 관심을 끌 수 있다는 기대 자체가 무리다. 많은 사람이 아니라 지속적인 뉴스 팬을 확보하는 것을 목표로 해야 자신이 바라는 성과를 얻을 수 있다. 그렇다면 어떤 뉴스가 지속적인 뉴스 팬을 확보하는 데 유리할까? 기존의 전문 기자에 비해 시민 기자가 만들어내는 뉴스가 영상이든 글이든 기술적인 면에서 우위를 점하기는 힘들다. 이 점을 고려하면 남은 가능성은 콘텐츠의 독창성이다. 전문 언론인이 취급하지 않는 내용을 다루는 것이다. 동시에 자신이 전문성을 지닌 분야라면 성공 가능성은 더 높아진다. 예를 들어, 별을 관찰하는 것을 좋아하고 집에서 천체망원경으로 별을 꾸준히 관찰한 사람이 우주의 움직임에 관한 어떤 날의 특별한 변화, 사람들이 별에 대해 품은 의문에 대한 대답을 중심으로 뉴스를 제작하면 비록 소수일지라도 마니아 독자층을 확보할 수 있다. 자신만의 뉴스 아이템 선정이 무엇보다 중요하다.

컴퓨터와 통계 자료 처리 능력이 있는 사람들은 로봇 저널리즘 또는 알고리즘 저널리즘이라고도 불리는 형식이 도전해볼 만한 영역이다. 인공지능 기술이 발달하면서 단순 정보 수집과 같은 반복된 표현으로 이루어지는 스포츠 경기 결과, 주식 시황 등에 관한 기사는 이미 자동화 기계에 의해 작성되고 있다. 물론 아직까지 전면적으로 대체된 것은 아니지만 이런 분야에서 인간이 아닌 기계가 작성하는 기사의 비중은 점점 늘어날 예정이다. 이에 따라 전문 기자들은 분석과 해석 능력이 요구되고 논평과 해설이 주가 되는 기사 작성에 집중하게 될 가능성이 높다. 이런 능력이 요구되지 않는 반복적 사건에 대한 기사는 사람이 제작하든 기계가 제작하든 큰 차이가 나지 않는다. 알고리즘이 어느 정도 수준에서 표준화된다면 기계별로 만들어내는 결과물의 차이도 크지 않을 것이다. 또한 알고리즘 기반 뉴스는 온라인에서 인간관계를 유지하고 확대하는 수단으로도 활용될 수 있다. 이는 내가 관계를 맺고 싶거나 유지하고 싶은 사람들에게 이 정보를 기사 형태로 정기적으로 제공함으로써 나의 관계망을 튼튼히 할 수 있을 것이라는 기대 때문이다. 물론 모든 사람에게 해당되는 것은 아니고, 앞서 말한 것처럼 컴퓨터 알고리즘에 밝은 사람들에게만 가능한 선택 사항이다.

6) 기존 뉴스의 편집을 통한 뉴스 제작

취재부터 영상과 글의 작성과 편집을 모두 담당하는 뉴스 제작이 어렵게 느껴진다면 기존 뉴스를 편집해서 나만의 새로운 뉴스로 변화시키는 일에 도전해볼 수 있다. 만약 재미있는 뉴스를 만들고 싶다면 시각 정보 위주로 핵심을 짧게 전달할 수 있는 '카드 뉴스'나 '짤방 뉴스'가 적절하다. 이는 대중교통 이용 시간 같은 자투리 시간에 뉴스를 소비하는 요즘의 소비행태에 부합한다. 그렇지만 재미를 위주로 한다고 해서 뉴스 내용이 부실하거나 부적절해서는 안 된다. 따라서 카드 뉴스의 경우에는 핵심적인 내용을 간략하게 소개하되 조금 더 세세한 내용까지 알고 싶어 하는 소비자들에게 해당 사이트 링크를 제공하는 것이 좋다. 짤방 뉴스의 경우에는 메시지 삭제를 의미하는 짤림 방지를 위해 뉴스 내용과 아무런 상관없는 사진이나 동영상을 올리는 것은 배제해야 한다. 뉴스 내용의 핵심을 드러내는 사진이나 영상을 재미있게 편집해 궁극적으로는 소비자들이 뉴스 내용 전체를 접하도록 유도해야 한다.

재미보다는 합리적인 판단을 위한 정보 제공이 목적인 경우에는 서로 다른 관점과 의견을 모아 제시하는 개인형 맞춤 서비스 뉴스가 적절하다. 최근 문제가 되었던 여중생 폭행을 계기로 떠오른 '청소년보호법' 폐지에 대해 서로 다른 관점과 의견을 제시하는 기사들을 하나의 기사로 편집한 뉴스를 예로 들 수 있다. 관점이 다른 여러 기사를 읽으려면 많은 시간과 노력이 필요하고, 이는 소비자에게 부담으로 작용한다. 이러한 부담감을 느끼는 이용자에게 이 일을 대신해주는 존재는 환영받을 수밖에 없다. 게다가 뉴스 선택에 적용된 기준에 동의한다면 이용자의 만족감은 더욱 커질 것이다. 맞춤 뉴스를 제공하는 과정에서 기사에서 다루는 문제와 관련해 자신의 의견을 추가하는 것도 기사의 독창성을 증가시킨다는 점에서 긍정적이다. 이러한 개인 맞춤형 뉴스 서비스의 성공 여부는 결국 얼마나 다양한 시각의 뉴스를 수용 가능한 기준에 따라 모으고, 이에 대한 비평이 얼마나 설득력이 있는지에 좌우될 것이다.

7) 뉴스의 편집과 구성

뉴스를 한 꼭지씩 업로드하는 것이 아니라 몇 개의 뉴스를 모아 일간 또는 주간 단위로 편성해 업로드하는 경우라면 뉴스의 구성과 편집에 각별한 노력이 요구된다. 종이 신문의 경우 게재 면, 길이, 헤드라인 크기 등을 조절해 뉴스 편집인이 어떤 기사를 더 중요시하는지 그 의도를 전달할 수 있다. 보통 가장 중요한 기사를 1면에 게재하고 나머지 기사들은 주제별 섹션에 따라 배치하는데, 각 섹션별로도 중요한 기사를 앞쪽에 배치한다. 한 지면 안에서는 위쪽에 배치될수록, 또 길이가 길고 헤드라인의 크기가 클수록 비중 있는 기사다.

디지털 공간에서는 이러한 편집 요소를 활용하기가 힘들다. 디지털 뉴스를 보기 위한 디바이스인 컴퓨터나 스마트폰은 종이 신문 지면에 비해 화면 크기가 작기 때문에 시작 페이지에 가능한 많은 헤드라인을 축약해서 넣어야 한다. 시작 화면에 제목이 드러나지 않는 기사의 경우 이용자가 해당 기사를 볼 가능성은 현저하게 낮아지기 때문이다. 따라서 되도록 많은 기사를 시작 화면에 노출해야 하고, 이를 위해 큰 헤드라인이나 사진을 사용하는 것을 자제하게 된다. 이런 환경에서 클릭률, 즉 뉴스 소비 행위를 유도하기 위해 채택되는 방법은 자극적인 헤드라인, 잦은 업데이트, '속보' 등의 용어를 사용하는 것이다. 그러나 이런 방법을 일반 시민 기자의 뉴스 사이트에 적용하기는 힘들다. 습관적으로 방문하는 온라인 사이트에 비해 이들 사이트는 사람들이 뉴스를 소비하려는 목표를 세운 후에야 비로소 방문하기 때문이다. 이들 사이트는 뉴스의 핵심 내용이 드러나도록 제목을 제시하되 자신만의 편집 행위를 알릴 수 있어야 한다. 예를 들어, '청소년보호법'과 관련한 기사를 모아서 편집한 내용이라면 "부산 여중생 폭행 사건에 대한 다양한 시각: '청소년보호법' 폐지 논란"이라는 헤드라인을 통해 기사의 핵심 내용을 전달하고, 이를 다른 기사와 비교할 수 있도록 편집한 내용임을 알리는 것이 소비자를 위한 배려가 될 것이다.

한편, 일반 시민 기자가 편집한 뉴스를 모은 것이라면 이는 일종의 개인 맞춤형 뉴스의 형태로 볼 수 있다. 이 경우에는 편집자와 관심사나 가치관이 비슷한 사람들이 주로 이용하게 된다. 따라서 더 많은 사람들에게 호응을 얻기 위한 목적으로 기사를 모으기보다는 자신의 독특한 관심사나 가치관에 부합하는 기사를 모으는 방법이 유리하다. 수용자 일반이 아니라 뉴스 제작자 본인과 유사한 특별한 수용자가 목표가 되어야 한다. 결국, 블로깅이나 소셜 네트워킹을 통해 '우리 서로 좀 통해요'라는 말을 주고받은 사이를 대상으로 하면 이용자의 높은 만족도를 기대해볼 수 있다. 그러나 이러한 맞춤형 보도의 경우는 앞에서도 말했듯이 자기만의 세계에 갇히는 필터 버블 현상을 가져올 수 있기 때문에 자신의 관심사 외에 사회적으로 주목받는 기사를 간략하게라도 함께 싣는 노력을 기울여야 한다.

8) 시민 기자의 뉴스 제작 참여의 법적 · 윤리적 쟁점

시민의 뉴스 생산 참여는 긍정적인 측면이 많지만 생산 과정에서 소수자의 지배와 뉴스 품질의 하락, 취재 과정에서의 비윤리적 행위 등 여러 부정적 측면도 지니고 있다. 부정적 측면을 완화하기 위해서 최소한 다음의 몇 가지 사항은 각별히 주의해야 한다. 첫째, 완벽을 기할 수는 없을지라도 취재한 내용의 사실 확인을 위해 최대한 노력해야 한다. 거짓 정보를 유통해 누군가에게 손해를 끼친다면 기자 본인이 배상의 책임을 져야 할 수도 있다. 둘째, 시민 참여 저널리즘의 특징인 시민의 자유로운 의견

표출이 문제가 될 수는 없지만 의견과 사실의 구분이 명확하지 못해 소비자에게 혼란을 일으키는 것은 문제로 받아들여야 한다. 따라서 의견을 드러낼 때는 반드시 기자 자신의 의견인지 다른 누군가의 의견인지를 명확하게 밝혀야 한다.

최근에는 뉴스 저작권 침해에 관한 분쟁이 늘어나고 있다. 보통 온라인 공간에서 뉴스를 쉽게 접할 수 있기 때문에 뉴스에는 저작권이 없다고 생각하기 쉬우나 모든 뉴스가 그러한 것은 아니다. 뉴스에도 저작권이 있는 경우가 생각 외로 많다. 이런 콘텐츠를 단순히 복사해서 전달하는 경우뿐만 아니라 이를 변형·재가공(UCC·UGC)하는 경우에도 원저작자에게 사전 동의를 구해야 한다. 만약 사전 동의를 구하지 못했다면 해당 뉴스 기사의 URL을 직접 연결하는 딥링크deep link 방법을 사용해야 한다. 링크를 받은 사람이 URL을 클릭하면 뉴스 기사가 게재된 웹페이지로 이동해 다른 창에서 직접 볼 수 있도록 하는 것이다.

다음으로 취재 대상의 권리를 침해하지 않도록 각별히 유의해야 한다. 보도 내용으로 인해 개인의 명예가 훼손되거나, 동의 없이 촬영한 인물 사진을 게재해 초상권을 침해하거나, 공개되기를 원하지 않는 모습이나 정보를 보도해 개인 사생활의 비밀과 자유를 침해하는 일이 없도록 주의해야 한다. 일반적으로 시위 현장 같은 공공장소에서 자신의 행동이 취재될 수 있음을 인지할 수 있는 상황이라면 당사자의 동의를 얻지 않고도 사진을 촬영해 보도할 수 있지만, 이 경우에도 해당 사진이 당사자가 의도하지 않은 의사 표현이나 동작을 한 것처럼 오인될 수 있는 경우나 우스꽝스러운 표정을 부각해 부정적인 인상을 갖게 한다면 초상권 침해가 될 수 있다는 점에 유의해야 한다.

참여활동

❶ 동일한 사안을 다룬 방송, 종이 신문, 인터넷, 개인 미디어 뉴스를 각각 하나씩 선택해 내용과 형식의 차이점을 비교해보자.

❷ 뉴스 포털 사이트에서 우수하다고 생각하는 신문 뉴스와 방송 뉴스를 각각 하나씩 선택하고, 이렇게 평가한 이유를 이야기해보자.

❸ 기존 뉴스의 댓글란에 기사 내용 관련 정보를 추가하거나 기사 내용에 대한 자신의 의견을 쓰고, 이 내용을 나의 소셜 미디어를 통해 다른 사람들에게 전달해보자.

❹ 3~5명으로 모둠을 구성해 역할을 분담한 뒤 종이 신문 또는 방송 뉴스를 실제로 제작해서 온라인 사이트에 올려보자.

디지털 영상 콘텐츠 리터러시

디지털 기술에 의한 영상 콘텐츠 시대에 진입하면서 누구나 쉽게 영상 콘텐츠를 소비하고, 전달하고, 참여하는 시대가 되었다. 영상 콘텐츠를 생산하는 사람과 소비하는 사람이 뚜렷이 구분되던 시대는 지나갔다. 우리는 마치 우리 신체의 일부처럼 미디어를 친밀하게 이용한다. 어느 곳에 있든지 스마트폰을 통해 음악을 듣고, 동영상을 보고, 게임을 하고, 필요한 것을 산다. 음악, 영화, 게임 같은 엔터테인먼트 콘텐츠뿐만 아니라 검색, 쇼핑, 독서, 길 찾기 같은 일상 활동을 스마트폰을 통해 해결한다. 소셜 플랫폼에 수없이 올라오는 짧은 영상 콘텐츠를 소비하면서 재미있는 콘텐츠에 댓글을 달고 공감하며 다른 친구에게 추천도 한다. 디지털 미디어의 발달은 영상 콘텐츠 소비의 범위를 바꾸어놓았다. 이처럼 디지털 영상 콘텐츠의 소비가 일상적으로 이루어지기 때문에 콘텐츠를 분별할 수 있는 방법을 아는 것은 필수적이다. 오늘날 영상 리터러시는 필수 역량이며, 이는 영상 미디어를 잘 다루고 콘텐츠를 즐기는 방법론을 배우는 것에서 시작된다. 또한 디지털 미디어 환경에서는 미디어를 제작하고 커뮤니티에 참여하는 일이 증가하기 때문에 영상 콘텐츠 기반의 소통·창의 역량이 중요하며 공유와 상호작용의 기반에서 능력을 발휘할 수 있는 영상 리터러시가 필요하다. 나아가, 콘텐츠를 전달하고 공감하는 데 창의성, 윤리적 책임의식, 네트워킹 등 다양한 능력을 연계할 필요가 있다. 글로벌 미디어 환경에서 영상 리터러시는 문화적 의미나 실천을 이해하는 통찰력을 작동할 수 있는 역량을 의미한다. 따라서 영상에 국한된 이미지나 언어를 이해하는 것을 넘어 사회적·문화적 공유와 의미의 확산을 이해할 필요가 있다. 이 장에서는 디지털 영상 콘텐츠 소비 환경과 관련 이슈를 살펴보고 영상 리터러시를 향상하기 위한 방안에 대해 생각해본다.

1. 디지털 영상 콘텐츠 소비 환경의 이해

오늘날 TV 프로그램을 즐기는 광경은 많이 달라졌다. 방송사가 정해 준 편성 시간에 맞춰 프로그램을 시청했던 과거와 달리 VOD 서비스를 통해 프로그램의 시청 시간과 장소를 선택하는 기능이 커졌다. 한 번에 연속으로 시청하는 몰아 보기binge-watching도 가능하고, 소셜 플랫폼이나 포털 사이트에서 짧은 클립 동영상을 시청하기도 한다. 스마트 환경에서 영상 콘텐츠를 즐길 수 있는 조건이 일반화되었기 때문에 각자 편리한 시간과 공간에서 원하는 콘텐츠를 시청할 수 있다. 따라서 전통 TV 방송 시청 방식인 실시간 방송 프로그램 시청은 감소하는 반면, 다양한 플랫폼과 인터넷 기반의 동영상 시청은 증가하고 있다. 또한 '몰아 보기' 시청이 가능해지면서 TV 프로그램이나 영화 등의 콘텐츠 유통 방식이 크게 변화되었다. OTTOver The Top 서비스, 실시간 라이브 방송, 인터넷 스트리밍, 클립형 하이라이트 콘텐츠, VOD 동시 제공서비스 등 영상 콘텐츠의 형식과 유통 방식이 달라졌다. 이에 따라 영상 콘텐츠 제작자는 어떻게 더 단기간에 광범위하게 콘텐츠를 제공할 수 있을지 고민하고 있다.

청소년과 젊은 세대의 방송 프로그램 시청은 스마트폰, PC 등을 통해 많이 이루어진다. 방송 프로그램 시청행태 조사 결과에 따르면(방송통신위원회, 2017),• 우리나라 국민 가운데 만 13세 이상은 스마트폰을 통해

• 방송통신위원회는 2017년 전국에 거주하는 만 13세 이상 69세 이하 5천여 명(스마트폰 3500여 명, PC 1500여 명)의 스마트폰, PC를 통한 방송 프로그램 시청행태 조사 결과를 발표했다.

월평균 12시간 이상 동영상을 시청한다. 스마트폰 순이용자 비율 대비 시청 시간이 짧은 것은 길이가 짧은 클립 형식의 동영상 소비가 많기 때문이다. VOD 시청도 높게 나타났는데, 특히 영유아 자녀를 둔 30대 부모들이 어린 자녀를 위한 어린이 프로그램 VOD를 가장 많이 소비하는 것으로 나타났다. 즉, 다양한 동영상 콘텐츠 소비가 어린 유아에게도 일상적으로 이루어진다는 뜻이다.

영상 콘텐츠 공급의 변화

모바일 미디어의 사용 증가로 동영상 콘텐츠의 장르도 확장되었다. 웹드라마 같은 새로운 콘텐츠 장르가 등장하고, 스낵컬처에 맞게 짧게 소비하는 클립형 동영상 콘텐츠 제공도 확대되고 있다. 넷플릭스 같은 OTT 서비스를 통해 TV나 영화 콘텐츠도 새로운 장르나 주제로 구성되어 추천 서비스로 제공되고 있다. 네이버TV나 카카오TV 등 포털 사이트에서는 국내 지상파 및 종편, PPProgram Provider 채널의 방송 프로그램과 1인 미디어, MCN 콘텐츠 등을 볼 수 있다. 프로그램을 처음부터 볼 필요 없이 가장 흥미를 끄는 동영상 콘텐츠를 주제별로 반복 시청하는 것도 가능하다. 방송사는 본방송에 대한 호기심을 불러일으키고 화제거리를 제공하기 위해 방송 이후에 기존 콘텐츠를 가공하고 편집해 제공한다.

문제는 이렇게 짧게 편집된 콘텐츠가 주로 원래 프로그램의 호기심을 자극하는 내용으로 압축되어 제공되는 것에서 발생한다. 프로그램 전반에 대한 전후 맥락 없이 콘텐츠가 제공되기 때문에 호기심을 자극하거나 오해를 부를 수 있는 내용이 많다는 것이다. 무엇보다도 원래 TV 프로그램이 가진 어린이, 청소년 등의 연령등급과 관계없이 성인인증이 필요 없는 만 19세 이하 콘텐츠는 누구나 접근해 시청할 수 있다. 즉, 텔레비전에서 평소 밤 11시 이후에 방송되는 많은 오락 프로그램도 인터넷에서는 어린이들이 아무런 제약 없이 24시간 시청 가능하다.

영상 콘텐츠 소비의 변화

영상 콘텐츠의 생산과 유통에 참여할 수 있는 기술적 기반과 도구가 갖추어지면서 실제로 이용자들의 참여 활동이 증가하고 있다. 여러 기능을 갖춘 디바이스를 통해 콘텐츠 생산과 유통, 커뮤니케이션에 참여하는 사람이 많아졌다. 유튜브, 페이스북, 카카오TV 이용자들은 재미있는 콘텐츠를 지인들과 쉽게 공유하며 소비한다. 함께 시청한 사람들과 대화하며 콘텐츠 시청의 즐거움도 높이고, 댓글을 통해 서로의 공감도 쉽게 표현한다. 미디어 콘텐츠를 소비하는 위치에 머물던 수용자들이 콘텐츠의 생산과 확산에 직간접적으로 기여하고 있는 것이다.

시청자의 자율성 증가는 콘텐츠의 생산자와 소비자의 경계를 모호하게 만들었고, 나아가 콘텐츠의 노출이나 시청의 개념도 확장했다(Napoli, 2008). 오늘날 TV 프로그램 시청은 단순히 보는 것으로 끝나지 않고 평가, 댓글, 추천 등과 같이 콘텐츠와 관련해 상호 소통의 결과가 중요해지고 있다. 사람들은 원하는 대로 콘텐츠를 소비할 수 있는 결정권을 더 많이 갖게 되었지만, 동시에 검증되지 않은 콘텐츠에 더 많이 노출되고 있다. 또한 인터넷 콘텐츠 생산물이 많아지면서 사람들은 다른 사람들이 선호하는 클릭 수 기반의 랭킹 시스템이나 추천 시스템에 의존해 콘텐츠를 소비하기도 한다. 이러한 측면은 이용자가 미디어 기업의 이윤 추구에 이용될 가능성이 더욱더 커졌음을 의미한다. 따라서 이용자는 콘텐츠를 시청하고 소비하는 데 기존보다 더 많은 역량을 가져야 하며, 적합한 콘텐츠를 골라 구성하는 큐레이션 역량도 필요하다.

2. 디지털 영상 콘텐츠 이슈의 이해

TV 프로그램, 영화 등의 영상 콘텐츠는 시각과 청각을 활용해 우리가 직접 경험할 수 없는 내용을 전달해준다. 영상 콘텐츠 산업이 가진 특성과 배경을 잘 이해하는 것은 영상 리터러시를 향상하는 것과 관련된다. 대표적으로 텔레비전이 제공하는 영상 콘텐츠는 시청자의 주목과 시청률을 이끌어내기 위해 다양하게 경쟁한다. 재미를 위해 드라마틱한 요소를 강조해 편집하거나 흥미 있는 볼거리를 재생산하는 과정에서 폭력적이고 자극적인 측면이 극대화되기도 한다. 매스미디어가 생산하는 영상 콘텐츠는 기본적으로 이윤 추구를 위해 제작되기 때문에 상업성이나 오락성을 가질 수밖에 없다. 다른 채널들과의 경쟁에서 대중의 주목attention에 유리하기 때문이다. 시청률이 높은 TV 프로그램이 반드시 좋은 평가를 받거나 객관적으로 품질이 높은 프로그램이 아닌 경우는 흔하다. 영상 미디어가 일상적이고 자연스러운 현상이 된 환경에서 영상 리터러시를 갖추기 위해서는 영상 콘텐츠의 이슈를 이해하고 영상 미디어 산업의 동기를 제대로 파악해야 한다. 이는 미디어 메시지의 요소나 미디어 산업이 갖는 영향력에 대한 비판적인 이해를 필요로 한다.

1) 디지털 영상 미디어 산업의 특성과 효과

영상 미디어 산업의 특성

미디어 산업은 사회적·문화적 영향력으로 인해 일반 산업과 다른 특징을 지닌다. 방송 프로그램이나 영화 같은 영상 콘텐츠는 문화상품으로, 그 내용에 각국의 문화적 정서를 담고 있다. 미디어 기업이 만들어낸 콘텐츠는 사회적·문화적으로 영향력을 갖는다. 개인의 태도, 믿음, 행동 등에 영향을 줄 수 있고 관습, 사회적 규범 등과 관련해 사회에 장기적이고 누적적인 영향력을 미치기도 한다. 이러한 미디어가 한 사회에서 소수 사업자에 의해 집중적으로 생산될 경우 미디어가 가진 영향력은 더 크고 위험할 수 있다.

미디어 산업을 경제적 관점으로 살펴볼 필요도 있다. 미디어 기업은 미디어 콘텐츠와 서비스 등 미디어상품을 판매해 수익을 얻는다. 상품으로서 미디어 콘텐츠는 이용자에게 직접 전달되어야지만 이익이 발생하는 것이 아니다. 미디어 기업은 프로그램의 시청 규모나 노출 시간을 광고주에게 판매한다. 미디어 제작자는 시청자를 창출하고 그들의 정보를 광고주에게 제공해 이익을 창출한다. 미디어상품의 제작은 초기 생산비용이 높기 때문에 위험은 크지만 성공할 경우 큰 수익을 얻을 수 있다. 프로그램의 시청자 수가 증가함에 따라 지속적으로 평균비용이 감소하는 규모가 작동하기 때문이다. 따라서 많은 사람이 콘텐츠를 소비할수록 추가 생산비용이 거의 들지 않기 때문에 큰 수익을 얻을 수 있다.

미디어 기업은 사람들의 주목을 끌기 위해 다양한 요소를 투입해 콘텐츠를 생산한다. 미디어 기업이 생산하는 콘텐츠는 초국가적 유통이나 상업적 이윤 추구의 도구로서 대중적인 오락성을 지닌다. 오락적 리얼리티 프로그램은 시청자에게 이벤트성 리얼리티reality를 강조하는 특징이 있다. 이러한 요소는 투자 대비 고효율과 주목의 경쟁에 유리하다. 또한, 미디어가 제공하는 콘텐츠는 실제로 이용해야지만 그 상품의 품질을 알 수 있는 경험재의 특성을 갖고 있다. 따라서 영상 콘텐츠의 일부를 보여주고 이용자의 시청이나 소비를 유도하기도 한다. 이를테면, 영화 예고편은 영화 속에서 가장 흥미진진한 스펙터클한 장면만을 모아 보여줌으로써 영화 관람을 유도한다.

미디어 산업은 경제학에서 말하는 외부성이 있는 산업이다. 외부성을 지닌 산업의 가장 큰 특성은 좋은 재화(콘텐츠)는 사회적으로 바람직한 수준에 비해 과소 생산되는 반면, 나쁜 재화(콘텐츠)는 사회적으로 바람직한 수준에 비해 과대 생산되는 것이다. 미디어는 긍정적 외부성도 있지만 부정적 외부성도 있다. 그중 영상 콘텐츠는 사람들에게 정보와 오락과 즐거움을 주지만, 전달하는 메시지를 선정적·폭력적·상업적으로 포장해 유해한 영향을 줄 수도 있다. 또한, 미디어 산업은 자연 독점적 특성과 공공재적 특성을 갖고 있기 때문에 수요와 공급의 시장 원리가 일반 상품처럼 작동하지 않는다. 시장에서 이윤 창출이나 주목의 경쟁에서 자유로울 고품질 프로그램을 생산하려면 다양한 형태의 재원이 필요하다.

영상 미디어 재현과 리얼리티 이슈

미디어의 리얼리티와 재현representation 문제는 새로운 것은 아니다. 리얼리티 접근기법을 오락적으로 활용해 재미와 감동을 일구어내려는 시도는 항상 연출된다. 이는 조작과 왜곡의 문제라기보다는 영상 콘텐츠 제작이 다양한 영상 언어와 표현 기술에 의존하기 때문이다. 방송 프로그램 장르에는 드라마 같은 허구적인 픽션 장르와 사실적인 논픽션 장르가 있다. 어떤 사실적 장르를 보더라도 우리는 TV를 통해서 객관적인 현실을 접하기보다는 미디어에 의해 선택된 현실을 접한다. 여기에서 현실성은 이를 받아들이는 사람과 미디어의 관계에서 나타난다. 다시 말해, 영상 콘텐츠가 보여주는 리얼리티는 콘텐츠와 시청자의 상징적 상호작용에서 나타난다(Friedman, 2002).

영상 미디어에서 나타나는 재현의 특징, 과정, 영향과 관련된 이슈는 영상 리터러시에서 중요하다. 영상 미디어를 일상적으로 이용하는 우리가 현실에서 얼마나 많이 미디어에 노출되고 있는지 깨닫는 것은 어려운 일이다. 미디어 세계와 실제 세계의 경계선은 희미해지고 있다. 어떤 경험이 실제 세계로부터 얻어진 것인지 미디어 세계로부터 얻어진 것인지 혼동할 수 있다. 나아가, 오락뿐만 아니라 다양한 장르에서 리얼리티 프로그램의 경계가 희미해지면서 미디어 내용의 어떤 요소가 리얼리티를 반영하는지 아는 것이 중요해졌다. 따라서 미디어 세계의 내용이나 요소의 특성을 비판적으로 해석하며 실제 모습과의 차이를 인식하는 것이 필요하다(Potter, 2016). 미디어가 그리는 리얼리티를 정확하게 인식하는 것은 어린이들만 주의해야 하는 문제가 아니다. 미디어의 리얼리티와 판타지를 구분하는 능력을 누구나 자동으로 얻는 것은 아니기 때문이다. 또한, 리얼리티 영상 콘텐츠의 배경에는 대중의 관음적 호기심을 상업적·오락적으로 구성해 제공하는 정교화된 생산 체계가 있기 때문이다.

미디어의 재현은 이미지, 이야기, 사건들로 구성된 특정한 이미지를 상징적으로 나타낸다. 직접 경험하지 못한 개인이나 집단에 대한 글로벌 상상력global imagination의 자양분이 되는 것이다. '타자'와의 구분 짓기를 통해 '우리'라는 정체성identity이 시도되기도 하고, 지구 반대편의 사건이나 현상에 대해서 '방관자적(또는 관객적)' 수용자가 될 수도 있다. 미디어의 재현은 제한된 정보를 근거로 특정 집단에 대한 일반화를 형성하는 고정관념을 부추길 수 있고 영향을 줄 수도 있다. 또한 미디어는 특정한 편견을 유발할 수도 있다. 직접 경험하지 못한 집단에 대해 왜곡되거나 차별적인 시각을 불러일으킬 수 있는 것이다. 이를테면 젠더, 소수자, 특정 국가나 인종, 종교와 관련된 편견의 문제다. 이는 집단을 불공평하게 대하는 것을 정당화하기 때문에 위험하다.

영상 콘텐츠 메시지 효과의 문제

텔레비전이 출현한 1950년대부터 지금까지 많이 연구된 부분은 영상 미디어가 보여주는 폭력성이다. 영상 콘텐츠에서 표현되는 폭력성은 미디어 효과 연구의 오래된 주제다. 특히 어린이에 대한 폭력성 효과는 특별한 관심사였다. 어린이들이 폭력적 행위를 모방할 위험이 크기 때문이다. TV에서 이루어지는 폭력적 장면이 현실의 폭력성에 영향을 주는 가장 중요한 요인은 아니지만, 공격성을 촉발할 수 있다는 차원에서 주목되어왔다. 가장 주된 비판은 영상 미디어에 등장하는 폭력이 지나치다는 것인데, 이는 양의 문제가 아니라 묘사되는 맥락 때문이기도 하다. 미디어가 폭력을 묘사하는 방법이나 맥락이 시청자에게 폭력의 의미에 대한 믿음을 갖게 하는 데 중요한 역할을 한다는 것이다.

조지 거브너George Gerbner의 문화계발이론cultivation theory에 따르면, 미디어에 많이 노출된 사람은 미디어가 제시하는 세상의 모습과 일치하는 세계관을 가지게 된다. 텔레비전의 중시청자는 경시청자보다 TV가 제시하는 메시지의 영향을 더 많이 받는다는 것이다. 즉, TV에 등장하는 폭력 범죄물 같은 콘텐츠를 많이 시청할수록 자신의 안전에 대해 더 많이 걱정한다는 것이다. TV는 유사한 이미지나 메시지를 지속적으로 노출해 사람들의 태도, 신념, 가치 등에 비슷한 주류 정향을 가지게 할 수 있다.

미디어 콘텐츠의 대량생산과 대량유통은 경제적 성공의 핵심적인 요인이다. TV를 비롯한 모든 오락 콘텐츠의 핵심은 지루해져서는 안 된다는 것이다. 재미있는 이야기로 사람들을 매료해 프로그램을 계속 시청하게 만드는 것이다. 제작자는 시청자의 관심을 끌기 위해 다양한 요소를 사용한다. 미디어 콘텐츠는 대부분 이윤 추구를 위해 상업적·오락적 요소의 공식 안에서 창의성을 발휘한다. 따라서 오락 콘텐츠를 소비할 때는 그것들이 대중의 주목을 끌기 위한 특정한 제작 공식을 따르고 있다는 것을 인식해야 한다. TV가 그리는 세계에는 언제나 많은 부자와 권력자가 등장하고, 항상 범죄와 폭력이 존재하며, 신분 상승은 매우 빠르게 이루어진다. 그리고 PPLProduct Placement 같은 광고를 혼합해 물질적 소비를 통한 인물의 만족감을 강조한다(Potter, 2016).

미디어 속에서 표현되는 선정적 요소는 영상 리터러시에서 중요한 이슈다. 외모, 건강, 흡연, 의약품 남용 등의 문제에 오락적인 요소가 집중적으로 내포되어 있다. 콘텐츠 표현에 선정적인 요소와 폭력적인 내용이 섞여 있으면 더욱 위험하다. 시청자가 잘못된 인식을 하거나 모방할 수 있기 때문이다. 따라서 이 같은 위험을 예방하기 위해서는 영상 콘텐츠에서 표현되는 허구적 리얼리티, 선정성, 오락성, 폭력성 이슈에 대해 비판적 시각과 함께 글로벌 미디어의 이익 창출 시스템에 대한 기본적인 이해가 필요하다.

2) 영상 콘텐츠 등급과 청소년보호시간

방송 프로그램 등급제와 청소년보호시간대

영상 콘텐츠에 등장하는 내용과 표현 요소의 정보를 알려주고, 이를 시청하는 사람에게 주의를 갖게 하는 것이 콘텐츠 연령등급제다. 영상물 등급제는 폭력·언어·성적 표현의 정도를 표시하는 내용표시제다. 영상 콘텐츠에서 접하게 될 내용을 미리 간략하게 알림으로써 사람들에게 정보에 맞는 선택의 기회를 주는 것이 이 제도의 취지다. TV 프로그램, 뮤직비디오, 영화 등 영상 콘텐츠를 대상으로 한 등급제는 일차적으로 어린이와 청소년의 보호 차원에서 중요하다. 국내 방송 프로그램에는 어린이와 청소년 보호를 위해 '방송 프로그램 등급제'와 '청소년보호시간대'가 있다. 따라서 등급 분류 기준과 정보를 인지하고 콘텐츠 선별 및 소비에 유의할 필요가 있다.

방송 프로그램은 주제, 폭력성, 선정성, 언어 사용, 모방 위험 등의 유해 정도를 고려해 시청자의 연령을 감안한 프로그램 등급을 제공한다. 방송사는 본 방송 프로그램 시작 전에 해당 프로그램의 등급을 등급 기호와 함께 화면의 1/4 크기 이상 자막 형식으로 5초 이상 고지하고 있다. 현재 방송 프로그램의 등급은 총 5단계로 '모든연령시청가', '7세이상시청가', '12세이상시청가', '15세이상시청가', '19세이상시청가'로 분류된다. '19세이상시청가' 등급의 경우에는 프로그램 시작부터 끝날 때까지 계속 화면에 등급을 표시하도록 하고 있다. '모든연령시청가'와 '19세이상시청가'

표 5-1 국내 방송 프로그램의 연령등급

등급 구분		부연 설명 내용
ALL	모든연령시청가	• 이 프로그램은 모든 연령의 시청자가 시청할 수 있는 프로그램입니다.
7	7세이상시청가	• 이 프로그램은 7세 미만의 어린이가 시청하기에는 부적절하므로 보호자의 시청 지도가 필요한 프로그램입니다.
12	12세이상시청가	• 이 프로그램은 12세 미만의 어린이가 시청하기에 부적절하므로 보호자의 시청 지도가 필요한 프로그램입니다.
15	15세이상시청가	• 이 프로그램은 15세 미만의 청소년이 시청하기에 부적절하므로 보호자의 시청 지도가 필요한 프로그램입니다.
19	19세이상시청가	• 이 프로그램은 19세 미만의 청소년이 시청하기에 부적절한 프로그램입니다.

등급을 제외한 '7세이상시청가', '12세이상시청가', '15세이상시청가' 연령등급 표시에는 보호자의 시청 지도가 필요하다는 부연 설명이 포함된다.

방송 프로그램의 등급 분류는 방송사가 자율적으로 적용한다. 드라마, 애니메이션, 뮤직비디오, 영화, 수입 드라마 등에서 주로 이루어진다. 다큐멘터리, 생활정보, 시사 관련 대담·토론, 교육·문화예술 프로그램, 순수퀴즈 프로그램, 스포츠 프로그램(이종격투기 같은 폭력성이 지나친 종목 제외) 등에는 등급제가 해당되지 않는다.

TV 방송 프로그램은 방송사의 전문 인력에 의해 내용과 표현 요소에서 어느 정도 수준의 필터링을 거친 내용을 담고 있다. 방송사는 스스로 콘텐츠 시청 연령을 등급제로 제시하는데, TV 프로그램이나 콘텐츠에 포함된 유해한 표현의 포함 또는 수위 여부를 종합적으로 고려해 판단한다. 그러나 프로그램마다 세부 특정 주제를 얼마나 많이 포함하는지, 폭력·

언어·성적 표현의 정도가 얼마나 포함되는지는 개별적으로 밝히고 있지 않다. 특히 드라마처럼 여러 편으로 구성되어 방송되는 경우에도 동일한 등급을 받고 있다. 즉, 현재 방송 프로그램의 등급 기준은 모호하다고 할 수 있고, 표현 요소에 대한 세부 정보도 찾기 어렵다.

국내 방송의 청소년보호시간대는 평일의 경우 오전 7시에서 오전 9시, 오후 1시에서 오후 10시로 설정되어 있다. 어린이와 청소년이 주로 학교에 머무는 시간대인 평일 오전 9시부터 오후 1시까지는 해당되지 않는다. 따라서 평일 이 시간에 학교 밖에 머물거나 가정에 있는 어린이와 청소년은 '19세이상시청가' 프로그램을 TV를 통해 쉽게 시청할 수 있다. 이 시간에는 주로 영화 채널에서 '19세이상시청가' 영화 콘텐츠들을 발견할 수 있다. 토요일과 공휴일, 초·중·고등학교 방학 기간에는 청소년보호시간대가 오전 7시부터 오후 10시로 설정되어 있다. '19세이상시청가'로 분류된 프로그램은 청소년보호시간대에 방송이 금지되고 예고편도 동일하게 적용된다.

물론, 언제 어디서나 동영상 콘텐츠를 쉽게 소비할 수 있는 환경이 마련되고, 어린이와 청소년의 라이프스타일과 미디어 이용행태가 크게 바뀌면서 청소년보호시간대의 의미가 많이 무색해졌다. 따라서 미디어 환경의 변화에 맞는 콘텐츠 등급제를 고민할 필요가 있다. 나아가, 어린이와 청소년의 특성을 반영한 콘텐츠의 세부 항목 제시도 필요하다.

영상물등급제와 등급기준

영화와 비디오에 대한 등급제는 영상물등급위원회가 담당하고 있다. 일정한 범주별로 등급을 표시하는데, '전체관람가', '12세이상관람가', '15

표 5-2 영상물 연령등급

등급 구분	내용 분류 등급 수위(표현 요소 수위)
전체관람가	낮음
12세이상관람가(보호자 동반 시 관람 가능)	보통
15세이상관람가(보호자 동반 시 관람 가능)	다소 높음
청소년관람불가	높음
제한상영가	매우 높음

세이상관람가', '청소년관람불가', '제한상영가' 등이다. '12세 또는 15세이상관람가'는 해당 나이보다 어릴 경우에 보호자가 동반하면 관람할 수 있다. '청소년관람불가' 등급의 경우는 보호자가 동반해도 관람할 수 없다. 선정성, 폭력성 등의 표현이 과도해 인간의 보편적 존엄, 사회적 가치, 선량한 풍속 또는 국민 정서를 현저하게 해할 수 있는 영화와 비디오물은 '제한상영가' 등급으로 상영 자체가 제한된다.

영화 등급은 주제, 선정성, 폭력성, 대사, 공포, 약물, 모방 위험 등 일곱 가지 요소로 표시된다. 그리고 영상물이 시작될 때 연령등급과 함께 이들 요소의 개별 수위가 '낮음', '보통', '다소 높음', '높음', '매우 높음'으로 표시되도록 하고 있다. 예를 들어 '12세이상관람가' 영상물의 경우 내용 분류 및 표현 요소인 주제, 선정성, 폭력성, 대사, 공포, 약물, 모방 위험의 수위가 대부분 '보통'을 차지한다. '전체관람가'로 판정받은 영상물 등급 기준을 살펴보면 전체적인 표현 요소의 수위가 '낮음'으로 판정되어 있다. 즉, 해당 영상물은 모든 연령의 사람이 수용 가능한 주제로, 어린이가 위협이나 위험을 느끼는 유해한 내용이 없거나 매우 약하게 표현된 것이다. 또한 선정성, 폭력성, 공포 등의 요소가 없거나 매우 약하게 표현된

표 5-3 영상물 등급 내용 분류 기준

주제	• 해당 연령의 정서 및 가치관, 인격 형성 등에 끼칠 영향 또는 그 이해 및 수용 정도
선정성	• 신체의 노출 정도 및 애무, 정사 장면 등 성적 행위의 표현 정도
폭력성	• 고문, 혈투로 인한 신체 손괴 및 억압, 고통 표현, 굴욕, 성폭력 등의 표현 정도
대사	• 저속한 언어, 비속어 등의 빈도와 표현 정도
공포	• 긴장감 및 그 자극과 위협으로 인한 정신적 충격 유발 정도
약물	• 소재나 수단으로 다루어진 약물 등의 표현 정도
모방 위험	• 살인, 마약, 자살, 학교 내에서의 폭력 및 따돌림, 무기류 사용 등 모방 심리 고무 및 자극

것, 저속한 언어나 비속어 등이 매우 약하게 표현된 것, 약물 사용이 없거나 매우 약하게 표현된 것, 모방 위험의 요소가 없거나 매우 약하게 표현된 것이다. 그 밖에 특정한 사상, 종교, 풍속, 민족 등과 관련해 모든 연령에 해당되는 사람에게 부정적인 영향을 미치는 표현이 없는 것을 말한다.

영상물등급제가 존재하기 때문에 선정적·폭력적 영상물이 줄어드는 것은 아니다. 콘텐츠 등급의 적절성과 유용성에 대한 논란은 꾸준히 제기되고 있다. 개인마다 또는 문화마다 표현 요소의 사용이나 표현 수위를 느끼는 정도와 범위가 다를 수 있기 때문이다. 산업의 자기검열 방식이 제작 표현의 자유를 침해한다는 주장도 있다. 등급의 비일관성이 지적되기도 하고, 어린이와 청소년의 호기심을 더 자극한다는 의견도 있다. 그럼에도 콘텐츠에 대한 정보를 제공한다는 차원에서 연령등급과 세부 내용 표시를 잘 이해할 필요가 있다. 특히 어린이와 청소년이 콘텐츠에 노출되기 이전에 유해성 정보에 대한 신호등 같은 역할을 할 수 있다는 차원에서 중요하다.

인터넷 콘텐츠 자율규제

인터넷에서 표현되는 영상 콘텐츠는 자율규제를 원칙으로 한다. 세계적으로 많은 동영상 콘텐츠가 소비되는 유튜브 홈페이지에서 동영상 콘텐츠 정책을 살펴보면, 만 18세 이상과 이하로 구분해 이용에 제한을 두고 있다. 표현 수위가 높다고 판단되는 콘텐츠에는 18세 이상 인증을 할 경우에만 접근할 수 있다. 실제로 만 18세 인증이 필요하지 않은 콘텐츠의 경우 어린이와 청소년 모두 접근해 이용할 수 있다. 유튜브는 표현의 자유와 기회의 자유를 표방하지만 증오성 콘텐츠, 혐오감을 주는 콘텐츠, 성적 콘텐츠, 유해하거나 위험한 콘텐츠, 아동 방치(미성년자 부적절 콘텐츠)와 관련된 콘텐츠, 부적절한 언어를 사용하는 콘텐츠, 스팸 및 오해를 일으키는 콘텐츠 등에 대해서는 삭제와 같은 조처를 취한다고 밝히고 있다. 그럼에도 불구하고 문제가 되는 대규모의 콘텐츠를 걸러내기는 매우 어렵다.

개인 미디어 환경이 확장될수록 영상 콘텐츠 사업자의 공적 책임과 자율규제의 강화도 필요하지만 이용 연령이 부적절하거나 유해한 콘텐츠에 대한 이용자 신고 체계도 적극 활용될 필요가 있다. 콘텐츠를 잘 이용하는 첫걸음은 콘텐츠를 제대로 분별해 소비하는 방법을 터득하는 것이다. 콘텐츠의 선별과 소비에 스스로 연령등급 기준을 판단할 수 있는 역량을 갖출 필요가 있다.

3. 디지털 영상 리터러시

디지털 영상 콘텐츠의 시청이나 소비는 일상적으로 이루어지기 때문에 나에게 맞는 콘텐츠를 제대로 분별할 수 있는 방법을 아는 것이 필수적이다. 그렇다면 영상 미디어 리터러시는 무엇이며, 어떻게 키울 수 있을까?

1) 디지털 영상 리터리시의 이해

콘텐츠 분별, 비판적 이해, 소통과 창의, 윤리적 책임

TV 드라마, 영화, 오락 프로그램 등은 재미있는 내용을 전달해주지만 현실을 과대 포장하거나 폭력적으로 그려낸다. 이것이 유익한지 아닌지를 판단하는 일은 소비자의 비판적 해석과 이해 능력에 의존할 수밖에 없다. 현재의 미디어 환경에서는 다양한 형태와 내용의 동영상 콘텐츠를 사실상 무한정 이용 가능하다. 이러한 콘텐츠 소비 환경에서는 원하는 콘텐츠를 잘 찾아내는 역량이 중요하다. 품질이 좋은 콘텐츠에 적절한 시간적·금전적 비용을 지불하는 역량과 더불어 선별된 콘텐츠의 가치를 자신의 방식으로 평가하는 역량이 필요하다. 콘텐츠를 활용할 줄 아는 능력도 필요하므로 이전의 콘텐츠 이용과는 차별화된 능력을 향상하는 것이 중요하다. 이러한 종합적 역량은 큐레이션 기능으로도 이해된다. 콘텐츠의 생산과 참여가 많아지면서 좋은 콘텐츠를 선별하고 공유하는 역량이 무엇보다 중요해진 것이다.

스마트폰은 언제 어디서나 자신을 표현하고, 참여하며, 사회와 소통할

수 있게 하는 일상적인 미디어가 되었다. 이러한 디지털 미디어 환경에서는 미디어를 제작하고 커뮤니티에 참여하는 일이 증가하기 때문에 영상 콘텐츠 기반의 소통·창의 역량이 중요하다. 공유와 상호작용의 기반에서 능력을 발휘할 수 있는 영상 리터러시가 필요한 것이다. 나아가, 콘텐츠를 전달하고 공감하는 데 창의성, 윤리적 책임의식, 네트워킹 등 다양한 관련 능력을 연계할 필요가 있다.

다양한 미디어 문화에 대한 이해

TV 프로그램과 영화 등 영상 콘텐츠의 내용은 다양한 미디어 문화가 교류되고 경험을 제공하는 장이다. 글로벌 콘텐츠의 통로가 확대되는 추세에서 다른 문화를 이해하는 역량은 중요해지고 있는데, 어느 때보다도 문화 간 연결이 긴밀하기 때문이다. 글로벌 미디어 환경에서 영상 리터러시는 문화적 의미나 실천을 이해하는 통찰력을 작동할 수 있는 역량을 의미한다. 영상에 국한된 이미지나 언어를 이해하는 것을 넘어 사회적·문화적 공유와 의미의 확산을 이해할 필요가 있다. 다른 문화와의 포용적 관계 형성이나 균형 잡힌 정체성 형성에 영상 리터러시가 크게 작용할 것이기 때문이다.

영상 리터러시

일상적인 미디어 노출과 콘텐츠 소비 확대로 영상 리터러시는 필수적인 역량이 되었다. 영화, 텔레비전 등 전통 영상 리터러시는 '시각적 해독'으로서의 리터러시visual literacy, 즉 '비판적 TV 시청 기술critical viewing skill'을 중시한다. 디지털 미디어 기반에서 시각적 해독은 자연스럽게 '생산'에 대한 개념으로 확장되었다. 이용자가 스스로 영상을 제작할 수 있기 때문에 콘텐츠에 대한 비판적 분석과 소비를 넘어 참여, 공유, 생산의 영역으로 그 개념이 확장된 것이다. 따라서 새로운 이용자 및 생산자로서의 역할을 적극적으로 담당할 필요가 있다. 영상 미디어에 표현된 메시지를 비판적·적극적으로 해석하며 표현할 줄 아는 힘을 길러야 한다. 영상 미디어의 속성과 영향에 대한 이해 부족으로 유해한 콘텐츠를 분별하지 못하거나 표현된 메시지를 그대로 현실로 수용하거나 확산시킨다면 문제가 된다.

영상 리터러시는 ① 선별과 해독·이해, ② 공유·창의 능력으로, 디지털 미디어의 '다중적 지능multiple intelligence'을 활용하는 역량이다. 즉, 미디어 콘텐츠를 잘 선별해 접근하고access, 분석하고analyze, 비판적으로 평가하며evaluate, 창의적으로 제작하는produce 능력을 포함한다.

조스 알라가랜Jose R. Q. Alagaran II은 미디어 리터러시의 세 가지 모델the triple e-model을 소개했다(Alagaran II, 2015). 첫 번째는 분별과 탐색explore 능력이다. 검색을 자유롭게 하고 원하는 영상 콘텐츠의 정보를 잘 확인해 접근하고 분별하는 능력이 중요하다. 두 번째는 관여된 소비engage다. 미디어 콘텐츠를 비판적으로 이해하고 소비할 수 있는 능력을 말한다. 구체적으로, 영상 콘텐츠에서 표현된 현실성, 폭력성, 오락성, 편견 등과 영상 콘텐츠가 재미를 위해 상업적으로 구성해 제공하는 성, 인종, 종교에 관한 코드code, 관습conventions, 재현을 잘 이해하는 역량을 말한다. 세 번째는 창의적 능력empower이다. 영상 콘텐츠를 자기 책임하에 윤리적으로 공유하고 공감하는 역량이며, 이를 기반으로 한 창의적 콘텐츠를 제작하고 사용하는 결정권 역량을 말한다.

2) 디지털 영상 리터러시 향상하기

영상 리터러시를 향상한다는 것은 영상 미디어를 잘 다룰 줄 알고 콘텐츠를 즐기는 방법론을 배우는 것이다. 이전에는 TV 콘텐츠의 이용 시간대를 기반으로 노출에 대한 사전차단 방법이 유효했지만, 오늘날 미디어 환경에서 이런 노력은 다소 어렵게 되었다. 개별 콘텐츠에 대한 이용 지침을 주기도 매우 어렵다. 영상 리터러시를 기르는 효과적인 방법은 유해한 콘텐츠를 방어할 면역 역량을 기르는 것이다. 이를테면 영국에서는 청소년 인터넷 이용지도를 위해 「바이런보고서Byron Review」를 발간했는데, 이 보고서는 인터넷상에서 청소년이 스스로 자신의 안전을 지킬 수 있는 방안을 제시한다(Byron, 2008). 오늘날 어린이와 청소년은 미디어의 이용과 활용이 자연스럽기 때문에 다양한 경험을 통해 콘텐츠 분별력을 높이는 교육이 자연스러울 수 있다. 콘텐츠 해석에 대한 비판력 등을 기반으로 활용 능력과 창의 능력을 기르고 소통하는 능력을 기를 수 있다.

어린이와 청소년을 위한 영상 리터러시

어린이와 청소년은 미디어의 영향력이 가장 직접적으로 미치는 대상이다. 독자적인 콘텐츠 선별 능력이 아직 부족하고 영상 콘텐츠의 다양한 표현기법이나 메시지에 대한 소화 능력이 미흡하다. 특히 미디어에 등장하는 다른 현실의 재현에 매우 민감할 수 있고, 과다한 미디어 이용이 신체·정신 건강에 직접적으로 영향을 줄 수밖에 없다. 또한 미디어에 노출되면서 학습하거나 지각하고, 사회적 관계 형성이나 생활양식도 배울 수 있다. 따라서 어린이와 청소년은 영상 리터러시에 대한 실천 수칙을 가질 필요가 있다.

영상 리터러시를 기르려면 어떻게 해야 할까? 우선 미디어 이용 시간을 적당히 조절하는 능력을 배울 필요가 있다. 그리고 시청 행위를 평가하고 통제할 수 있어야 한다. 이는 영상 콘텐츠 소비가 자신의 생활에 미치는 영향력을 인식할 수 있는 판단력을 말한다. 텔레비전을 통해 보았던 내용에서 무엇이 좋았는지, 자신의 생활과 어떤 관계를 갖는지 스스로 평가할 수 있어야 하며 이 같은 실천을 반복하는 것이 중요하다.

다양한 영상 콘텐츠를 기반으로 이해, 평가, 창작 등의 기회를 통해 영상 콘텐츠에 대한 이해를 넓히는 것도 중요하다. 다양한 실용적인 활동을 수행할 필요가 있는데, 이를테면 제작과 같은 경험을 통해 미디어 내용을 이해하는 능력을 기를 수 있고 미디어의 효과와 영향력을 직접적으로 이해할 수 있다. 또한 짧은 영상 콘텐츠, 뮤직비디오 등을 직접 만들어볼 수도 있다. 이 과정에서 캐릭터·스토리 구성 방법과 표현 방법을 논의하고 콘텐츠 제작이 현실을 그대로 반영하는 것이 아니라 계획되고 다듬어진 구성에 따라 진행되는지 등을 살펴볼 필요가 있다. 나아가, 어떤 요소가 들어가면 콘텐츠가 사회적으로 문제를 일으킬 수 있는지, 사람들의 주목을 높이기 위해 어떤 내용이나 요소가 필요한지 생각해볼 수 있다.

방송, 영화를 함께 살펴보고 미디어상품으로서의 특징 등을 비판해볼 수도 있다. 문화상품으로서 영상 콘텐츠가 가진 리얼리티, 선정성, 상업주의, 폭력성, 주류화 그리고 메시지의 정치적·경제적·사회적 파급효과에 대해 다양하게 토론할 필요가 있다. 그리고 이러한 영상 리터러시 교육은 실제 생활과 교육 현장에서 일상적으로 이루어져야 한다.

독일의 영상 리터러시 실천 사례: 'SCHAU HIN!, 여길 봐!'

독일의 공영방송, 주정부, 미디어 사회기구들이 공동으로 운영하는 미디어 리터러시 프로젝트는 적극적인 매체별 리터러시 실천 수칙을 제시한다. 이 프로젝트가 강조하는 것은 물론 어린이와 청소년 보호를 위한 영상 리터러시다. 자녀와 함께 생활하는 부모가 가정에서 미디어 리터러시 교육을 반복하는 것을 가장 적합한 방법으로 제시하고 있다. 'SCHAU HIN!'에는 자녀가 미디어와 잘 어울리는 방법에 대한 수천 명의 부모들의 조언과 관련 공개토론 내용이 나와 있다. 또한 연령에 적합한 조언과 문제 해결 방법, TV·영화·게임 등 매체별 주의해야 할 점을 제시하고 있다. 이 프로젝트는 콘텐츠의 연령등급을 명확하게 인식하고 규칙을 마련하는 것이 사전에 논의될 필요가 있다고 강조한다. 'SCHAU HIN!'에서 제시하는 영상 콘텐츠 리터러시 실천 사례를 살펴보자.

먼저, ① 보고 싶은 장르에서 연령에 적합한 콘텐츠 주제를 함께 찾아본다. ② 콘텐츠 연령 및 주제와 표현 요소를 확인하고, 시청의 적절성을 이야기하고, 이용 시간을 설정한다. 특정 내용을 허용하지 않을 때는 이에 대해 소통할 필요가 있다. ③ 연령에 맞는 콘텐츠를 선택했더라도 보호자는 함께 시청하는 것이 좋다. ④ 시청한 후에 감상을 함께 나눌 필요가 있다. 미디어의 내용과 현실의 차이나 등장인물을 평가하는 것도 좋다. ⑤ 폭력적인 내용이 포함된 콘텐츠일 경우 폭력의 합리성을 평가하는 과정이 중요하다. 이야기의 맥락에서 폭력적 행동을 이해할 수 있는지, 폭력은 정당한지, 폭력의 결과가 어떠한지 평가할 필요가 있다. 폭력에 노출된 대상은 누구인지, 표현 기술 처리가 폭력의 효과를 강화했는지, 폭력이 해결 전략으로 표현된 것인지, 그 행위가 합법적인지 아니면 사회적 규범을 위반하는지 등을 서로 이야기할 필요가 있다. 폭력이 갈등의 해결책이나 수단, 차별, 성숙의 신호가 아니라는 것이 분명하게 인지될 필요가 있는 것이다.

이 프로젝트는 어린이가 TV, 영화, 비디오 등을 볼 때 내용에 대해 비판적 시각을 갖도록 부모가 충분히 설명하고 명확한 입장을 취할 것을 제시한다. 나아가, 연령에 맞지 않는 콘텐츠가 인지될 경우 방송사 청소년보호담당관(심의기구) 또는 외부 감독기구에 연락해 문제점을 제시하라고 권고한다. 이 프로젝트는 영상 콘텐츠 시청과 소비에 대한 합리적 규칙 그리고 내용에 대한 적절한 토론과 소통을 가장 중요하게 제시하고 있다.

참여활동

❶ TV나 인터넷에서 본인이 즐겨 보는 TV 채널 프로그램을 살펴보고 TV에서의 실제 시청 시간대와 연령등급을 알아보자. 해당 프로그램의 방송 연령등급의 적절성을 비교하며 토론해보자.

❷ TV나 인터넷에서 VOD로 제공되는 영화들 가운데 본인이 좋아하는 장르의 영화 10편의 심의등급과 표현 요소 수위의 등급 정보를 살펴보고, 본인이 유해하다고 판단하는 영상 콘텐츠의 표현 요소들을 근거와 함께 제시해보자.

❸ 네이버, 카카오TV, 유튜브, 아프리카TV에서 동영상 콘텐츠를 여러 사람과 함께 시청한 후 재미 요소와 비판 요소 등을 공유해보자. 해당 영상 콘텐츠의 적정 연령등급을 생각해보자. 어린이와 청소년에게 적절하지 않다고 판단되는 콘텐츠에 대해서는 어떻게 문제점을 제기할 수 있는지, 어떻게 자율신고를 할 수 있는지 알아보자.

❹ 유튜브에서 본인이 좋아하는 노래의 뮤직비디오를 보고 내용을 다시 검토해보자. 친구들과 함께 새로운 영상 구성과 스토리보드를 기획해보고, 클립 영상으로 뮤직비디오를 제작한 뒤 공유해보자.

❺ 친구들과 함께 올해와 작년에 국내에서 상영된 할리우드 블록버스터 영화를 몇 편 고른 뒤 이들 영화의 주제와 내용의 특성을 비교해보자. 글로벌 블록버스터 영화가 가진 상업적·오락적 제작 코드와 경쟁의 특징에 대해서도 토론해보자.

DIGITAL MEDIA LITERACY

06

개인방송 리터러시

개인방송은 1인 또는 소규모의 인원이 다양한 디지털 방송 콘텐츠를 생산하고 쉽게 공유하는 플랫폼을 총칭하는 개념이다. 개인방송은 디지털 시민성을 기르고 적극적인 참여문화를 창출해내는 중요한 기회로 작용할 수 있다. 모바일 기술이 발달하고 제작·편집 기술의 사용이 용이해지고 개인의 창의적 욕구가 결합하면서 개인방송은 빠르게 발전하고 있다. 최근에는 개인방송을 종합적으로 관리하고 운영하는 MCN 산업까지 등장하면서 개인방송은 방송의 범위, 사회적 영향력 등의 측면에서 새로운 현상을 만들어내고 있다. 하지만 개인방송의 무한한 잠재력을 제대로 실현하는 데 필요한 역량을 키우려는 사회적 노력은 많지 않다. 일부 개인방송의 지나친 선정성·폭력성과 반윤리적 내용으로 인한 문제점이 노출되면서 개인방송 무용론과 규제의 필요성이 강하게 제기되는 상황이다. 융합문화의 특징을 갖는 디지털 시대에 디지털 시민으로서의 역량을 기르고 창의적·참여적 이용자가 되기 위해서는 어떻게 해야 할까? 이 장에서는 개인방송이란 무엇인지 정의하고 개인방송과 관련한 다양한 현상을 설명하며, 개인방송 리터러시를 위한 실천 방안을 제시한다.

1. 개인방송 환경의 이해

1) 개인방송과 제작 환경의 변화

국내에서 개인방송 시대의 시작은 팟캐스트라고 할 수 있다. 팟캐스트는 인터넷망을 통해 정치, 시사, 오락 등 다양한 콘텐츠를 주로 오디오파일 형식으로 제공하는 서비스다. 간단히 구독 신청만 해두면 새로운 내용이 업데이트될 때마다 자동적으로 스마트폰을 통해 전달되며 언제 어디서든 편하게 청취할 수 있다는 특성으로 인해 많은 관심을 받았다. 2011년 4월부터 시작한 정치·시사 프로그램 〈나는 꼼수다〉는 팟캐스트의 인기와 영향력을 보여준 대표적인 사례로 꼽힌다. 당시 스마트폰이 급속하게 확산되는 상황에서 신문과 방송 등 주류 미디어에 대한 사람들의 불신이 커지고 풍자와 유머를 섞은 콘텐츠 제작과 이용이 하나의 패턴으로 정착되면서 팟캐스트는 대안 미디어라고 불릴 만큼 큰 반향을 일으켰다.

네트워크와 모바일 기기가 빠른 속도로 발전하고 아프리카TV나 유튜브 같은 동영상 플랫폼이 확산되면서 오디오 위주의 개인방송은 영상을 중심으로 한 개인방송으로 이동하기 시작했다. 국내에서는 약 100여개 내외의 다중채널네트워크MCN 사업자가있으며, 3,200여 팀의 개인방송 창작자가 주요 MCN에 가입해 활동하고 있다. 군소 MCN에 가입되어 있거나 비가입 개인 창작자도 다수 존재한다. 국내 개인방송 시장은 2018년 3조 8,700억 원에서 2023년까지 8조 원 규모로 성장할 것으로 전망된다(과학기술정보통신부, 2019). 2018년에 DMC미디어가 발표한 「2018 1인방송 시청 행태」에 따르면, 20~40대 조사 대상자의 일주일 기준 평균 시청

시간은 78.7분으로 지난해 61.6분보다 17.6분 늘어났다(DMC리포트, 2018). 연령대가 낮을수록 시청 시간은 길어지는 것으로 나타났다. 2019년 한국언론진흥재단이 발표한 「10대 청소년 미디어 이용조사」 보고서에서는 조사 대상 청소년의 97.2%가 모바일 인터넷을 이용하며, 36.7%가 개인방송을 시청하는 것으로 나타났다(한국언론진흥재단, 2019).

개인방송은 개인이 다양한 디지털 방송 콘텐츠를 생산하고 쉽게 공유하는 플랫폼을 총칭하는 개념으로, 레거시 미디어를 대체할 대표적인 현상으로 받아들여지고 있다. 제이콥 닐슨Jakob Nielsen은 1998년 8월 「레거시 미디어의 종말The End of Legacy Media」 이라는 글에서 당시 기준 5년에서 10년 이내에 신문, 잡지, 책, TV 등이 주도하던 시대가 끝나고 모든 매체가 인터넷 기반의 매체로 통합될 것을 예측한 바 있다. 최근 개인방송을 통해 전달되는 무한한 콘텐츠와 다양성을 생각해보면, 개인방송은 모바일 기기와 동영상 플랫폼 기반의 넥스트 미디어 시대를 주도할 미디어로 대두하고 있음을 알 수 있다.

레거시 미디어 시대에 방송 콘텐츠를 제작하는 일은 전문 인력과 제작 시설을 갖춘 방송사의 영역에 속했다. 개인방송은 이러한 영역을 해체하면서 콘텐츠의 경계를 확장하고 방송의 개념과 영역을 넓혀가고 있다(심재웅, 2017). 개인 삶의 영역, 취미, 사적·공적 공간은 물론이고 긴급한 상황이 발생하는 현장에 이르기까지 개인방송을 통한 콘텐츠의 생산과 확산은 엄청나다. 구글에 따르면, 유튜브에는 1분에 약 500시간 분량의 동영상 콘텐츠가 업로드되고 있다. 만약 하루에 업로드되는 모든 영상을 보려면 약 82년이 걸리는 셈이다(심재웅, 2017; 조선비즈, 2017).

개인방송의 확산과 영향력으로 인해 새로운 현상도 많이 나타난다. 이를테면 대도서관, 도티, 양띵 등 개인방송 진행을 통해 유명해진 사람들이 많아졌다. 이들은 수많은 팬을 확보하고 엄청난 수익을 올리면서 개인방송에 대한 사람들의 관심을 고조시킨다. 이들과 팬들을 대상으로 한 다양한 페스티벌도 정기적으로 열린다. 국내 대표적인 MCN인 CJ E&M은 2016년부터 다이아페스티벌을 개최하고 있으며, 구글은 2014년부터 유튜브 팬 페스티벌 코리아를 개최하고 있다.

개인방송은 개개인의 창의적인 아이디어와 자율적인 참여로 성장해왔다. 하지만 그 과정에서 개인방송을 올바로 제작하고 이용할 수 있는 역량을 키우기 위한 사회적 노력은 많지 않았다. 일부 개인방송의 과도한 선정성·폭력성과 반윤리적 내용으로 인한 문제점이 노출되면서 개인방송 무용론과 규제 담론이 강하게 제기되고 있다. 개인방송 리터러시는 이러한 차원에서 의미를 갖는다. 융합문화convergence culture가 특징인 디지털 시대에 디지털 시민으로서의 역량을 기르고 창의적·참여적 이용자가 되기 위해서는 어떻게 해야 할까. 이 장에서는 우선 개인방송이 무엇인지 알아보고 개인방송과 관련한 다양한 현상을 설명한다. 그리고 이를 바탕으로 개인방송 리터러시를 위한 실천 방안을 제시한다.

2) 개인방송의 정의와 특징

개인방송이란 무엇인가

개인방송은 1인 미디어 방송, 1인방송, 인터넷 방송 등 다양한 용어로 불린다. 아직 어떤 용어가 더 적합한지 그리고 정확한 의미는 무엇인지에 대한 합의는 이루어지지 않았다. 이 장에서는 '개인방송'이라는 용어를 사용한다. 개인방송은 ① 제작 수준, ② 방송 장비(스마트폰 중심의 간단한 장비부터 전문 방송 장비까지 포함), ③ 방송 인원(기획, 촬영, 방송 등 모든 과정에 걸쳐 1~3명 정도의 소규모 인원 참여), ④ 방송 목적(상업적 또는 특정 목적보다는 개인적 관심)의 측면에서 정의할 수 있으며, 인터넷 기반의 주요 동영상 플랫폼을 통해 전달된다는 공통점을 가진다. 따라서 '개인방송'은 '1~3인 정도의 소규모 인원이 동영상 제작이 가능한 기기나 장비를 이용해 개인적인 이유나 목적으로 제작한 모든 형태의 콘텐츠를 인터넷 동영상 플랫폼을 통해 제공함으로써 이루어지는 상호작용 행위'로 정의할 수 있다(심재웅, 2017). 외국에서도 '개인방송personal broadcasting' 또는 '개인 미디어 방송personal media broadcasting'이라는 용어를 사용한다. 이 용어에는 방송국이나 미디어 기업이 아니라 개인이 콘텐츠를 생산하고 공유한다는 점과, 콘텐츠 내용이 상업적 오락이나 정보보다는 주로 제작자 자신에 관한 내용으로 이루어진다는 특징이 포함된다. 개인방송에서는 스스로가 방송에 대한 편집자이면서 디렉터가 된다.

플랫폼에 따라 개인방송을 하는 사람을 부르는 명칭도 다르다. 아프리카TV에서는 BJBroadcast Jockey, 카카오TV에서는 PDPlay Director, 트위치TV에서는 스트리머streamer, 유튜브에서는 유튜버youtuber 또는 크리에이터creator라고 불린다. 개인방송을 위한 콘텐츠를 만들고 전달하는 측면에서 이들의 역할은 유사하지만, 유튜브에서는 상대적으로 콘텐츠를 만드는 창작자라는 의미가 강하게 느껴진다. 〈표 6-1〉은 주요 개인방송 플랫폼 현황을 나타낸다.

표 6-1 개인방송 플랫폼 현황 및 특징

플랫폼	내용	설명*
아프리카TV	• 2006년 3월 'afreeca(anybody can freely broadcast)TV' 정식 오픈 • 2017년 5월부터 모든 생방송 영구저장 시작 • 보이는 라디오, 먹방, 스포츠, 게임 중계 등 다양한 장르로 국내 최대 개인방송 사이트로 평가	언제 어디서나, 누구나 쉽게 실시간 방송을 할 수 있는 유무선 통합 SNS 미디어. 세상의 모든 꿈이 생방송 중인 곳
카카오TV	• 2017년 2월 다음TV팟과 카카오TV 통합으로 등장 • 콘텐츠 생산자인 PD는 활동량과 성과에 따라 4개 등급으로 구분	카카오TV에 동영상을 만드는 방법은 직접 업로드하는 방법과 Live 방송을 하는 방법 2가지가 있어요. 원하는 방법으로 자유롭게 생산해보세요
판도라TV	• 2014년 6월 1인 미디어 방송국. 라이브TV 오픈 • 애니메이션, 드라마, 연예 등의 콘텐츠에서 강세	판도라TV는 … 전 세계 누구나 자신이 만든 동영상을 보여주거나 배포할 수 있는 개인 멀티미디어 플랫폼 서비스
유튜브	• 세계 최대 무료 동영상 공유 사이트 • 시청자 제작 동영상 콘텐츠 및 국내 MCN 및 KBS 예띠스튜디오 제작 콘텐츠 제공	평범한 사람들이 자신의 목소리를 낼 수 있게 돕고 더 큰 세상과 만나게 하는 것
트위치TV	• 2011년 오픈 • 게임방송에 주력하는 해외 스트리밍 플랫폼 • 현재 먹방을 비롯한 다른 콘텐츠도 허용	비디오 게임문화를 위한 선도적인 소셜 비디오 서비스와 커뮤니티 기능
V라이브	• 네이버에서 제공하는 연예인 라이브 플랫폼 • 국내 인기 연예인들이 진행하며 현재 영어, 중국어 등 6개 외국어 자막 제공	전 세계 어디에서든 V Live를 통해 셀럽의 지금 이 시간을 함께

* 각 플랫폼 홈페이지 자사 서비스에 대한 소개 문구.

표 6-2 주로 이용하는 개인방송 플랫폼 현황(%)

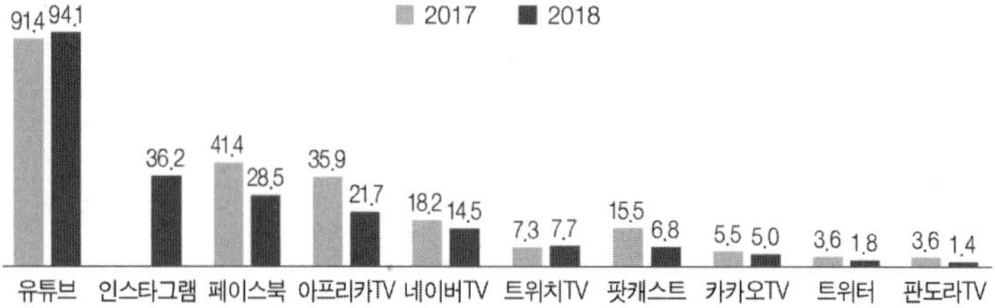

구분		사례 수 (건)	유튜브	인스타그램	페이스북	아프리카TV	네이버TV	트위치TV	팟캐스트	카카오TV	트위터	판도라TV
전체		221	94.1	36.2	28.5	21.7	14.5	7.7	6.8	5.0	1.8	1.4
성별	남성	134	93.3	24.6	26.9	**29.1**	14.2	**10.4**	5.2	4.5	1.5	**2.2**
	여성	87	95.4	**54.0**	**31.0**	10.3	**14.9**	3.4	**9.2**	**5.7**	**2.3**	0.0
연령대	20대	53	92.5	**49.1**	26.4	20.8	9.4	**11.3**	1.9	**9.4**	**3.8**	0.0
	30대	96	**96.9**	36.5	28.1	20.8	15.6	8.3	**8.3**	3.1	2.1	1.0
	40대	72	91.7	26.4	**30.6**	**23.6**	16.7	4.2	**8.3**	4.2	0.0	**2.8**

자료: DMC리포트(2018).

개인방송의 특징

개인방송은 다양한 특징을 지닌다. 무엇보다 방송 내용이나 전달 형식 등에 얽매이지 않고 제작자의 창의력을 마음대로 발휘할 수 있다는 점이 가장 큰 특징이다. 시청자의 요구에 따라 방송 내용이 달라질 수도 있고, 정해진 시간대나 방송 분량에서 벗어나도 큰 문제가 되지 않는다. 제작자의 개성을 충분히 살릴 수 있고 구성과 진행도 유연하다. 이는 광고를 재원으로 하는 방송사나 미디어 기업과는 달리 개인방송이 광고주의 압력으로부터 자유롭다는 점에서 기인한다. 기자나 전문 제작자가 생각하지 못하는 무수한 콘텐츠를 담아내기 때문에 실시간성과 현장감도 극대화할 수 있다. 또한 개인방송은 콘텐츠 특성에 따라 소구하는 연령대, 성별, 취미, 시간대 등을 고려해 이용자를 명확하게 설정할 수 있다. <표 6-2>는 성별, 연령별로 주로 이용하는 개인방송 플랫폼 현황을 나타낸다. 이용률은 유튜브, 인스타그램, 페이스북, 아프리카TV 순서로 나타난다. 페이스북, 아프리카TV, 팟캐스트의 경우 상대적으로 40대의 이용률이 높게 나타났다.

3) 개인방송 콘텐츠와 이용 이유

사람들이 개인방송을 시청하는 이유는 무엇일까? <표 6-3>에 나타난 바와 같이 10대 이용자들은 게임, 먹방·쿡방, 토크·캠방webcam, 음악·댄스, 패션·뷰티, 스포츠 등의 콘텐츠를 주로 시청한다. 20~40대 성인 남성의 경우에는 게임, 스포츠, 문화·공연, 교육·학습 콘텐츠를 선호하며 성인 여성의 경우에는 화장품·뷰티, 요리·음식 레시피, 먹방, 제품 리뷰 콘텐츠를 선호한다(DMC리포트, 2018). 연령대와 무관하게 많은 시청자를 확보한 먹방은 외국인 관점에서는 아주 새로운 장르이자 현상으로 여겨진다. 2015년에 BBC는 한국의 개인방송을 다루면서 유독 먹는 것을 소재로 하는 방송이 많다는 점에 주목했는데, 많은 시청자가 먹방을 즐겨 보고 심지어 별풍선 같은 돈을 지급하는 것에 대해서 새롭다는 관점으로 다룬 바 있다(Evans, 2015).

이러한 개인방송을 즐겨보는 가장 중요한 이유는 재미나 즐거움을 얻기 위해서다. 이 밖에 10대 청소년의 경우에는 지상파TV나 유료방송에서 볼 수 없는 콘텐츠를 시청할 수 있다는 점과, 방송 중에 진행자 및 다른 시청자들과 실시간 댓글을 통한 대화가 가능한 소셜 시청social viewing이

표 6-3 10대 선호 개인방송 장르(단위: %)

내용	전체(868)	초등학생(238)	중학생(300)	고등학생(331)
게임	72.2	73.2	70.3	73.3
먹방·쿡방	44.8	37.4	45.2	49.7
토크·캠방	44.1	22.5	47.0	57.0
음악·댄스	25.4	29.5	21.2	26.2
패션·뷰티	17.3	11.5	18.6	20.3
스포츠	16.1	12.2	15.3	19.5
애니메이션	13.2	24.0	10.8	7.5
펫방(애완동물)	12.7	16.4	7.4	14.8
생활정보(여행, 제품 리뷰 등)	11.7	8.5	11.1	14.7
학습·교육	6.8	5.4	6.0	8.7
뉴스·시사정보	5.5	3.1	5.4	7.4
키즈·유아	1.9	3.3	1.0	1.7
기타	2.8	4.3	3.7	1.0

자료: 한국언론진흥재단(2019).

가능하다는 점도 중요한 시청 이유다. 20~40대 성인의 경우는 시간을 보내기 위해서나 생활에서 유용한 정보를 찾을 수 있기 때문에 시청한다는 이유가 많다. 개인방송이 제공하는 무한한 콘텐츠 속에서 자신의 취향이나 상황에 맞는 것을 골라 보면서 만족감을 스스로 극대화하는 것이다.

4) 실시간 방송의 강화

모바일 기술의 발전 및 이용 패턴의 변화와 함께 많은 플랫폼이 실시간 방송 기능을 강화하기 위해 노력하고 있다. 예를 들어, 2016년 4월 7일

페이스북은 일부 유명인만 사용할 수 있었던 페이스북 라이브 기능의 대상을 일반 사용자까지 확대했다. 이로 인해 누구든 동영상을 실시간으로 업로드하고 시청할 수 있게 되었다. 페이스북에 따르면, 2016년 기준 하루 평균 페이스북 라이브 방송 시청 시간이 4배 이상 증가했고 페이스북 동영상 콘텐츠의 20% 이상이 실시간 방송을 통해 생산된 것이다. 페이스북 이용자가 6월 기준 20억 명이 넘었다는 점을 고려할 때, 페이스북의 라이브 방송 강화로 인해 개인방송 기회의 증가와 함께 콘텐츠 확보를 위한 경쟁이 더욱 치열해질 것으로 예상된다.

페이스북이 인수한 인스타그램 또한 2016년부터 라이브 방송 기능을 도입했다. 「2016 인터넷 이용 실태조사」 결과, 우리나라에서 인스타그램(23%)은 카카오스토리(71%), 페이스북(61%), 네이버 밴드(42%)에 이어 네 번째로 자주 이용하는 SNS로 나타났다(한국인터넷진흥원, 2016). 인스타그램은 10대와 20대에서 선호도가 특히 높은 만큼 라이브 방송이 도입되면서 매체 활용이 더 증가할 것으로 보인다. 인스타그램의 라이브 방송 기능이 처음 출시되었을 때는 영상이 저장되지 않았지만 지금은 '저장' 버튼을 통해 간단히 동영상을 저장할 수도 있다.

140글자 마이크로 블로그 서비스로 알려진 트위터 또한 2015년 1월 페리스코프를 인수해 실시간 방송을 본격적으로 지원하고 나섰다. 트위터로는 텍스트를 통해 실시간 소식을 전하고 페리스코프로는 동영상을 통해 세계 곳곳의 현장을 실시간으로 전달하면서 텍스트 정보와 실시간 방송이 잘 연동된다는 측면에서 강점을 갖는다. 독특한 점은 페리스코프에서 지원하는 세계지도에는 각 지역별로 방송 중인 이용자 숫자가 표시된다는 것이다. 또한 페리스코프는 가로 중심의 동영상 시청행태와 달리 세로 화면을 기본 시청 환경으로 설정함으로써 동영상의 제작과 시청에서 세로 중심 시대를 열었다는 평가를 받는다.

구글의 유튜브는 실시간 방송에 자동자막 기능과 번역 기능까지 지원한다. 4K, 60FPS의 고화질, 360도 영상, 가상현실 동영상 등을 휴대폰, TV, 게임 콘솔 등 어떤 기기에서도 시청할 수 있도록 지원하고 있다.

5) 콘텐츠 제작 환경의 변화

콘텐츠 제작 환경의 변화는 무엇보다 방송 제작을 위한 제반 여건이 단순화된 측면에서 그 원인을 찾을 수 있다. 기술적 측면에서도 개인방송을 위한 장비가 다양해지고 가격이 크게 하락했다. 동영상 제작·편집 기술이 쉬워졌고 콘텐츠를 공유할 수 있는 방법이 단순해졌다. 제작을 지원하는 편집 도구 역시 보편화되었다. 편집 애플리케이션이나 프로그램을 무료로 쉽게 구할 수 있으며 간단한 학습만으로도 콘텐츠 제작이 가능해졌다. 이와 함께 개인방송이 구현해내는 아마추어리즘과 일상성·주변성은 모든 것이 콘텐츠가 될 수 있다는 인식을 보편화했다. 자신의 일상, 길거리의 모습, 갑작스러운 사건 등 보이고 생각하는 모든 것이 콘텐츠가 될 수 있다. 즉, 개인방송 시대에 들어서면서 콘텐츠에 대한 인식이 달라진 것이다.

개인방송이 수익 창출과 연결되면서 수익화가 콘텐츠 제작에 대한 새로운 동기를 부여하는 요인으로 작용하고 있다. 개인방송은 여전히 불확실성 높은 영역이지만 모바일 형식에 맞는 실험적인 콘텐츠로 이용자의 관심을 확보하면서 초기 단계를 넘어 미디어 시장의 중요한 영향력을 행사하는 플레이어로 대두했다(최명호, 2016).

6) 개인방송과 MCN

MCN은 개인방송이 활성화되면서 나타난 현상으로, 개인방송을 운영하는 창작자와 연계해 프로그램의 기획, 유통, 마케팅·홍보, 시설·장비, 저작권 관리, 교육 등을 지원하는 시스템이나 사업자를 의미한다. MCN은 초기 OVSOnline Video Studio, ITCInternet Television Company, YouTube Network, Network 등 다양한 이름으로 불렸지만, 2014년에 여러 동영상 채널을 함께 묶어 활동한다는 점에서 다채널 네트워크를 의미하는 MCN으로 통칭되었다(최형우, 2016).

MCN은 동영상 플랫폼에서 활동하는 개인 제작자들의 동영상 제작이나 수익화를 지원하면서 광고수익의 일부를 나누는 형식으로 운영된다(이인묵, 2014). MCN의 등장은 유튜브의 성장과 흐름을 같이한다. 유튜브가 수익 배분 정책을 실시하면서 소규모 또는 개인 제작자가 전문적으로 콘텐츠를 생산할 수 있도록 지원하는 새로운 생태계가 조성될 수 있었고 이를 기반으로 MCN 산업이 등장하게 되었다(최형우, 2016).

국내에서는 2013년 7월 CJ E&M이 MCN 개념을 최초로 도입했다. 우리나라에서 가장 규모가 큰 MCN인 DIA TV는 채널 650개와 3600만 명에 달하는 구독자를 보유하고 있다. 국내에서 인터넷 개인방송을 처음 시작한 아프리카TV도 MCN 사업을 진행 중이다. 인터넷 기반 일평균 채널 3500개가 동시 방송되고 있으며, 국내 개인방송 트래픽 1위를 차지하고 있다. MCN 스타트업으로는 트레저헌터, 비디오빌리지, 샌드박스네트워크, 메이크어스 등이 있다. 지상파 방송국도 MCN 사업에 많은 관심을 보이고 있다. KBS는 2015년 7월 예띠스튜디오를 출범시켜 개인방송 진행

표 6-4 국내 주요 MCN 사업자 및 특징

구분	특징
DIA TV	• 국내 최초 MCN 사업자(2013년 7월 CJ E&M이 최초로 MCN 개념 도입) • 채널 650개와 구독자 3600만 명, 월평균 8억 뷰 • 유쿠, 움, 데일리모션, 더아이콘티비 등과 해외 파트너 관계
트레저헌터	• 팀 89개 채널 150개, 월평균 1.2억 뷰 • 데이터 분석 부분 특화(콘텐츠 기획에서 편집까지 템플릿 제공)
아프리카TV	• 인터넷 기반 일평균 채널 3500개 동시 방송, 국내 개인방송 트래픽 1위 • 소속 BJ, MCN 활동 지원
판도라TV	• 2004년 국내 최초 동영상 공유 사이트로 시작 • 캐리소프트, 크릭앤리버, 프리에이티브와 업무 제휴
KBS	• 2015년 7월 MCN 전문 예띠스튜디오 오픈 • 2016년 트레저헌터와 해외 공동 진출 업무 협약

자료: 김치호(2016) 참조.

자를 발굴하고 콘텐츠 확보에 적극 나서고 있다. MBC는 2015년 4월부터 약 2년 동안 다음TV팟과 협력해 〈마이리틀텔레비전〉을 방송했다. 또한 자회사인 MBC플러스를 통해 2015년 10월 MCN 채널 코코넛을 출범했다(〈표 6-4〉).

2. 개인방송과 리터러시

1) 개인방송 제작의 의미

개인방송을 위한 기술적·환경적 조건이 빠르게 발전하고 있지만 중요한 것은 개인방송 제작자들이 개인방송이 갖는 의미를 스스로 인식하는 데 있다. 개인방송의 특징 부분에서 살펴보았듯이, 그 본질적 특성은 자율성에 있다. 자율성은 심리학의 자기결정이론self-determination theory의 핵심 개념으로, 이에 근거해 개인방송의 의미를 생각해볼 수 있다(심재웅, 2017). 이 이론에 따르면, 같은 행동이더라도 그 동기가 외재적인 것인지 또는 내재적인 것인지에 따라 큰 차이가 나타난다. 외재적 동기는 금전적인 이유나 의무감 등 외적인 요인으로 인해 행동하게 되는 것이다. 반면 내재적 동기는 내부에서 야기되는 즐거움이나 스스로의 만족을 위해 행동하는 것이다. 그렇다면 개인방송을 하는 행위도 이처럼 외재적 또는 내재적 동기 차원에서 생각해볼 수 있다. 유명해지고 싶다거나 일부 유명 크리에이터처럼 많은 돈을 벌고 싶다는 등의 외재적 동기로 개인방송을 할 수도 있고, 창의적인 방송 행위 자체에 재미를 느끼게 되는 내재적 동기로 개인방송을 할 수도 있다.

사람들은 생리적 욕구처럼 기본적인 심리적 욕구를 가지고 있다. 인기, 건강, 부, 영예, 권력 등 많은 욕구가 있지만 자기결정이론에서는 자율성autonomy, 유능함competence, 관계성relatedness에 대한 욕구가 가장 본질적이라고 본다. 사람들은 기본적으로 적극적이며 능동적인 존재로 이러한 욕구를 달성하기 위해 노력하며, 이러한 욕구가 충족될 때 내재적 동기가 활성화되어 긍정적인 행동으로 이어진다. 자율성은 삶을 주도하며 무엇을 어떻게 할지에 대해 스스로 자유롭게 선택할 수 있다고 느낄 때 활성화된다. 유능함은 새로운 기술을 학습하거나 어려움을 극복하는 과정을 반복하고 무엇을 성취해내는 긍정적인 경험을 통해 활성화된다. 관계성은 사람들과 강한 사회적 유대를 형성하려는 욕구다. 타인과 관심을 주고받는 과정을 통해 다른 사람과 연결되어 있다고 느낄 때 활성화된다

(심재웅, 2017).

개인방송은 이러한 세 욕구를 활성화하고 디지털 시대에 새로운 창작 행위를 통해 리터러시의 효과를 높일 수 있는 기회를 제공한다는 점에서 중요하다(심재웅, 2017). 개인방송의 기술적 특성은 자율성 욕구를 충족하고, 자신에게 적합한 수준의 콘텐츠를 발견하고 제작함으로써 유능함 욕구를 충족하며, 개인방송 플랫폼이 제공하는 연결성과 상호 소통 구조는 관계성 욕구를 충족할 수 있는 내재적 동기를 제공할 수 있다. 자기결정 이론을 통해 볼 때, 개인방송이 갖는 의미는 내재적 동기의 점화, 즉 스스로에게 적합한 콘텐츠를 생산하고 공유하는 과정에서 관계성을 느끼게 되는 세 욕구를 충족하는 창의적 행위에 있다.

2) 개인방송의 기능과 리터러시

긍정적 기능

개인방송의 양적·질적 발전이 이루어지면서 개인방송이 개인과 사회에 미치는 영향력 또한 커지고 있다. 개인방송은 방송의 개념을 확장하고, 디지털 시민정신을 훈련하고, 개인과 사회 전체의 창의적 결과물을 축적한다. 개인방송은 참여·개방·공유라는 디지털 기술의 보편적 가치를 경험하고 실천하는 기회로 작용한다. 확장되고 있는 엔터테인먼트 영역과 자기표출의 공간은 세계적 소통의 기회와 디지털 시민성을 높이는 기회로도 작용한다.

일반적으로 디지털을 포함한 기술 부분은 남성의 영역으로 인식되는 경향이 강하다. 이 같은 상황에서 창의적 콘텐츠를 생산해보는 경험은 이러한 문제를 해결할 가능성이 크다는 측면에서 긍정적이다. 기존 연구나 통계자료에 따르면, 일반적으로 초·중·고등학교에서는 남학생과 여학생이 비슷한 비율로 수학과 과학에 관심을 보이며 대학에서 관련 분야를 전공하기 위한 준비를 한다. 하지만 대학 진학 이후에는 기술 분야에서 성별 불균형이 커지기 시작한다. 대학생 중에서도 일부 여성만이 STEMScience, Technology, Engineering, Mathematics 분야를 끝까지 전공하고 대학원에 진학하거나 직업으로 삼는다. 미국에서는 백인일수록 STEM 분야를 전공하고 취업하는 비율이 높다(Hill and Corbett and St. Rose, 2010). 이처럼 기술 분야에서 성별 또는 인종별 불균형은 디지털 시대의 불안 요소로 지적되고 있으며, 디지털 성 격차digital gender devide라고 불린다(김보영, 2016). 그러나 개인방송을 통한 자율적·창의적 미디어 제작이 예술, 디자인, 창작 등의 요소를 포함하는 방향으로 진화하면서 이러한 불균형을 극복할 수 있는 중요한 변곡점으로 작용할 수 있다.

부정적 기능

① 현상

개인방송에 대한 기대와 긍정적인 평가 속에서도 일부 반사회적이며 비도덕적인 내용으로 인한 문제점이 크게 증가하고 있다. 폭력, 폭언, 노출, 동물학대, 허위사실 유포, 명예훼손, 아동학대, 저작권 침해, 개인정보 침해는 물론 살인협박까지 역기능 사례는 종류별로 매우 다양하다(심재웅, 2017). 이러한 부정적 사례들은 사회적으로나 개인적으로 심각한 부작용이 예상되는 내용들이다.

〈사례 1〉

인정? 어 인정 좌로 인정 우로 인정 앞구르기 인정 팩트 체크 들어가면 샘 오취리도 놀라서 에취하는 각이고요 오지고요 지리고요 고요한 밤이고요 인정 안 해서 후회한다면 후회할 시간을 후회하는 각이고요 인정하지 않는 사람 에바참치 넙치 꽁치 가문의 수치 뭉치면 살고 흩어지면 예각 둔각 사각 삼각 오각 이거레알 반박불가 빼박캔트 버벌진트 버켄스탁인 부분 쿵쿵따리 쿵쿵따 인정따리 인정따 동휘? 어~ 보검(고은희, 2017).

먼저, 개인방송 진행자들로 인한 언어 파괴 현상이 두드러지고 있다. 특히 〈사례 1〉에서 볼 수 있듯이, 청소년들 사이에서 크게 유행하고 있는 '급식체' 대화법이 대표적이다. 급식체는 원래 이른바 '급식충'이라고 불리는 일부 청소년층이 사용하는 문자체라는 의미를 담고 있었다. 이를테면 'ㅇㄱㄹㅇ', 'ㅃㅂㅋㅌ', 'ㅅㅌㅊ', 'ㄱㅇㄷ', '~알못', '오지다', '지리다', 'ㅇㅈ?', 'ㅇㅇㅈ'과 같은 형식이다. 급식체는 인터넷 커뮤니티에서 사용되는 은어가 그대로 정착된 것이며, 언어 파괴는 물론 욕설과 성적 모욕 등을 포함하게 되면서 사회적 문제로 대두했다. 아프리카TV나 트위치TV 등에서 유명 개인방송 진행자들에 의해 빠른 속도로 청소년 문화에 퍼지고 있으며 부정적 영향에 대한 우려가 커지고 있다. 또한, 〈사례 2〉처럼 개인방송 진행자의 비하 및 욕설이나 부적절한 행동이 자주 문제가 되고 있다.

〈사례 2〉

한 남성이 나오는 영상은 욕설로 점철돼 있다. "한국 여자만 ×× 임신하고

> 생리하냐? ×× 같은 ×들. 우리나라 개 같은 시스템이 ××× 갓건배 같은 ×들을 잘 먹고 잘 살게 하는 거예요. 뭔 말인지 아시겠어요?" 채팅방에는 'ㅇㅈ(인정)' '개공감' 따위 말이 넘쳐났다. 영상이 업로드된 지 2주 만에 조회 수는 40만 회를 넘어섰다. 영상에 등장하는 남성 두 명은 각자 구독자를 수십만 명 이상 보유하고 있는 1인방송 창작자다. 인기 있는 한 1인방송에서는 '장애인 ××' '빨갱이' '걸레' 따위 표현이 기본이다. 폭력과 막장 행동은 덤이다(시사인, 2017).

2017년 8월에는 갓건배라는 유튜브 게임방송 진행자가 키 작은 남성을 비하하는 발언을 하자 그를 대상으로 살해협박이 벌어지기도 했다. 이 외에도 자신의 프로그램에 출연한 여성에 대해 '삼일한(여성은 3일에 한 번씩 맞아야 한다는 은어)'이라는 비하 발언을 하거나 소변을 마시고 주유소에서 10원어치 주유하기 등 적절하지 못한 행동을 콘텐츠라는 이름으로 방송하고 있다. 아동 콘텐츠가 인기를 끌자 아이에게 겁을 주는 행위나 아동의 잘못된 행동까지 방송하는 경우도 있다. 일례로 2017년 9월, 아빠가 몰래 강도로 분장해 자신의 딸에게 겁을 주는 내용을 방송한 유튜브의 한 채널은 아동학대 혐의로 국제아동구호단체인 세이브더칠드런Save the Children으로부터 고발을 당하기도 했다. 어린아이가 아빠 지갑에서 돈을 훔친다든가 아이가 실제 자동차를 운전하는 모습을 방송한 경우도 있었다. 이런 사례들은 개인방송의 문제점에 대한 사회적 관심을 환기하며 규제가 시급하다는 여론을 형성하는 중요한 계기가 되고 있다.

〈표 6-5〉는 2015년과 2016년 개인방송에 대한 심의요구 건수와 실제 시정요구가 가해진 건수를 보여준다. 2015년에는 도박, 성매매·음란, 기

표 6-5 개인방송 심의 및 자율규제 권고 현황(건)

연도	위반 유형	심의요구	시정요구				자율규제 요청
			삭제	이용정지	이용해지	소계	
2015	도박	45	0	0	44	44	0
	성매매·음란	111	0	7	6	12	0
	기타법령위반	60	2	17	0	19	0
	소계	216	2	23	50	75	0
2016	도박	10	4	0	0	4	0
	불법 식의약품	4	0	0	0	0	0
	성매매·음란	330	0	2	17	19	11
	권리침해	9	0	0	0	0	0
	기타법령위반	365	0	32	0	32	25
	소계	718	4	34	17	55	36
총계		934	6	57	67	130	36

자료: 한국일보(2017).

타법령위반을 포함한 심의요구 216건이 있었지만 실제로는 75건만이 삭제, 이용정지, 이용해지 등의 시정요구 처분을 받았다. 2016년에는 심의요구 718건에 대해 55건이 시정요구를 받았다.

개인방송에 대한 시정요구가 있었지만 제대로 이행되지 않은 사례도 많다. 〈표 6-6〉에 나타난 바와 같이 장애인 비하 발언에 대해 방송통신심의위원회에서는 이용정지라는 시정요구가 결정되었지만, 실제로는 경고와 재발방지 서약서를 작성하는 수준에서 조치가 이루어졌다. 광주민주화운동과 여성을 비하하는 발언의 경우도 이용정지 6개월로 결정되었지만, 실제로는 경고와 재발방지 확약서 및 교육으로 조치가 이루어졌다.

표 6-6 개인방송 시정요구 및 미이행 사례

표현	사유	방송통신심의위원회 시정요구	실제 조치 내용
이 XX 이거 이상한데.. 장애인같이 행동하는데	장애인 비하	이용정지	경고·재발방지 서약서
쟤 장애인인가. XX 웃겨. 눈이 사시니?	장애인 비하	이용정지	경고·재발방지 서약서
(여성에게) 솔직히 까놓고 스물아홉이면 2년 뒤 단물 다 빠진다.	여성 비하	이용정지	경고
518개, 폭동개, 삼일한	광주민주화 운동 및 여성비하	이용정지 6개월	경고·재발방지 확약서·교육

자료: 한국일보(2017).

② 원인

개인방송의 부정적 사례가 자주 발생하는 이유는 무엇일까? 우선 개인방송을 위한 미디어 리터러시 시스템이 체계적으로 이루어지지 않은 가운데 모바일 기기나 동영상 플랫폼 등 기술 발달이 개인방송의 확산을 주도해왔다는 점을 생각해볼 수 있다(심재웅, 2017). 디바이스나 플랫폼의 기능에 맞춘 개인방송이 속속 생겨나면서 개인방송을 위한 준비나 리터러시 문제는 중요하게 다루어지지 못했다. 사실 개인방송 진행자들이 교육을 받고 싶어 해도 현실적으로 그런 여건이 형성되어 있지 못하다. 그나마 MCN 소속 크리에이터는 저작권과 관련한 전반적인 교육을 정기적으로 받을 수 있지만, 개인적으로 활동하는 크리에이터에게는 아무런 기회가 제공되지 않고 있다.

개인방송을 돈을 벌고 유명해지기 위한 지름길로 생각하는 사회적 인식 또한 부정적 측면을 강화했다(심재웅, 2017; 최진웅, 2016). 창의성과 디

표 6-7 방송과 개인방송의 구분

구분	방송	개인방송
공적 책임	있음	없음
사업 개시	허가, 승인, 등록	신고
사업자 제한	결격사유 명시	없음
등급 분류	의무	없음
편성 및 채널 구성	규제	없음
방송 보존	의무	없음
사전심의	의무	없음

자료: 최진응(2016).

지털 시대에 올바른 시민성이라는 가치보다는 돈과 인기가 더 중요한 가치이자 목표로 대두한 것이다. 이러한 금전적 논리 앞에서 자녀들이 해로운 콘텐츠를 제작하는 것에 대해 부모들의 교육도 큰 의미를 갖지 못한다는 지적도 있다(박상준, 2017).

〈표 6-7〉에 제시된 것처럼 개인방송은 기존 방송 시스템에 비해 방송의 사회적 책임과 등급 및 기타 조건에서 자유롭다(심재웅, 2017). 개인방송은 신고를 거쳐 사업을 할 수 있고 사전심의 의무, 편성과 채널 구성 의무, 등급 분류 의무를 갖지 않는다. 이러한 상황에서 네이버, 카카오, 구글코리아, 페이스북코리아, 아프리카TV 등 인터넷방송사업자와 MCN협회, 여성가족부, 경찰청, 방송통신심의위원회 등이 클린인터넷방송협의회를 출범시키고 개인방송의 자율적 규제를 강화해가기로 했다(임현석, 2017). 개인방송에 대한 강제적 규제보다는 자율규제 환경을 조성하자는 의견이 지배적인 만큼 개인방송 진행자 스스로가 방송 콘텐츠 제작에 신중하게 접근할 필요도 있다.

마지막으로 개인방송에 대한 타인의 반응에 지나치게 민감한 태도를 보이면서 부정적 기능이 나타나는 경우가 많다(심재웅, 2017). 방송에 대한 관심을 평가하는 기준은 일반적으로 '공감', '좋아요' 등의 수치다. 반응에 대한 수치화는 페이스북의 '좋아요' 버튼에서 시작되었다. 실시간으로 제시되는 반응의 수와 반응의 내용이 반영된 '좋아요' 버튼은 페이스북 이용의 목적을 바꾸어놓았다. 즉, 피드백 수를 늘리기 위한 콘텐츠 게시가 목적이 된 것이다. 창작자의 창의성보다는 타인의 반응에 종속되도록 만들었다는 점에서 '좋아요' 버튼을 비롯해 피드백을 양적인 수치로 보여주는 기능은 디지털 시대의 마약으로 비유되기도 한다. 이처럼 개인방송의 문제점 중 하나는 바로 시청자 수가 방송의 성패를 좌우하는 기준이 되어버렸다는 데서 찾을 수 있다.

개인방송의 부정적 사례들은 넥스트 미디어로서 잠재력이 큰 개인방송을 규제의 틀 속에 가두고 개인방송의 핵심인 창의력과 다양성을 위축시킬 수 있다는 점에서 아쉽다. 이러한 측면에서 개인방송 리터러시는 역기능을 최소화하고 개인방송 본연의 다양하고 창의적인 콘텐츠 생태계 회복을 위한 방향으로 전개되어야 한다.

3. 개인방송 리터러시

1) 목적과 영역

미디어 리터러시는 ① 미디어의 영향력을 지각하고 영향력이 발생하는 과정과 배경을 이해하고 미디어가 전달하는 메시지를 분석 토론하고, ② 자신의 문화에 대한 재기억과 향유를 비롯해 콘텐츠를 실제로 제작하고 분석할 수 있는 기술을 훈련하며, ③ 디지털 미디어 시대에 적합한 리터러시 스킬을 함께 길러 풍부한 미디어 콘텐츠를 이해하고 즐길 수 있는 기술을 훈련하는 것을 목적으로 한다.

개인방송을 포함한 디지털 미디어 리터러시의 대표적인 사례는 DIYDo It Yourself 운동이라고 할 수 있다. 1950년대부터 시작된 DIY 운동은 특별한 훈련이나 전문성이 없더라도 어떤 과제에든 착수할 수 있는 능력을 함양하는 것을 목표로 했다(Knobel and Lankshear, 2010). 젠킨스의 참여문화의 개념적 틀 속에서(Jenkins, 2006), 오늘날 다양한 소셜 미디어 같은 기술들은 이러한 가능성을 실현시켜주는 유용한 DIY 도구로 간주된다. DIY 운동은 메시지 송신자 중심의 일방향 모델을 넘어 상호 협업을 위해 필요한 듣기, 읽기, 쓰기, 제작과 소비 등 전 과정에 걸쳐 필요한 역량을 키우는 과정을 의미하며 기술 자체에 대한 중요성도 포함한다.

이러한 DIY 운동의 흐름 속에서 개인방송은 특별하고 전문적인 과정을 거치지 않더라도 스스로 디지털 역량과 디지털 시민성을 기를 수 있는 토대로서 작용할 수 있다. 따라서 '개인방송 리터러시'는 '디지털 정보와 자료를 활용해 주어진 문제와 과제를 비판적으로 분석하고, 창의성과 윤리성을 기반으로 방송 콘텐츠를 제작하고, 스마트 미디어 기술을 통해 타인과 소통하고 협업할 수 있는 능력을 갖추는 과정'이라고 정의할 수 있다(이애화, 2015). 이런 측면에서 개인방송 리터러시가 포괄해야 하는 영역은 '기술', '창의성', '비판력', '윤리'라는 네 측면이다(〈그림 6-1〉). 이들 요소는 독립적으로 존재하기보다는 서로 연관되어 있다(심재웅, 2017;

그림 6-1 개인방송 리터러시의 영역

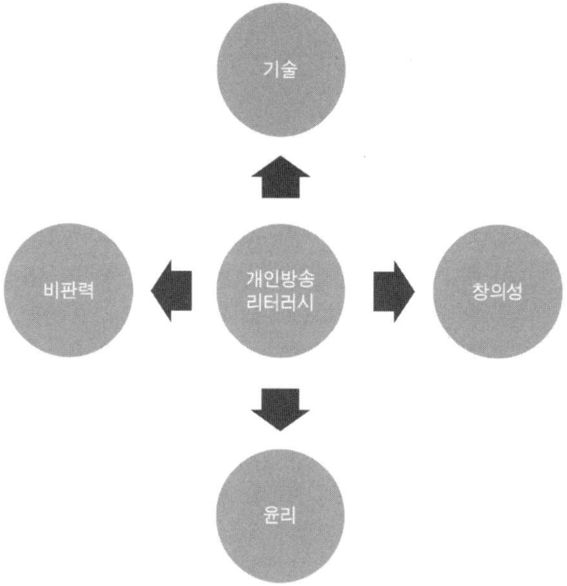

자료: 심재웅(2017).

Kafai and Peppler, 2011).

기술 영역

크리에이터에게 개인방송 리터러시의 기술 영역은 제작 및 송신 관련 기술, 편집 기기 및 프로그램 등에 대한 직접적인 활용과 관련한 영역이다. 기술 영역은 디지털 미디어가 실제 어떻게 디자인되고 운영되는지를 이해하는 중요한 디딤돌building block 기능을 한다(Kafai and Peppler, 2011). 젠킨스의 융합문화 개념의 핵심은 다양한 미디어 기능과 기술적 특징들이 하나의 기기로 수렴되고 융합되는 기술적인 과정에 대한 이해와 실천에 있다(Jenkins, 2006). 디지털 시대에 미디어 이용자는 자신이 원하는 방식으로 콘텐츠를 변형하고 가공하는 등 새로운 방식으로 미디어를 소비하는 존재다. 이렇게 콘텐츠의 생산과 소비 방식에서 변화가 이루어진 오늘날에는 이용자의 적극적인 참여와 활동이 절대적이다. 따라서 이 기술의 활용 능력은 가장 필수적이고 기본적인 요소에 해당한다. 이러한 측면에서 개인방송 리터러시의 기술 영역은 참여에 기반을 둔 융합문화와 이용자들의 집단지성을 훈련하는 기회로도 작용할 수 있다.

창의 영역과 비판 영역

창의 영역과 비판 영역은 상호 보완 관계에 있다. 먼저 창의 영역은 무수한 콘텐츠와 이를 중심으로 이루어지는 상호작용 방식을 관찰하고 이미지, 텍스트, 동영상 등 멀티기호시스템을 통해 의미를 확장하는 훈련을 포함한다. 주제나 소재, 스토리라인과 구성 등에서 어떤 장치를 어떤 원칙에 근거해 선택할지를 배우고 평가하며 적용하는 훈련이 창의 영역에 해당한다.

디지털 시대의 특성으로 인해 이미지, 소리, 비디오 등 디지털 자료에 쉽게 접근할 수 있고 자신의 작업에 재사용하는 일 또한 용이해지면서 기존 자료에 대한 신중한 접근이 특히 중요해졌다. 개인방송 리터러시의 비판 영역은 기존 자료에 대한 관찰, 해체, 리믹스, 맥락 등에 대한 재고찰 등을 포함한다. 기존 미디어 텍스트를 비판적으로 평가하고 반영하며 텍스트 이면의 의미를 해석하는 과정을 통해 창의성을 극대화하는 개인방송을 실시할 수 있다(Kafai and Peppler, 2011).

윤리 영역

개인방송 콘텐츠를 제작하고 송출하는 과정에서 자신의 방송을 위해 타인의 창작물을 무단으로 도용해서는 안 된다. 타인의 창작물에는 충분히 권리를 부여해야 하며 관련 세부 정보를 밝히는 훈련이 필요하다. 즉, 개인방송에서 사용되는 텍스트나 이미지 등 타인의 모든 콘텐츠에 대해 그 지적 원천과 창의성을 인정하고 존중하며 배려하는 습관을 윤리 영역에서 담아내야 한다(Kafai and Peppler, 2011).

또한 타인의 인격권이나 사생활을 침해하는 피해를 주어서는 안 된다. 따라서 타인의 동의 없이 콘텐츠를 몰래 내보낸다든지 방송 내용으로 인해 타인에게 불쾌감을 주어서는 안 된다. 최근 해운대 해수욕장에서 비키니 수영복을 입은 여성들의 신체 일부를 동의 없이 촬영하고 이를 개인방송을 통해 실시간으로 내보낸 진행자가 경찰에 검거된 사례는 타인의 인격권과 사생활에 대한 피해를 잘 보여준다(조정호, 2017). 이런 측면에서 윤리 영역은 개인방송의 부정적 기능을 최소화화기 위한 가장 본질적인 요소를 포함한다.

2) 개인방송 리터러시의 실천

지금까지의 논의를 바탕으로 개인방송 리터러시의 실천 요소는 〈그림 6-2〉와 같이 도식화할 수 있다. 여기에는 크게 개인방송 미디어에 대한 접근, 개인방송 제작자의 역량, 개인방송의 실제 활용이라는 세 요소가 포함된다. 이들 요소는 상호 영향을 미치는 관계성을 토대로 한다. 지금부터는 벤윈스버그와 그의 동료들이 제시한 모델을 토대로 개인방송 리

그림 6-2 개인방송 리터러시의 실천 요소

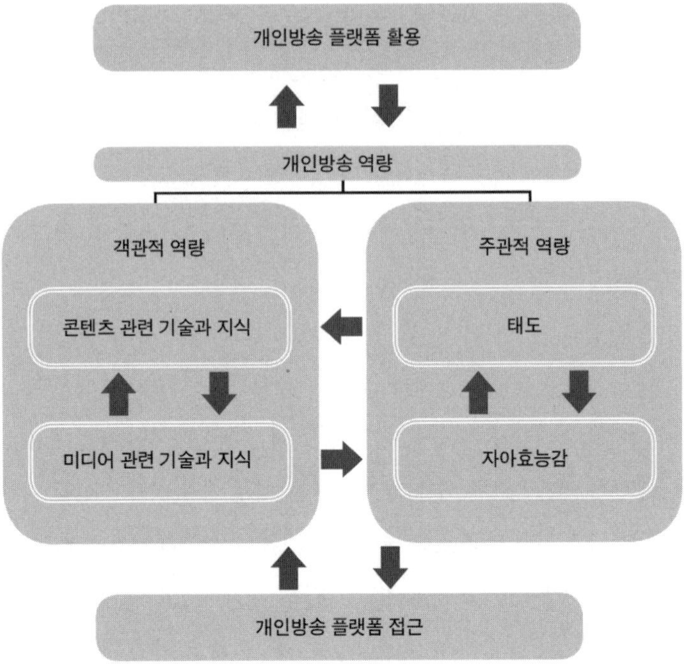

자료: Vanwynsberghe, Boudry and Verdegem(2011) 재구성.

터러시를 위한 구체적인 실천 방안을 살펴본다(Vanwynsberghe, Boudry and Verdegem, 2011).

개인방송 미디어에 대한 접근

개인방송 플랫폼에 대한 접근은 미디어 리터러시를 위한 첫 번째 단계로, 개인방송 역량을 기르기 위한 선결조건에 해당한다. 접근이란 개인방송을 위한 미디어 장비 소유 여부와 이를 충분히 활용할 수 있는 환경 구축 여부의 문제다. 모바일 기기가 광범위하게 확산되고 소셜 미디어 중심의 개인방송 플랫폼이 보편화되면서 접근에 대한 문제는 많이 해소되었다. 하지만 개인방송 플랫폼에 접근할 수 있는 환경을 갖추고 있지 못한 경우도 많다. 개인방송 리터러시는 플랫폼과 환경에 대한 접근이 전제된 이후에 개인방송 역량의 단계로 이어질 수 있기 때문에 개인방송 미디어에 대한 접근의 격차를 최소화하는 것이 리터러시 측면에서 중요한 의미를 갖는다. 이를 위해서는 지역 도서관, 시청자센터 등의 역할과 기능을 확대하는 동시에 국가적 차원에서 접근의 격차를 줄일 수 있는 교육과 정책적 노력이 요구된다.

개인방송 역량

미디어 리터러시와 관련한 다양한 연구에서는 개인방송 역량과 관련해 객관적 역량과 주관적 역량을 구분할 것을 제안한다. 객관적 역량은 크리에이터가 개인방송 콘텐츠에 대한 지식과 기술을 얼마나 활용할 수 있는지와 플랫폼을 비롯한 미디어 및 미디어 환경에 대한 지식과 기술을 얼마나 습득하고 있는지를 포함한다. 주관적 역량은 크리에이터가 개인방송에 대해 갖는 태도와 효능감으로 구성된다. 즉, 개인방송에 대해 어떤 인식과 태도를 가지고 있는지와 개인방송에 대해 얼마나 잘 해낼 수 있다고 스스로가 생각하는지를 의미하는 두 요소가 포함된다.

① 기술

콘텐츠 관련 기술은 정보 기술, 창의적 기술, 커뮤니케이션 기술, 교환 기술로 세분화할 수 있다. 정보 기술이란 개인방송에 필요한 정보와 자료를 탐색하고 동시에 반드시 필요한 기술인지를 평가하고 판단할 수 있는 기술을 말한다. 창의적 기술은 크리에이터가 개인방송의 독창성을 위해 기존 유사 방송을 비교 분석하며 새로운 영역을 파악해내고 창의적 활동을 통해 타인의 관심과 주목을 끌어들일 수 있는 기술을 의미한다. 커뮤니케이션 기술은 타인과 의견이나 메시지를 주고받는 대화의 기술과 상황에 적절하고 윤리에 어긋나지 않은 단어나 표현을 사용하는 표현 능력 기술을 의미한다. 교환 기술은 개인방송에 참여하는 이용자 수를 적절히 조절하고 제어할 수 있는 기술을 의미한다.

미디어 관련 기술은 활용 기술과 형식 기술로 세분화할 수 있다. 활용 기술이란 개인방송에 필요한 미디어를 실제로 이용할 수 있는 기술을 의미한다. 형식 기술은 개인방송에 필요한 애플리케이션이나 편집 및 송출을 위한 프로그램 등을 찾고 적용할 수 있는 기술이다.

② 지식

지식은 콘텐츠 관련 지식과 미디어 관련 지식으로 구분할 수 있다. 콘텐츠 관련 지식은 개인방송을 누가, 어떤 플랫폼, 어떤 애플리케이션 등으로 서비스하고 있는지에 대한 것으로 개인방송의 실체에 대한 지식이라고 할 수 있다. 미디어 관련 지식은 서로 상이한 플랫폼들이 개인방송에서 작용하는 과정에 대한 내용, 개인방송의 장단점, 개인방송 콘텐츠 구성에 대한 지식 등 절차에 대한 지식을 의미한다.

③ 태도 및 자아효능감

태도는 인지적 차원, 정서적 차원, 행동적 차원으로 구성된다. 인지적

표 6-8 개인방송 역량의 세부 구성

구성	세부 구성	하부 요소	정의
기술	콘텐츠 관련	정보 기술	• 개인방송에 필요한 모든 정보와 자료를 디지털 미디어 환경에서 찾아낼 수 있는 기술 • 꼭 필요한 정보인지를 평가하고 판단할 수 있는 기술
		창의적 기술	• 개인방송의 독창성을 위해 기존의 같은 방송이 있는지를 확인할 수 있는 기술 • 나의 창의적 활동을 통해 타인의 관심과 주목을 끌어들일 수 있는 기술
		커뮤니케이션 기술	• 개인방송을 통해 사람들과 메시지나 의견을 주고받는 소통의 기술 • 상황에 적절하고 윤리에 적합한 단어나 표현을 사용하는 기술
		교환 기술	• 개인방송을 통해 교류하게 되는 사람들을 조절하고 제어하는 능력
	미디어 관련	활용 기술	• 개인방송에 필요한 미디어를 활용할 수 있는 기술
		형식 기술	• 개인방송에 필요한 애플리케이션이나 편집 및 송출을 위한 프로그램 등을 찾을 수 있는 기술
지식	콘텐츠 관련	-	• 개인방송을 누가, 어떤 플랫폼, 어떤 애플리케이션 등으로 서비스하는지에 대한 지식
	미디어 관련	-	• 플랫폼별로 개인방송이 어떻게 작동하는지 과정에 대한 지식 • 개인방송의 콘텐츠가 어떻게 구성되는지에 대한 지식 • 개인방송의 장단점에 대한 평가 및 이해
태도	인지적 차원	-	• 개인방송과 관련한 소셜 미디어 및 플랫폼의 유용성에 대한 비교와 차별적 인지
	정서적 차원	-	• 바람직하지 못한 개인방송에 대한 부정적 감정 • 자신이 좋아하는 개인방송에 대한 긍정적 감정
	행동적 차원	-	• 바람직하지 못한 개인방송에 대한 회피 • 바람직한 개인방송 생태계 조성을 위한 행동
자아효능감	디지털 미디어 차원	-	• 개인방송과 관련한 다양한 기술적 측면을 잘 해낼 수 있다는 믿음
	지각적 차원	-	• 개인방송을 해낼 수 있다는 믿음

자료: Vanwynsberghe, Boudry and Verdegem(2011) 재구성.

차원은 개인방송과 관련한 기술(예를 들어 소셜 미디어, 플랫폼, 관련 프로그램)의 유용성에 대한 태도를 의미한다. 정서적 차원은 개인방송에 대한 감정적 태도를 의미한다. 바람직하지 못한 개인방송에 대해 부정적 감정을 느끼거나 좋아하는 개인방송에 대해서는 긍정적 감정을 느끼는 측면을 의미한다. 행동적 차원은 바람직하지 못한 개인방송을 회피하거나 바람직한 개인방송 생태계 조성을 위해 노력하는 태도를 의미한다.

자아효능감은 디지털 미디어 차원과 지각적 차원으로 구분할 수 있다. 전자는 개인방송과 관련한 다양한 기술적 측면을 잘 해낼 수 있다는 믿음을 의미하고, 후자는 개인방송을 해낼 수 있다는 믿음을 의미한다.

개인방송의 실제 활용

개인방송 리터러시의 최종 목적은 개인방송 관련 기술과 내용을 실제로 구현해내도록 하는 데 있다. 개인방송 미디어에 대한 접근과 개인방송 역량의 두 과정을 통해 개인방송이 이루어질 수 있다. 〈그림 6-2〉에 제시된 것처럼 세 요소와 세부요소들은 지속적으로 상호 관계를 맺고 있으며, 이러한 요소들이 제대로 실천될 때 개인방송 리터러시의 궁극적인 목적을 달성할 수 있을 것이다.

참여활동

❶ 개인방송 다이어트 표를 작성해 나의 개인방송 이용 특성을 스스로 평가해보자.

개인방송	플랫폼	장르	특징	진행자	소재·주제	이용 시간(분)								의견
						월	화	수	목	금	토	일	총량	

미디어 다이어트media diet는 미디어를 통해 제공되는 모든 콘텐츠를 음식점의 메뉴에 비유한 개념이다. 음식점에 따라 제공되는 메뉴가 다양하고 그중에서 우리의 실질적인 다이어트가 정해지듯이 미디어를 통해 제공되는 모든 콘텐츠도 이와 같다고 판단하는 것이다. 모바일 중심의 소셜 미디어 환경에서 우리는 각자의 성격과 취향에 따라 자신의 미디어 다이어트를 구성해가고 있다. 이러한 다이어트는 곧 나의 정체성을 담고 있다. 미디어 다이어트에 대한 분석을 통해 나의 미디어 활용을 보다 자세하게 관찰할 수 있다. 위의 표에 나타난 것처럼 미디어 다이어트 개념을 이용해 개인방송 다이어트personal broadcasting diet를 구성할 수 있다. 기본적으로 플랫폼, 장르, 진행자, 시간대, 소재·주제 등을 토대로 자신이 얼마나 자주 또는 얼마나 오래 미디어를 사용하는지 평가가 가능하다. 이를 통해 무한한 개인방송 환경에서 자신의 개인방송 이용 특성에 대해 스스로 평가해볼 수 있다.

❷ 나는 좋아하지만 친구는 싫어하는 개인방송을 선정해보자. 또는 나는 싫어하는데 친구는 좋아하는 개인방송을 선정해보자. 이후 그 개인방송을 나는 왜 좋아하는지 친구는 왜 싫어하는지에 대해 의견을 나눠보자. 두 사람의 의견을 반영해 해당 개인방송을 어떻게 더 발전된 방향으로 제작할 수 있을지를 생각해보고 함께 기획서를 작성해보자.

❸ 내가 개인방송을 하고 있다면 그 목적이 무엇인지 생각해보자. '나는 무엇을 위해 개인방송을 하려고 하는가?', '나에게 가장 중요한 가치는 무엇인가?', '개인방송이 나의 행복에 어떤 영향을 주는가?', '어떤 방식으로 나의 개인방송이 좋아지고 있다고 평가할 수 있는가?' 등. 이에 대한 대답을 작성하고 다른 친구들과 함께 이야기해보자.

❹ 개인방송으로 인해 타인이 입을 수 있는 피해에 대해 생각해보자. 피해 유형과 피해의 정도는 어떠할 것인지 토론해보자. 이러한 피해를 예방하기 위한 공익적인 주제로 개인방송 콘텐츠를 만들어보자.

❺ 나는 얼마나 타인의 반응에 민감한지 생각해보자. 학자들의 연구에 따르면 타인의 반응에 지나치게 민감한 것은 긍정적이지 않다. 내가 만든 콘텐츠를 '좋아요' 수나 공감하는 사람 수로 평가하는 것은 좋은 습관이 아니다. 웹 개발자 벤저민 그로서(Benjamin Grosser)는 페이스북에서의 반응에 대한 중독 현상을 막기 위해 페이스북 숫자 제거 프로그램(Facebook Demetricator)을 개발했다. 이 기능을 페이스북에 적용하면 웹페이지에서 '좋아요' 숫자가 보이지 않는다. 벤저민 그로서의 홈페이지를 방문해 이 프로그램을 다운받아 설치해보고 수치를 확인할 때와 그렇지 않을 때의 차이점을 비교해보자.

디지털 광고 리터러시

우리는 하루에 얼마나 많은 광고를 접할까. 많은 사람이 아침에 눈을 떠 가장 먼저 하는 일 가운데 하나는 스마트폰을 확인하는 것이다. 이후에도 잠들기 전까지 음성 통화, 문자, 메신저로 다른 사람들과 소통하고, 소셜 미디어를 확인하며 게시물을 올리고, 뉴스를 보고, 좋아하는 스포츠 중계를 실시간으로 보고, 주말 약속을 위한 맛집을 검색하고, 다가오는 부모님 생일을 위해 선물을 주문하는 등 하루 종일 스마트폰을 이용한다. 디지털 미디어를 통한 다양한 활동을 할 때마다 우리는 많은 광고를 접한다. 메신저로 친구를 맺은 매장의 할인 정보를 받아보고, 뉴스 기사와 유사한 광고를 읽고, 좋아하는 동영상을 시청하기 전에 광고를 봐야 하고, 웹툰 속의 간접광고를 보고, 검색 결과의 일부로 광고를 보고, 다양한 웹사이트와 애플리케이션에서 배너광고를 본다. 스마트폰 같은 디지털 기기를 항상 휴대하고 이용하는 디지털의 일상화는 광고 역시 디지털 환경으로 이동하게 만들었다. 소비자에게 노출해야 하는 광고는 소비자가 많이 이용하는 미디어를 이용해야 하는 것과 같이 디지털 미디어의 이용이 늘어남에 따라 자연스럽게 디지털 미디어를 기반으로 하는 광고가 증가했다. 디지털 환경을 반영한 새로운 유형의 광고가 개발되고 소비자가 회피하는 경향이 강한 직접적인 광고 대신 콘텐츠와 융합한 형태의 광고가 많아지면서 일반 소비자가 광고 콘텐츠를 광고로 구별하고 인지하는 일이 쉽지 않게 되었다. 또한 디지털 환경에서는 우리가 하는 행동이 모두 기록되어 데이터화되기 때문에 소비자 개개인의 정보를 활용해 각 개인의 관심과 필요를 반영하는 광고를 전달하는 일이 가능해졌다. 이렇게 보다 정교한 타기팅과 맞춤형 광고로 인해 편리성이 증가하는 동시에 사생활과 개인정보 보호에 대한 우려도 증대되고 있다. 이 장에서는 디지털 환경에서의 광고를 이해하기 위해 관련 개념과 주요 광고 유형을 살펴보고 광고를 잘 활용하기 위한 광고 리터러시에 대해 논의한다.

1. 디지털 광고 환경의 이해

1) 광고 회피

광고는 일부러 찾아보는 콘텐츠와 달리 회피의 대상이 된다. 광고의 홍수라고 할 정도로 많은 광고에 접하는 우리는 피로감을 느끼며 원하지 않는 광고를 보면 피하고 싶어 한다. 특히 디지털 환경에서는 원하는 콘텐츠를 보다 능동적으로 찾아 소비하기 때문에 광고를 회피하려는 경향은 더 두드러진다. 광고에 대한 노출을 의도적으로 피하는 모든 행동을 '광고 회피'라고 할 수 있다. 광고 회피는 여러 유형으로 나타나는데 물리적 회피, 기계적 회피, 인지적 회피 등으로 구분된다(Speck and Elliott, 1997). 물리적 회피는 광고에 노출되는 동안 다른 곳으로 피하거나 다른 활동을 하는 것을 말하며, 기계적 회피는 채널을 바꾸거나 광고를 걸러서 노출 자체를 차단하는 것을 의미하고, 인지적 회피는 광고에 노출되더라도 이를 무시하거나 주의 깊게 보지 않는 행위를 말한다. 물리적·기계적 회피를 함께 행동적 회피로 구분할 수도 있다. 광고를 회피하는 정도는 이용하는 미디어별로 다르게 나타나며 인터넷, 모바일 등 상호작용성 혹은 능동성이 강한 미디어를 이용하는 경우 상대적으로 수동적인 이용의 양상이 강한 전통적인 미디어를 이용할 때보다 광고 회피가 더 많이 적극적으로 나타난다.

디지털 환경에서 광고를 회피하는 행동은 온라인 동영상을 시청할 때 두드러진다. 이때 소비자들의 광고 회피를 막기 위해 강제적으로 광고를 보게 하는 형태로 동영상이 재생되기도 하는데, 이는 오히려 소비자들의

그림 7-1 광고 차단 프로그램 예

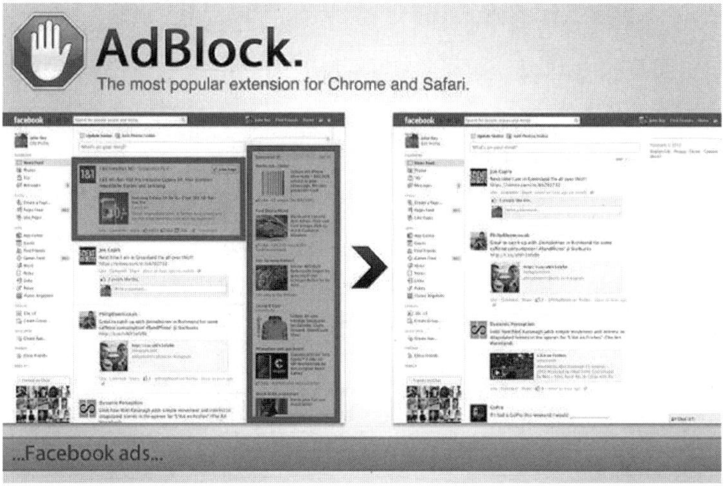

반감을 사기도 한다. 예를 들어, 온라인 동영상을 시청할 때 동영상이 시작하기 전에 나오는 광고는 유튜브의 경우 5초, SMRSmart Media Representative이라는 디지털 광고판매 대행사를 통해 네이버TV 등에서 제공되는 지상파 방송 동영상의 경우 15초까지 봐야지만 '건너뛰기skip'를 선택할 수 있다. 하지만 이렇게 일정 시간 이상 광고를 강제로 노출해도 소비자는 광고가 나오는 동안 다른 행동을 하는 물리적 회피와 집중하지 않고 다른 생각을 하거나 다른 콘텐츠를 보는 등의 인지적 회피를 한다.

광고의 회피 경향은 광고 차단 프로그램의 등장으로 더욱 가속화될 수 있다. 예를 들어, 애드블록Ad Block이라는 광고 차단 소프트웨어를 이용하면 인터넷, 모바일, 소셜 미디어 콘텐츠를 이용할 때 배너광고뿐만 아니라 동영상광고를 전면적으로 차단할 수 있어 아예 광고를 볼 필요가 없다. 유튜브는 유튜브 레드Red라는 유료 서비스를 제공하는데, 가입 소비자는 광고를 보지 않고 자유롭게 동영상을 시청할 수 있다. 아직 국내에서는 광고 차단 프로그램의 이용률이 높지 않지만 미국과 유럽을 중심으로 전 세계에서 광고 차단 프로그램의 이용이 증가하고 있다.

2) 콘텐츠와 광고의 융합

소비자들의 광고 회피가 증가하면서 광고가 콘텐츠에 포함되거나 융합되는 형태의 광고도 늘고 있다. 예를 들어, 국내에서 2010년부터 시행된 방송 간접광고는 영화에서 소품을 공급받고 현실감을 높이기 위해 활용한 기법을 방송에 적용한 형태다. 간접광고는 제품이나 서비스가 광고가 아닌 영화, TV 프로그램 등 콘텐츠에 노출되는 형태의 광고이며 협찬광고, PPL 등으로도 불린다. 콘텐츠와 분리되어 등장하는 광고는 쉽게 인지되고 회피의 대상이 되지만, 미디어 이용 자체의 목적인 콘텐츠에 포함되어 노출되는 간접광고를 따로 분리해 회피하는 것은 거의 불가능하다.

기업의 입장에서 소비자들이 회피하기 힘든 간접광고는 매력적이며, 드라마나 예능 프로그램에 몰입해 시청하는 소비자들에게 제품이나 서비스를 자연스럽게 노출하고 출연진이 직접 이용하는 모습을 보여줄 수 있다는 장점이 있다. 방송사 입장에서 간접광고는 방송 프로그램 제작비 마련을 위한 중요한 수입원이다. 하지만 소비자 입장에서 방송 프로그램의 내용과 동떨어지거나 맥락에 맞지 않게 지나치게 두드러지는 형태의 간접광고는 방송 시청의 몰입을 방해할 수 있다. 또한, 일정 시간 이하로 제한되기는 하지만 많은 제품·서비스가 반복적으로 노출되는 간접광고에 대해 소비자들은 과도하다고 느끼며 거부감을 갖기도 한다. 기업과의 사전 협의를 통한 간접광고가 방송 프로그램의 내용에 영향을 미친다는 우려도 있다.

디지털 미디어 환경에서의 간접광고는 웹드라마, 웹예능, 웹툰 등 인터넷을 기반으로 하는 콘텐츠에서 많이 활용되고 있다. 이러한 콘텐츠는 상대적으로 규제에서 자유롭기 때문에 다양한 유형의 간접광고가 이루어진다. 콘텐츠에서 제품·서비스가 노출되거나 관련 정보가 전달되는 단순한 간접광고에서부터 제품이나 서비스 중심으로 전체 내용이 구성되는 브랜디드 콘텐츠branded content도 등장한다. 기업이 주체가 되어 제품이나 서비스에 대해 알리고 이미지를 제고하기 위해 다양한 유형의 콘텐츠를 활용한 웹드라마, 웹예능, 웹툰 등을 제작하기도 한다. 그중 브랜디드 콘텐츠 형태의 웹툰의 경우 브랜드 웹툰이라고 부르기도 한다.

1인방송의 성장과 함께 다양한 1인 크리에이터들이 제작하는 동영상 콘텐츠에서도 간접광고가 많이 등장하고 있다. 특히 1인방송 영역에서 기업과의 협업을 의미하는 브랜드 콜라보레이션brand collaboration을 통해 브랜디드 콘텐츠의 제작이 활발히 이루어지고 있다. 크리에이터들이 제작하는 동영상 콘텐츠는 방송 콘텐츠와 같은 전문성은 부족하지만 크리에이터들이 실제로 화장품, 식음료, 장난감, 게임 등 다양한 제품·서비스를 이용한 경험을 바탕으로 생생하고 솔직한 의견을 전달한다는 점에서 소비자에게 신뢰감을 줄 수 있다. 또한 많은 금액을 받고 광고에 등장하는 유명 연예인에 비해 보다 친밀감을 느낄 수 있는 크리에이터들의 의견이 더욱 설득적일 수 있다.

3) 광고와 기술의 융합

다양한 기술의 발전은 광고에도 영향을 주며 새로운 형식의 광고를 가능하게 한다. 2002년에 개봉되었던 SF영화 〈마이너리티 리포트Minority Report〉는 미래 세계에서의 광고와 마케팅의 모습을 보여주었다. 주인공인 톰 크루즈Tom Cruise가 쇼핑몰에서 벽면에 설치된 디지털 스크린을 통해 개인화된 광고를 보고 의류 매장에서 본인의 정보와 과거 구매 이력을 반영한 추천을 받는 장면이 등장한다. 신분을 숨기기 위해 홍채를 이식한 후에는 본인이 아닌 원래 홍채 소유자의 정보를 반영한 맞춤형 서비스가 제공된다. 이렇게 개개인 소비자를 인지해 해당 소비자만을 위한 맞춤형 메시지와 서비스를 전달하는 광고와 쇼핑 환경은 더 이상 미래가 아닌 현실이다.

오늘날 광고는 빅데이터, 사물인터넷, 인공지능, 알고리즘 등 다양한 기술과 접목해 소비자가 관심을 가지고 필요로 하는 것이 무엇인지 파악하고 이를 반영하는 맞춤형 메시지를 적절한 시간과 환경에서 전달하고 가상현실, 증강현실 등을 활용해 소비자의 흥미와 몰입을 유도하는 형식으로 메시지를 구현하고 상호작용을 가능하게 한다.

예를 들어 지하철역, 버스 정류장, 쇼핑몰 등의 공간에서 아날로그 광고판 대신 디지털 화면을 통해 다양한 정보와 광고를 제공하는 디지털 사이니지digital signage는 수동으로 광고를 교체해야 하는 아날로그 광고판과 달리 실시간으로 광고 교체가 가능하고 시간대별로 다른 광고를 보여줄 수 있다. 또한 근거리무선통신NFC: Near Field Communication, 동작 인식 기술 등을 이용해 소비자의 행위에 반응하고 양방향으로 소비자와 소통할 수 있다. 영화처럼 개개인 소비자의 특성을 반영한 광고를 노출하는 형태로 진화할 것으로 기대되며, 3D 기술과 함께 가상현실, 증강현실의 기술을 활용하는 형태도 가능하다.

최근 마케팅과 광고 분야에서 주목받는 기술은 가상현실VR: Virtual Reality과 증강현실AR: Augmented Reality이다. 가상현실은 현실에서 얻기 힘든 경험이나 환경을 제공해 시각, 청각, 후각, 미각, 촉각 같은 인체의 오감을 자극함으로써 실제와 같이 체험하게 하는 기술이다. 가상현실 기기를 통해 실제와 흡사한 가상공간을 360도로 경험할 수 있어 몰입도가 높고 원하는 대로 상호작용할 수 있다. 증강현실은 현실세계에 가상의 대상물을 합성해 원래의 환경에 존재하는 것처럼 구현하는 기술이다. 실제 경험하는 세계를 대체하는 것은 아니지만 보완해 추가적인 정보를 얻을 수 있다.

예를 들어, 글로벌 가구업체 이케아IKEA는 가상현실을 통해 3차원 공간에서 실제처럼 벽지의 색상과 낮밤을 바꾸어가며 인테리어를 구성해볼 수 있는 가상현실 쇼룸을 제공한다. 또한 증강현실을 이용한 애플리케이션을 통해 실제 공간에 가구를 배치해보면서 크기를 확인하고 잘 어울리는지 볼 수 있도록 한다. 이 외에도 스마트폰을 이용한 가상현실 애플리케이션은 위치 정보를 활용해 지도와 함께 실시간으로 식당, 카페 등 매장 정보와 쿠폰을 제공하기도 한다.

4) 광고 구매 방식의 변화

데이터의 활용은 광고의 판매와 구매 방식에 변화를 가져왔다. 전통적 미디어에 광고를 게재하기 위해서는 해당 미디어 담당자에게 연락한 다음 거래를 통해 구매를 진행했다. 이러한 전통적 광고 구매 방식은 광고를 게재하는 매체와 플랫폼이 증가하고 매우 다양해진 디지털 환경에서는 비효율적이며 적합하지 않다. 이에 소비자 데이터를 바탕으로 설정된 알고리즘을 기반으로 광고 거래를 자동으로 가능하게 하는 프로그래매틱 바잉programmatic buying이 등장했다.

프로그래매틱 바잉은 광고를 게재할 수 있는 공간을 판매하기 원하는 웹사이트와 광고 공간을 구매하려는 기업 혹은 대행사의 거래를 실시간 경매 방식으로 운영한다. 광고 노출당 경매가 이루어지며 광고 노출이 실제로 발생하기까지 경매를 포함한 모든 과정이 0.2초 이내에 이루어진다. 프로그래매틱 바잉은 온라인 광고의 가장 중요한 기술적 발전 중 하나인 실시간 입찰RTB: Real-Time Bidding을 활용하며 많은 수의 광고 노출이 자동화된 시스템을 통해 동시다발적으로 판매되고 구매되도록 함으로써 디지털 광고 운영의 신속성과 효율성을 제고한다. 방송 프로그램, 잡지 등 특정 미디어를 통해 광고를 노출할 계획을 미리 세우는 전통적인 광고 구매 방식과 달리, 프로그래매틱 바잉은 광고의 타깃 소비자가 실제로 방문하는 웹사이트를 실시간으로 파악해 실시간 입찰을 통해 해당 웹사이트에 광고를 바로 노출할 수 있도록 한다.

보다 구체적으로, 프로그래매틱 바잉은 디지털 환경에서 생산되는 막대한 양의 소비자 관련 데이터를 실시간으로 수집, 분석, 활용해 광고의 목표 소비자가 방문하는 웹사이트에 해당 광고를 실시간 입찰을 통해 바로 노출한다. 광고가 한 명의 소비자에게 반복적으로 보여지기를 원하면 광고 구매 설정을 통해 해당 소비자의 인터넷 브라우징 데이터를 실시간으로 파악해 다른 방문 웹사이트(들)에서 원하는 횟수만큼 광고를 더 노출할 수도 있다. 미리 정해진 광고의 예산을 집행하면서 실시간으로 광고의 구매와 노출을 결정하기 때문에 비용 대비 광고의 효율성을 지속적으로 검토하고 극대화할 수 있다.

현재 프로그래매틱 바잉은 디지털 광고의 거래에 주로 이용되고 있지만 향후 방송광고 등 다른 미디어 광고 영역으로 확대될 가능성도 논의되고 있다. 프로그래매틱 바잉이 가져온 주목할 만한 변화는 어떤 미디어에 광고를 노출할지 미리 계획하고 실행하는 미디어 중심의 광고 구매가 아니라 광고의 대상이 되는 소비자가 어떤 미디어를 이용하는지에 따라 실시간으로 해당 미디어의 구매를 진행하는 소비자 중심의 광고 구매로의 전환이다.

2. 디지털 광고의 이해

1) 온라인 광고의 유형

온라인 광고는 인터넷을 기반으로 소비자에게 상업적 메시지를 전달하는 모든 광고를 일컫는 포괄적 개념으로서 이메일광고, 인터넷광고, 모바일광고, 소셜 미디어 광고 등을 포함한다. 인터넷에 처음 등장한 광고는 1994년 웹매거진 ≪핫와이어드HotWired≫에 실린 AT&T 배너광고다. 가장 오랜 역사를 가진 배너광고를 포함한 노출형 혹은 디스플레이 광고DA: Display Advertising가 온라인 광고의 대표적 유형 중 하나다. 대체로 배너광고banner advertising는 규격화된 크기의 직사각형 혹은 정사각형 띠 모양으로 웹사이트의 정해진 위치에 삽입되어 소비자에게 메시지를 노출하고, 타깃 사이트(회사나 제품, 서비스 사이트)와 연결되어 있어 소비자가 클릭할 경우 이동해 구체적인 정보와 서비스를 제공받을 수 있도록 한다.

텍스트와 단순한 그래픽으로 이루어졌던 초기 배너광고와 달리 인터넷 속도 개선과 함께 멀티미디어를 구현하는 디스플레이 광고들이 등장했다. 이러한 리치미디어 광고rich media ad는 플래시flash, 자바java, 스트리밍streaming 등의 기법을 통해 비디오, 오디오, 애니메이션 등을 복합적으로 활용해 보다 다양하고 풍부한 형태의 메시지를 제공할 수 있다. 예를 들어, 새로운 웹 브라우저 창을 열어 원래의 브라우저 창 위에 나타나는 팝업pop-up 광고와 원래의 브라우저 창 아래에 새로운 창을 통해 광고를 보여주는 팝언더pop-under 광고가 있다. 플로팅floating 혹은 오버레이overlay 광고는 요청된 웹사이트의 내용 위로 겹쳐서 보이고 미리 정해진 시간이 흐른 후 자동적으로 사라지거나 'X' 혹은 '닫기close'를 누르면 사라진다. 또한 디스플레이 광고를 마우스로 접촉하면 사운드나 비디오가 재생되거나, 광고 화면이 확장(확장형 광고expandable ad) 혹은 팝업되거나, 광고가 변형되거나, 광고 화면 내에서 간단한 게임, 설문조사, 구매 등을 할 수 있도록 하는 등 멀티미디어적 요소와 상호작용이 강화된 리치미디어 광고가 소비자들의 주목을 끌고 있다.

동영상광고 역시 인터넷 기반의 영상 콘텐츠 소비가 급증함에 따라 증가하고 있다. VODVideo On Demand 광고로도 불리며 이용자가 원하는 영상을 요청하면 로딩이 되는 동안 광고를 보여주기 때문에, 쉽게 피할 수 있는 다른 온라인 광고와 달리 강제 노출이 가능하다는 장점이 있다. 과거에는 판도라TV, 엠군, 곰TV 등 국내 동영상 사이트가 우위를 점했지만 현재는 글로벌 무료 동영상 공유 사이트인 유튜브가 약진하면서 독보적인 선두 자리를 차지하고 있다. 유튜브의 동영상광고는 동영상 콘텐츠 시작 전에 삽입되어 이용자가 일정 시간 광고를 시청한 이후 광고 시청 여부를 선택할 수 있도록 한다. 즉, 이용자가 원하면 나머지 광고를 계속해서 시청하고 원하지 않으면 '건너뛰기' 버튼을 클릭해 광고를 더 이상 보지 않고 동영상 콘텐츠를 시청할 수 있다. 또한 이용자가 광고의 제품이나 서비스에 관심이 있으면 광고를 클릭해 제품 혹은 서비스 사이트로 이동할 수 있다.

온라인 동영상광고는 노출 시점에 따라서 영상 시작 시 보여주는 프리롤 광고pre-roll advertising, 영상 중간에 삽입되는 미드롤 광고mid-roll advertising, 영상이 종료된 후 노출되는 포스트롤post-roll 혹은 앤드롤 광고end-roll advertising로 구분된다. 강제 노출의 장점이 있는 반면 영상에 대한 몰입을 크게 방해하지 않는 프리롤 광고가 여러 동영상 플랫폼에서 가장 보편적으로 활용되고 있는데 최근 유튜브는 미드롤 광고도 도입했다. 온라인 동영상광고는 단순한 디스플레이 광고에 비해 스토리텔링이 용이하고 TV 광고에 비해 시간적 제약을 받지 않기 때문에 상대적으로 높은 광고 주목도와 몰입을 유발할 수 있다.

스마트폰 보급률과 무선 인터넷 이용이 급등하면서 모바일광고의 중요성도 증가하고 있다. 실제로 여러 보고서에 의하면, 전 세계적으로 전통적인 매체의 광고는 성장이 둔화되거나 감소세를 보이는 반면 온라인 광고는 성장하고 있으며 그중 모바일광고의 성장이 두드러진다. 스마트폰과 무선 인터넷 보급이 활성화되기 이전 일명 피처폰feature phone 시대에는 단순한 SMSShort Message Service 광고가 주를 이루었다. 현재는 인터넷광고의 주요 유형인 노출형 광고(디스플레이 광고)와 검색형 광고의 비중이 크다. 또한 모바일광고는 리치 미디어 기반으로 진화해온 인터넷광고와 유사한 양상을 보이며, 모바일 기기의 특성을 활용하는 새로운 형태의 광고도 등장하고 있다.

모바일광고는 다양한 애플리케이션app: application의 개발과 함께 브랜드 앱 광고, 인-앱in-app 광고, 게임 애플리케이션에서 캐릭터를 활용한 광고, 애플리케이션 다운로드 시 혹은 광고 시청 시 포인트나 마일리지를 지급하는 보상형 광고 등 기존 인터넷광고와는 다른 유형의 광고를 포함한다. 이 외에도 3D, 가상현실, 위치기반 서비스 등 새로운 기술을 활용한 새로운 유형의 광고들도 꾸준히 등장하고 있다.

모바일광고의 장점은, 전통적인 매체의 이용 시간이 감소함에 따라 전통적 광고의 접촉률과 효율성이 감소하는 반면, 항상 휴대하는 스마트폰 같은 모바일 기기를 통해 소비자에게 전달되기 때문에 접촉률과 효율성이 높다는 것이다. 또한 진정한 개인 미디어라고 할 수 있는 스마트폰을 활용한 모바일광고는 소비자 개개인의 위치, 행태 등을 파악하고 분석해 맞춤형 광고를 전달할 수 있다는 중요한 장점이 있다. 핀테크Fintech: Financial Technology의 발달과 함께 간편하게 이용할 수 있는 모바일 페이는 광고의 궁극적인 목표인 제품·서비스 구매로 이어지는 전환율conversion rate 또한 높일 수 있다. 모바일 기반의 소셜 미디어의 이용이 증가하면서 구전 효과를 제고하는 바이럴 마케팅viral marketing에서 모바일광고의 역할도 커지고 있다.

하지만 PC 같은 컴퓨터 화면에 비해 스마트폰의 작은 화면은 소비자가 체감하는 광고의 혼잡도clutter를 상대적으로 증가시켜 모바일광고의 약점으로 작용할 수 있다. 또한 소비자들이 개인 미디어를 통해 전달되는 모바일광고가 개인 공간을 침범한다고 느끼고 맞춤형 광고에 대해 개인정보를 이용하고 사생활을 침해한다고 인식해 저항감을 가질 수 있다. 또한 모바일 기기를 이용해 동영상 콘텐츠를 시청할 때 프리롤 광고를 강제로 시청해야 하는 경우 소비자의 데이터를 소모한다는 반감도 존재한다.

온라인 광고의 또 다른 유형인 소셜 미디어 광고social media advertising는 말 그대로 소셜 미디어를 통한 광고를 말한다. 소셜 미디어의 급격한 성장과 다양한 소셜 미디어 플랫폼의 등장과 함께 소셜 미디어 광고도 주목받고 있다. 소셜 네트워킹 광고social networking advertising, SNS 광고SNS advertising, 소셜 광고social advertising로도 불리는데, "소셜 미디어에서 쌍방향성, 개인화, 콘텐츠 기반 특성을 활용하며 광고주체가 의도적으로 노출하는 통제 가능한 광고"로 정의할 수 있다(심성욱·김운한, 2011). 소셜 미디어의 가장 큰 특성은 소비자들 간 네트워크로, 소셜 미디어 광고는 이를 활용해 네트워크 구성원들에게 기업·제품에 대한 정보를 제공할 수 있다. 소셜 미디어 기반의 광고와 마케팅은 정보뿐만 아니라 소비자들의 감정, 생각, 의견 등을 포함하고 다양한 플랫폼을 통해 빠르게 확산될 수 있다. 특히 전통적인 미디어를 기반으로 소비자에게 일방적으로 정보를 전달하는 푸쉬형 광고와 달리 소비자들이 광고에 대해 자발적으로 반응해 공유하고 확산한다는 장점이 있다.

광고 플랫폼으로 주로 활용되는 소셜 미디어에는 많은 소비자에게 확산되어 있는 페이스북, 트위터, 유튜브, 인스타그램 등이 포함된다. 다양한 유형의 소셜 미디어 광고 가운데 널리 활용되는 페이스북 광고는 크게 세 유형으로 분류된다. 첫 번째 유형은 전통적인 배너광고와 유사한 형태로 페이스북 메인 페이지, 브랜드 팬 페이지 등에 노출된다. 두 번째 유형은 배너광고와 소셜 광고가 결합된 연관 광고로 뉴스피드에서 노출될 때 다른 웹페이지로 유도하지 않고 다양한 프로모션과 이벤트를 수행한다. 이는 페이스북에서 광고가 반복해서 노출되면서 소비자들이 가질 수 있는 부정적인 반응을 줄이기 위해 고안되었다. 세 번째 유형은 페이스북상의 친구가 특정 브랜드의 팬으로 가입하면 이를 알람으로 띄워주는 페이스북 기본 서비스와 같이 자연스러운 노출로 브랜드 정보를 제공하는 광고로 볼 수 있다.

이미지 기반의 소셜 미디어로서 급속도로 성장한 인스타그램은 다양한 사진 필터를 활용한 이미지 보정을 제공하고 해시태그(#)를 활용해서 같은 주제의 콘텐츠 검색이 쉽게 이루어지는 장점을 가진다. 기업과 개인들은 브랜드 계정을 통해 제품에 대한 정보뿐만 아니라 감각적인 이미지들을 게재하며 적극적으로 활용하고 있다. 또한 이용자들이 팔로우하는 계정의 게시물들 중간에 "sponsored"라는 표기와 함께 광고를 삽입해 노출하고 있다.

최근에는 페이스북에서 동영상을 클릭하지 않고도 콘텐츠를 볼 수 있는 자동재생 기능과 페이스북과 인스타그램의 라이브 방송 등 실시간 동영상을 활용한 광고가 증가하고 있다. 또한 일반 이용자들이 게재하는 콘텐츠와 유형과 이미지 측면에서 유사한 네이티브 광고도 많이 활용되고 있다. 소셜 미디어 광고는 이용자의 개인정보와 콘텐츠 선호에 대한 정보를 이용해 이용자가 관심을 가질 만한 광고를 제시한다는 점에서 효과가 높을 수 있지만 사생활 보호에 대한 우려를 낳기도 한다.

2) 검색광고

현대인에게 중요한 정보원 중 하나는 인터넷이며 인터넷 사용의 가장 중요한 목적 중 하나는 검색이다. 구글과 네이버가 각각 세계 시장과 국내 시장에서 독보적인 우위를 차지하는 기업으로 성장할 수 있었던 이유도 막강한 검색 서비스의 제공이라고 할 수 있다. 검색 서비스의 성장과 함께 검색엔진 마케팅search engine marketing도 성장해왔다. 검색엔진 마케팅은 포괄적인 개념으로서 검색엔진을 활용해 기업이 자사의 제품·서비스를 기존 혹은 잠재 소비자들에게 알리고 구매를 유도하는 전략을 모두 포함한다. 소비자가 검색 서비스를 이용할 때 제공되는 검색 결과는 흔히 자연 검색 결과natural/organic search results/listings와 유료 검색 결과sponsored/paid search results/listings로 구분된다. 자연 검색 결과는 검색엔진의 알고리즘에 의해 제공된 관련 정보를 의미하는 반면, 유료 검색 결과는 광고주가 보통 실시간 경매를 통해 사전에 구매한 검색어에 광고 문구나 링크를 등록해 보여주는 검색광고를 의미한다.

즉, 검색광고란 검색 서비스를 제공하는 구글, 네이버, 다음, 네이트 등 포털 사이트나 검색엔진에서 이용자가 원하는 검색어를 입력하고 검색을 요청하면 해당 검색어에 미리 등록되어 있던 광고 문구와 링크를 보여주고 링크를 클릭하면 제품 혹은 서비스 웹사이트로 바로 연결해주는 방식의 광고를 말한다. 검색광고의 가장 큰 장점은 소비자가 정보를 필요로 하는 검색어를 즉각적으로 반영해 관련 제품·서비스 정보를 제공하는 것이다. 대체로 수동적인 노출 형태의 일반 광고에 비해 능동적인 검색을 통해 정보를 요청한 소비자에게 제공되는 검색광고는 소비자 개인의 필요와 관심과 관련 있는 정보를 제공하기 때문에 긍정적인 반응을 유도해 추가 정보 탐색이나 구매 등 목표 행동을 유발하는 경향이 크다. 하지만 광고의 설득 의도를 인지하고 있는 소비자들은 유료 검색 결과에 비해 자연 검색 결과를 선호하거나 신뢰할 수 있다.

검색엔진 마케팅 중 하나인 검색엔진 최적화search engine optimization는 특정 웹사이트나 웹페이지가 검색엔진의 자연 검색 결과에서 높은 순위를 차지할 수 있도록 하는 온라인 마케팅 기법이다. 다시 말해, 검색엔진마다 자료를 수집하고 순위를 매기는 방식이 다르기 때문에 이에 맞게 웹페이지의 구조와 내용 그리고 검색어를 최적화해 특정 사이트가 검색 결과의 상위에 노출될 수 있도록 하는 작업이다. 구체적으로, 검색에 사용되는 상업적인 전문용어 키워드를 모든 사람이 쉽게 이해할 수 있는 간략한 용어 혹은 어휘로 바꾸어주는 행위라고 할 수 있다. 웹사이트의 내부적인 변화, 예컨대 자바스크립트의 위치 지정, 하이퍼링크 사용, 블로그 같은 경우는 제목에 키워드를 포함하고 본문 내용에 키워드를 반복하거나 이미지와 글을 적절하게 섞는 방법 등을 통해 검색엔진이 쉽게 정보를 수집(크롤링)할 수 있는 구조로 변화시키는 것으로 이해할 수도 있다. 이러한 작업은 많은 자본을 필요로 하는 다른 온라인 마케팅 수단들에 비해 상대적으로 저렴하게 집행할 수 있어서 작은 규모의 사업체에서도 활용할 수 있는 방법이다.

하지만 대다수의 기업과 브랜드가 온라인을 활용하면서 검색 결과의 상위 순위에 자신의 웹페이지를 노출하고 방문 트래픽을 제고하기 위해 허위로 클릭 수를 늘리는 등 조작하는 경우가 발생하면서 제재를 받기도 했다. 또한 검색광고를 광고로 인식하지 못하고 단순한 정보로 인식하는 경우도 있어 광고 표기를 더욱 명확히 해야 한다는 비판과 규제에 대한 요구가 있다.

3) 기사형 광고와 네이티브 광고

온라인 뉴스를 볼 때 기사형 광고를 접하는 경우가 많다. 기사형 광고는 광고advertising와 기사editorial가 합쳐진 단어로, 일반 기사와 유사한 형식으로 제시되는 광고다. 주로 특정 제품, 서비스, 브랜드와 관련된 내용으로 이루어지는 기사형 광고는 광고가 신뢰를 얻지 못하고 회피 대상이 된다는 점에서 기사를 활용해 소비자의 관심과 신뢰를 얻으려는 노력의 일환이다. 하지만 소비자들이 기사와 동일하거나 유사하게 볼 수 있어 혼동의 여지가 있기 때문에 기사와 명확하게 구분해 편집할 필요가 있다. 기사와 광고를 명확히 구분하지 않고 소비자의 혼동을 적극적으로 유도하는 기사형 광고는 비윤리적이라고 할 수 있다. 따라서 기사형 광고를 정확하게 광고라고 명시해서 소비자들이 기사로 오인하는 일을 방지해야 한다.

기사형 광고의 진화된 형태로 네이티브 광고가 성장하고 있다. 네이티브 광고는 미디어 콘텐츠와 내용, 형식 측면에서 조화를 이루며 미디어와 잘 어울리고 두드러지지 않는 형태의 광고다. 주로 온라인 환경의 플랫폼, 형식, 콘텐츠의 내용과 유사해 소비자가 콘텐츠를 소비하는 데 미치는 방해 정도는 낮고, 기업의 후원이나 협찬 사실을 투명하게 명시해 혼동을 막는다. 기사형 광고와 달리, 소셜 미디어 등 다양한 미디어와 플랫폼에서 등장하며 플랫폼과 콘텐츠에 적합한 광고 메시지를 제작해 비용

그림 7-2 네이티브 광고 유형: SNS 피드 vs 언론사 기사

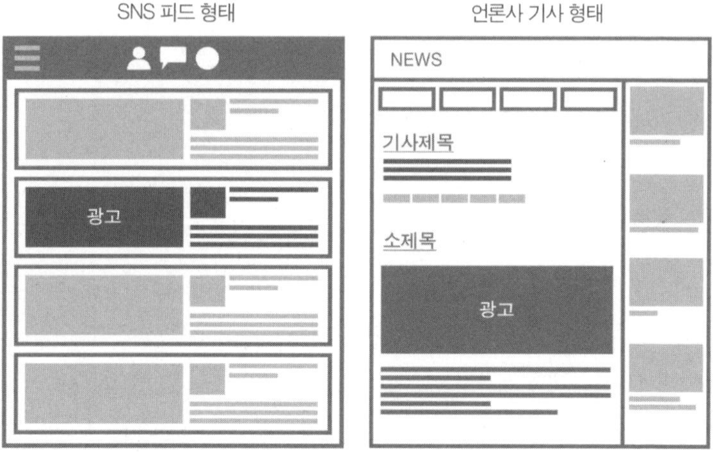

자료: 메조미디어(2014) 참조.

을 지불하고 노출하는 광고다. 네이티브 광고는 소셜 미디어의 피드 형태로 적극적으로 활용되는데, 확실한 광고 형태로 두드러지지 않고 콘텐츠와 어울려 노출되기 때문에 소비자의 콘텐츠 소비를 덜 방해한다는 장점이 있다. 하지만 아직은 생소한 형태의 네이티브 광고를 소비자가 콘텐츠와 혼동하고 광고로 인식하지 않을 가능성이 있다. 네이티브 광고는 후원사나 협찬사를 명시하기 때문에 광고임이 분명하지만, 광고를 수행하는 기업을 명시하더라도 소비자들이 주의 깊게 보지 않고 놓칠 수 있다는 우려가 있다.

4) 구전 커뮤니케이션

디지털 환경에서 정보와 광고를 구분하는 일에는 다른 소비자들이 생산한 제품 정보에 대한 이해가 필요하다. 구전 커뮤니케이션WOM: Word Of Mouth communication은 광고주가 원하는 메시지를 생산해서 소비자에게 전달하는 광고와 달리 소비자들 사이에서 일어나는 커뮤니케이션이다. 대면, 전화, 문자, 이메일, 블로그, 메신저, 소셜 미디어 등 다양한 채널을 통해 일대일 혹은 일대다의 형태로 발생하며, 인터넷과 모바일 미디어의 등장과 함께 구전 커뮤니케이션의 전파 범위, 속도, 영향력은 기하급수적으로 확장되었다. 소셜 미디어와 모바일 플랫폼을 통해 한 명의 의견이 수천 명 혹은 수만 명에게 순식간에 전달되고 재생산, 공유될 수 있는 구전 활동이 가능하다. 이를 전통적인 구전 커뮤니케이션과 구분해 전자 구전 커뮤니케이션electronic word of mouth communication 혹은 eWOM 커뮤니케이션이라고 부른다. eWOM 커뮤니케이션은 인터넷을 통해 다수의 대중과 단체들에게 알려질 수 있는 잠재적 고객, 실제 고객, 과거의 고객의 제품·서비스 또는 기업에 대한 긍정적이거나 부정적인 의견을 의미한다.

구전 커뮤니케이션은 일반적으로 소비자들의 제품 구매 결정에 큰 영향을 미치는 것으로 알려져 있다. 메시지를 생산하는 광고주가 제품·서비스에 대해 알리고 우호적인 태도를 유발하며 궁극적으로 판매를 제고하려는 설득 의도를 가지고 있는 반면 소비자들의 관점에서 제품·서비스에 대해 정보를 제공하는 광고는, 즉 일반 소비자들이 본인의 제품 구매와 사용 경험을 공유하는 구전 커뮤니케이션은 특정 의도가 없기 때문에 보다 신뢰할 수 있다. 실제로 현대 소비자들은 기업이 제공하는 광고 같은 정보에만 의존해서 구매를 결정하기보다는 다른 소비자들이 제공하는 정보나 의견을 찾아보고 제품을 비교해 구매를 결정하고, 이러한 경험을 다른 소비자들과 공유하는 과정을 보편적으로 경험한다. 이렇듯 디지털 환경에서의 능동적인 소비자들은 제품이나 서비스에 대한 의견을 자발적으로 생산하고, 소비하고, 공유하며 서로에게 영향력을 행사한다.

기업의 입장에서 구전 커뮤니케이션의 영향력을 활용하려는 노력은 구전 마케팅이라 불리며 다양한 형태로 진행된다. 관련 용어들을 살펴보면, 버즈 마케팅buzz marketing은 브랜드에 대한 소비자들의 대화를 촉발하기 위해 기업이 뉴스로서의 가치가 있는 브랜드 경험(예컨대 이벤트)을 생산하는 것을 말한다. 일차적으로 관련 마케팅 활동에 대한 광범위한 미디어 보도를 목표로 설정하기도 하지만 궁극적으로는 일반 소비자들이 일상 대화에서 해당 브랜드를 언급하고 여러 채널을 통해 공유할 때 버즈 효과가 발생한다고 볼 수 있다. 또한, 기업이 주도하는 바이럴 마케팅viral marketing은 주로 블로그, 소셜 미디어 등 인터넷 기반의 미디어와 플랫폼을 이용해 소비자들이 다른 소비자들에게 브랜드에 대한 긍정적인 정보나 의견을 전달하는 마케팅 과정이다. 마지막으로 인플루언서 마케팅influencer marketing은 많은 소비자에게 구전을 통해 긍정적인 영향력을 미칠 수 있는 신뢰도와 능력을 가진 개인이나 집단에게 개별적으로 우선 마케팅한 다음 이야깃거리를 제공하고 구전을 유발하는 마케팅 방식을 말한다.

디지털 미디어 환경에서 구전 커뮤니케이션의 영향력과 중요성이 급증함에 따라 긍정적인 구전을 유도하고 활성화하려는 기업의 구전 마케팅 역시 활발하게 이루어지고 있다. 하지만 이 방식이 언제나 긍정적인 결과만을 낳는 것은 아니다. 일반 소비자들의 블로그, 소셜 미디어 등을 통한 제품·서비스 홍보가 자발적인 구전이 아니라 기업의 지원을 받은 마케팅 활동이라는 사실이 알려졌을 때 오히려 더 부정적인 결과를 초래할 수 있다. 또한 마케팅을 통해 구전 커뮤니케이션을 촉발하거나 확산에 영향을 줄 수 있지만 기업이 완전하게 구전 커뮤니케이션의 내용과 과정을 통제할 수 없기 때문에 예상치 못한 방향으로 진행되어 바람직하지 못한 결과를 낳을 수도 있다. 특히 부정적인 정보나 의견은 긍정적인 정보나 의견에 비해 전파력이나 파급력이 크다.

5) 맞춤형 광고

디지털 환경에서 생산되는 많은 광고는 소비자 개인의 특성을 반영한 맞춤형 광고다. 개인화personalized 혹은 맞춤형 광고customized advertising는 소비자 개개인에 대한 정보를 이용해 각 소비자에게 맞춰서 제작되고 전달되는 광고를 의미한다. 소비자의 이름, 인구통계학적 속성, 위치, 라이프스타일, 관심사, 과거 구매 기록 등의 개인정보를 바탕으로 개개인 소비자에게 맞춤형 메시지를 전달하는 것이다. 타기팅targeting은 마케팅과 광고의 핵심적인 개념으로, 소비자를 파악하고 정확하게 전달하는 일은 무엇보다 중요하다. 따라서 맞춤형 광고라는 개념은 인터넷 시대 이전에도 존재했고 전화, 우편 등을 통해서도 이루어졌다. 하지만 맞춤형 광고의 정확성과 효율성은 인터넷을 기반으로 실시간 정보 수집이 가능해지면서 급속도로 향상되었고, 최근 빅데이터와 알고리즘 같은 새로운 기술의 활성화와 함께 그 개념과 전략에 대한 관심도 증대되었다.

검색광고는 단순한 형태의 맞춤형 광고라고 할 수 있다. 검색어를 통

그림 7-3 리타기팅 광고 과정

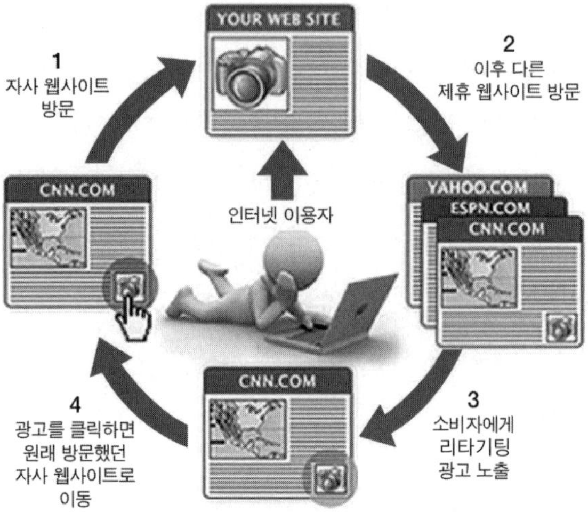

자료: http://digitalmarketingconsultationexpert.com/2015/09/28/site-re-targeting-and-what-it-actually-means

해 소비자의 관심사와 필요를 파악해 적합한 제품·서비스 광고를 제시하기 때문이다. 검색 서비스를 이용하는 소비자는 입력한 검색어를 통해 자발적으로 자신의 관심과 필요를 명확하게 나타내고 그와 관련한 정보를 요구하고 기대하기 때문에 검색광고는 상대적으로 활용하기 쉬운 기본적인 형태의 맞춤형 광고다. 검색 서비스를 이용하는 소비자는 정보 획득이라는 목적을 가지고 있기 때문에 본인의 필요를 반영하는 검색광고의 유용성을 일반 광고에 비해 높게 볼 것이다.

한편, 리마케팅 광고remarketing advertising라고도 불리는 리타기팅 광고re-targeting advertising는 소비자의 개인정보와 인터넷 브라우징 내력을 바탕으로 제휴된 웹사이트를 방문할 경우 과거에 방문했던 웹사이트의 상품 또는 디스플레이 광고를 노출하는 형태의 맞춤형 광고다. 예를 들어, 소비자가 A 온라인 쇼핑몰에서 카메라 제품들을 클릭해 살펴본 경우 이후에 그 소비자가 제휴된 다른 사이트에 접속했을 때 해당 제품들의 광고를 보여주고 클릭하면 원래의 사이트로 돌아갈 수 있도록 한다.

2006년 프랑스 퍼포먼스 광고 서비스업체 크리테오Criteo가 세계 최초로 리타기팅 광고를 서비스하면서 전 세계적인 대세 광고 플랫폼으로 떠올라 국내에서도 많은 리타기팅 광고상품이 출시되었다. 현재는 구글의 GDNGoogle Display Network가 가장 대표적인 서비스업체로, 광범위한 웹사이트와의 제휴를 통해서 효과적인 리타기팅 광고를 제공한다고 알려져 있다. 국내에서는 카카오가 DDNDaum Display Network을 통해 리타기팅 서비스를 제공한다. DDN은 웹 브라우징 내력뿐만 아니라 검색, 쇼핑 서비스 등을 통해 소비자의 필요와 취향을 보다 폭넓고 정확하게 파악한 다음 여기에 맞춘 리타기팅 광고 서비스를 제공한다는 장점을 가지고 있다.

리타기팅 광고는 소비자의 웹 브라우징 내력을 주 기반으로 맞춤형 광고를 제공한다는 점에서 이전의 맞춤형 광고와 다르다고 할 수 있다. 명확하게 정보를 요청하는 소비자에게 제공되는 검색광고와 달리 리타기팅 광고는 소비자가 직접 요청하지 않았는데도 데이터를 통해 소비자의 관심과 필요를 파악하고 이를 반영해 맞춤형 메시지를 제공하는 것이다. 또한 정보의 홍수와 외부의 방해로 인해 소비자가 한곳에 집중하지 못하고 다른 웹사이트나 활동으로 이동하는 경우가 빈번하기 때문에 관심을 가지고 방문했던 사이트의 재방문을 유도하는 상기 효과reminder effect도 기대할 수 있다.

미디어의 기술과 기기의 발전과 함께 새로운 유형의 맞춤형 광고에 대한 기대가 높다. 모바일광고는 소비자의 인구통계학적 특성과 구매 이력뿐만 아니라 위치 정보도 활용해, 양방향성과 연결성을 갖춘 맞춤형 광고가 가능하다. 최근 빅데이터를 비롯한 광고 기술의 발달은 정보에 대한 정확한 실시간 분석을 통해 소비자가 필요로 할 광고를 선제적으로 적시에 제공하는 정교한 맞춤형 광고를 가능하게 한다. 소비자 개개인의 성향, 관심, 필요와 시간적·공간적 맥락을 고려한 맞춤형 광고는 소비자가 광고에 대해 느끼는 관련성과 관여도를 극대화하고 유용성을 증대하는 반면 불필요하고 관심 없는 광고에 노출되는 불쾌감을 해소할 수 있다는 장점이 있다. 하지만 개인정보 이용, 사생활 침해 등에 대한 소비자의 불안과 거부감을 야기해 문제가 제기되기도 한다.

3. 디지털 환경의 광고 리터러시

디지털 환경에서 새로운 유형의 광고가 많이 등장하고 정보와 광고 혹은 콘텐츠와 광고의 구분이 어려워지면서 광고 리터러시의 필요성에 대한 논의가 증가하고 있다. 광고는 소비자에게 제품, 서비스, 아이디어를 판매하기 위해 비용을 지불하고 미디어를 통해 메시지를 전달하는 설득적 커뮤니케이션이다. 광고는 제품·서비스에 대한 정보를 소비자에게 전달하는 것과 같이 긍정적인 역할도 있지만 윤리적 측면에서 비판의 대상이 되기도 한다. 특히 청소년층과 노년층에 대한 광고는 보다 주의가 필요하며, 과한 성적 표현이나 물질만능주의의 초래 등이 광고의 윤리적 쟁점이 된다. 또한 광고는 소비자를 설득하려는 목표를 위해 내용뿐만 아니라 형식과 표현 측면에서 다양한 기법을 활용하는데, 여기에 포함되기도 하는 과장적 요소가 소비자에게 오해와 혼동을 야기할 수도 있다는 점에서 사회적 비판을 받기도 한다.

예를 들어 부당광고는 광고의 내용이 사실이 아니거나 소비자의 오인이나 기만을 유도할 수 있는 광고를 의미하며, 부당광고로 판명되면 규제와 법적 대응이 따른다. 부당광고의 유형으로서 과장광고는 객관적 사실을 확대하고 과장해 오해의 여지가 있는 광고다. 허위광고는 진실성을 위배하는 광고로서 사실과 다르거나 부분적으로 사실이더라도 부정확하게 표현해 소비자의 오인을 불러일으킬 수 있는 광고다. 기만광고는 사실을 은폐하는 등 사실과 다른 내용으로 소비자를 속일 수 있는 광고다. 오도광고는 내용이 거짓은 아니더라도 소비자들이 제품·서비스에 대해 사실과 다르게 잘못 인식하도록 하는 광고다.

하지만 광고의 표현으로서 허용이 가능한 정도의 광고는 허풍광고로 이해할 수 있다. 광고에서 이를테면 '세계 최초', '한국 최고' 등의 주장을 한다면 그 주장이 객관적인 사실임을 증명해야 하고 이를 증명하지 않고 그러한 표현을 쓰는 경우에는 부당광고로 볼 수도 있다. 하지만 예컨대 '이 신발을 신으면 구름 위를 걷는 것 같다'는 표현처럼 주관적 느낌을 과장되게 전달하는 광고는 이해할 수 있는 정도의 허풍으로 받아들일 수 있다. 이렇듯 광고의 소비자 오도에 대한 쟁점은 소비자가 다양한 광고의 내용과 기법에 대해 보편적으로 얼마나 알고 어떻게 이해하며 받아들이는지를 주요 판단 기준으로 삼는다.

디지털 환경에서의 광고는 이전과는 다른 새로운 논란을 야기하기 때문에 광고 리터러시에 대한 보다 정교한 접근이 필요하다. 광고 리터러시는 개개인 소비자가 광고를 이해하고 분별하고 해독해 비판적으로 수용하는 능력을 포함한다. 앞서 디지털 광고의 유형과 특성을 살펴본 것과 같이 광고로서 명확하게 구분되어 제시되는 광고와 함께 다양한 콘텐츠에 녹아 있는 광고에도 주목해야 한다. 또한 누가 어떤 목적을 위해 어떤 과정을 통해 제품·서비스에 대한 정보나 의견을 생성하고 공유하는지 이해하고, 디지털 콘텐츠를 이용할 때 노출되는 광고가 본인의 정보를 바탕으로 결정된다는 사실을 인지할 필요가 있다. 필요한 정보원으로서 광고를 활용하되 비판적으로 수용해야 하며, 원하지 않는 광고를 거부할 수 있는 권리와 방법에 대해 관심을 가지는 것도 유용하다.

나아가 광고 리터러시는 소비자가 적극적으로 미디어를 통해 메시지를 창조하고 공유하는 능력과 자질까지 제고하는 것을 목적으로 할 수 있다. 광고의 본질이 기업의 입장에서 제품·서비스의 매출을 증대하기 위한 것이지만 소비자에게 다양한 정보를 제공하며 그 시대의 생활과 문화를 보여주는 역할 또한 수행한다.

오늘날 미디어 환경은 기업이 아니라 소비자에게 선택권을 제공한다. 이런 환경에서 다양한 기술을 활용해 다양한 형태로 다양한 미디어에 등장하는 광고를 단순히 상업적 메시지로 이용하는 것이 아니라 광고를 활용해 리터러시를 함양하는 것이 바람직하다. 광고 리터러시는 생산과 소비를 함께 하는 프로슈머 혹은 송신과 수신을 겸하는 소디언스soudience를 양성하는 데 기여한다. 제품·서비스에 대한 다양한 정보와 콘텐츠는 이제 기업뿐만 아니라 소비자들이 직접 생산하고 있다. 기업이 생산하는 제품·서비스의 주요 커뮤니케이션인 광고와 브랜디드 콘텐츠 등 다양한 유형의 설득 커뮤니케이션을 비판적으로 이해하고, 소비자가 주권을 가지고 실제 경험과 의견을 자유롭게 표현하고 공유할 수 있는 능력을 제고해야 한다. 광고 리터러시는 단순히 소비자들을 광고로부터 보호하는 것이 아니라 소비자들이 자발적 탐구를 통해 능동적인 소비자 혹은 생산자로 성장할 수 있도록 돕는다.

광고 활용 교육은 광고 메시지를 비판적으로 읽고 내용을 분석하며 실제 광고 제작 과정의 경험을 통해 성숙한 소비자의 역할을 이해하고 설득력, 기획력, 창의력을 제고할 수 있다(이희복, 2016). 예를 들어, 광고의 기획과 제작은 자료의 분석과 창의적 발상으로 이루어지기 때문에 광고를 이용해 문제를 도출하고 해결 방안을 고민하는 연습을 할 수 있다.

광고인 데이비드 오길비David Ogilvy는 저서 『어느 광고인의 고백Confessions of an Advertising Man』에서 "당신 가족에게 보여주고 싶지 않은 광고는 절대로 만들지 말라"고 말했다. 광고를 제작하는 사람들은 광고를 단지 영업 수단으로만 생각해서는 안 되며 소비자를 존중하고 윤리적인 기준을 준수하는 커뮤니케이션을 전달하는 책임을 수행해야 한다. 광고 리터러시는 광고를 수동적으로 받아들이는 것이 아니라 비판적으로 이해해 나쁜 광고를 없애고 좋은 광고를 유도하며 스스로 기업과 제품에 대한 정보를 생산하고 공유할 수 있는 소비자로 성장함으로써 광고의 순기능과 소비자 주권을 제고하는 데 기여할 것이다.

참여활동

❶ 하루 동안 포털 사이트, 소셜 미디어, 모바일 애플리케이션 등 디지털 미디어를 이용하면서 실제로 얼마나 많은 광고에 접하는지 세어보자. 그리고 그 광고들이 어떤 형식의 광고인지, 광고라는 것을 얼마나 쉽게 인지할 수 있는지, 광고라는 표기는 명확히 되어 있는지 등 디지털 광고의 특성과 문제점을 논의해보자.

❷ 평소 좋아하는 웹툰, 웹드라마, 크리에이터 동영상에 제품·서비스에 대한 내용이 포함되는지 찾아보고 그것이 상업적 목적을 띤 노출인지 살펴보자. 상업적 목적의 콘텐츠라는 것을 어떻게 알 수 있는지 혹은 없는지 사례들을 비교해보자.

❸ 친구와 함께 가고 싶은 여행지를 포털 사이트 애플리케이션을 이용해서 검색해보자. 검색 결과를 서로 비교해보고 어떻게 다른지 분석해보자. 검색 결과 중 광고는 무엇인지 구분해보고 광고를 실제 클릭해서 검색어에 적합한 내용인지 확인한 뒤 검색광고의 유용성에 대해 논의해보자.

DIGITAL MEDIA LITERACY

08

디지털 게임 리터러시

오늘날 디지털 게임은 대중적인 콘텐츠로 자리 잡았다. 그러나 디지털 게임의 폭력성, 중독성, 사행성에 대한 우려가 커지면서 게임을 이해하려는 노력은 부족했다. 게임은 기피해야 할 콘텐츠, 발을 잘못 들였다가는 큰코다치는 위험한 콘텐츠로 인식되었다. 이후 게임이 우리 삶에서 차지하는 위치나 위상이 변하면서 미디어로서 또는 콘텐츠로서 게임을 제대로 이해해야 할 필요성이 제기되었다. 그러나 게임을 받아들이는 수준과 인식에서 세대의 차이, 게임을 향유하는 집단과 게임과 게임하는 이들을 지켜보기만 하는 집단의 간극이 여전히 존재한다. 이러한 상황에서 디지털 게임을 이해하기 위해서는 규제나 통제교육 또는 도구적 수단으로서 게임을 볼 것이 아니라 현대인의 삶 전반과 영향을 주고받으며 확장하는 미디어 환경의 일부로 게임을 볼 필요가 있다. 환경으로서 디지털 게임에 대한 총체적인 이해가 요구되는 것이다. 게임 리터러시를 지닌다는 것은 게임 콘텐츠에 대한 이해, 합리적인 게임 이용, 게임을 둘러싼 다양한 맥락에 대한 이해, 게임을 통한 창의적 표현과 의사소통 역량을 갖추었음을 뜻한다. 이를 위해 우리는 게임 리터러시 교육을 단편적인 진로교육이나 통제교육을 넘어 디지털 시대를 살아가기 위한 실질적인 역량교육으로서 자리매김할 필요가 있다. 게임을 적극적으로 활용할 수 있는 역량을 키우는 교육이 생애 전체를 관통하며 이루어질 수 있도록 해야 하며, 급변하는 사회 흐름에 대처하고 미래를 준비하는 교육으로 그 방향을 설정해야 한다. 이 장에서는 우선 디지털 게임을 둘러싼 환경을 살펴보고, 게임을 놓고 벌어지는 사회문화적 논의와 쟁점들을 정리한다. 그리고 상호작용 미디어, 디지털 콘텐츠, 디지털 놀이 등 다양한 이름으로 불리는 게임을 제대로 이해하기 위해 그 특징을 살펴본다. 나아가 디지털 시대를 살아가는 데 필요한 미디어 리터러시로서 게임 리터러시의 내용과 그 의미를 정리한다.

1. 디지털 게임 환경의 이해

디지털 게임만큼 사람에 따라 호불호가 분명하고 각종 사회적 이슈를 불러일으키는 미디어도 드물 것이다. 평범한 한 가정만 들여다봐도 게임에 대한 가족 구성원들 각자의 생각은 너무나 다르다. 디지털 게임을 미친 듯이 좋아하는 아이들이 있는 반면에 게임을 좋아하는 아이들 때문에 게임에 넌더리를 치는 부모가 있다. 또한, 영화나 만화와 마찬가지로 디지털 게임 역시 대중문화이자 점점 더 중요해지는 문화 산업이라고 옹호하는 사람이 있는 반면, 게임을 중독 물질로 간주하고 어린이와 청소년 그리고 사회로부터 격리해야 한다는 강경한 입장도 존재한다. 더 나아가 어느 시점부터는 게임을 디지털 시대가 요구하는 역량을 키워줄 수 있는 최적의 도구로 보고, 게임이 지닌 교육적 잠재력을 활용하자는 움직임도 일고 있다. 특히 기능성 게임처럼 아예 게임을 교육, 훈련, 의료 목적으로 제작해 그 쓰임새를 강조하기도 한다.

현재 디지털 게임은 이처럼 서로 모순되는 담론들 속에 자리하고 있다. 그렇다면 우리는 다양한 쟁점과 논란의 중심에 있는 디지털 게임을 어떻게 이해해야 할까? 그동안 우리 사회가 디지털 게임을 바라보던 지배적인 시각에는 그 유해성에 대한 심각한 우려가 깔려 있다. 다시 말해, 우리는 디지털 게임의 폭력적인 내용이나 과몰입에 이르는 게임 이용방식에만 주목해왔다. 이에 따라 디지털 게임이 지닌 유해성을 비판하고 게임을 멀리하기 위해 게임 이용을 통제하는 데 노력을 기울여왔다. 그러나 게임 내용을 규제하고 게임을 금지하는 것이 게임으로 인한 사회문제를 해결하는 효율적인 방법이 될 수 없을 뿐만 아니라 실제로 눈에 띄는 성과를 거두지도 못하고 있다. 이미 어린이와 청소년은 물론 성인의 삶에도 자리 잡은 디지털 게임을 못 본 척할 수도 없다.

디지털 게임은 더 이상 대학 실험실 속의 신기한 발명물이나 예전의 오락실에 머물던 전자오락이 아니다. 디지털 게임은 대중문화와 문화 산업에서 무시할 수 없는 비중을 차지하고 사람들의 일상에 깊이 들어와 있다. 디지털 게임에 대한 이해와 의미 있는 게임 리터러시의 실천을 위해 디지털 게임을 보다 종합적이고 넓은 시각으로 살펴볼 필요가 있다.

1) 게임을 둘러싼 사회적 논란

대중문화에서 폭력성·선정성, 과몰입의 문제는 어제오늘의 일이 아니다. 이미 19세기 영국에서는 사회적으로 난무하는 청소년 범죄의 원인을 폭력적이고 선정적인 내용으로 가득 찬 싸구려 소설과 공연이라고 보았다. 그러나 그 당시 빈곤 문제나 복지 시스템의 부재로 아동학대와 매춘 같은 사회문제가 극심했던 것을 고려하면, 청소년 범죄의 원인을 소설이나 공연에게만 돌리는 것은 무리가 있다. 그런데도 영화, 만화, 텔레비전, 인터넷, 게임, 1인 미디어에 이르기까지 미디어는 청소년의 일탈을 일으키고 사회에 온갖 걱정거리를 안겨주는 존재로 여겨졌다. 이에 따라 이들 미디어를 어떻게 규제할 것인지는 늘 팽팽한 사회적 논쟁거리가 되었다.

1990년대 이후 하드웨어와 소프트웨어를 아우르는 컴퓨터 기술이 급속하게 발전하면서 게임의 그래픽이 보다 생생해졌고, 이에 따라 사회가 우려할 만큼 게임에서 폭력적인 묘사가 심각한 정도에 이르렀다. 실제로 1993년에는 잔인한 장면이 묘사되는 '모탈 컴뱃Mortal Kombat' 같은 격투게임에 대해 미국 의회가 디지털 게임의 폭력성 문제를 공식적으로 제기하기도 했다. 폭력적인 게임이 어린이와 청소년에게 직접적으로 부정적인 영향을 미친다고 생각하기 시작한 것이다. 그러나 디지털 게임의 폭력성에 대한 충격은 게임 자체보다는 게임이 몰고 온 사건들 때문이었다. 1990년대 이후 전 세계적으로 청소년이 벌인 살인, 살상 등 끔찍한 범죄가 지속적으로 뉴스를 장식했는데, 이들이 폭력적인 게임을 습관적으로 즐겼다는 사실이 전해지면서 게임의 폭력성이 전면에 부상했다.

게다가 어린이와 청소년이 지나치게 오랫동안 게임에 몰입하고 게임으로 인해 일상생활을 제대로 하지 못하는 문제가 발생하기 시작했다. 게임에의 과몰입은 가정과 학교에서 갈등과 문제를 일으켰고, 폭력적인 행동은 물론 신체적, 심리적, 사회적으로 부정적인 영향을 미치는 병적인 증세나 중독으로까지 인식되었다. 게임 과몰입에 대한 사회적 우려가 커지면서 우리나라에서도 게임윤리 교육을 실시하고, 2011년에는 '청소년보호법'이 개정되어 만 16세 미만의 청소년이 자정 이후 오전 6시까지 온라인 게임을 이용하지 못하도록 하는 강제적 셧다운제가 실시되었다.

이러한 상황에서 게임은 유해물로 여겨졌고, 게임 리터러시는 사회윤리를 되새김으로써 게임의 폭력적 효과를 억제하거나 게임 다이어트 또는 게임 디톡스와 같이 게임을 덜 하거나 중지함으로써 게임의 과몰입 문제를 해결하려는 시도를 의미하는 것이 되었다.

2) 디지털 놀이 문화의 확산

요한 하위징아Johan Huizinga는 놀이가 문화보다 더 오랜 역사를 가지고 있으며 인간의 본성적인 특징이라고 보았다(하위징아, 1989). 그에 따르면, 인간의 본성은 생존을 위한 활동이 아니라 놀이이며, 놀이는 삶의 의미를 만들어내는 모든 활동의 근원이다. 생존을 위해 살아가는 것은 인간이나 다른 동물이나 다를 바가 없다. 그러나 생존의 사슬에서 벗어나 여가를 갖고 놀이를 할 때 비로소 인간 삶의 독특한 의미가 생겨난다. 이런 의미에서 인간의 문화는 놀이에서 나온 것이다. 하지만 이러한 놀이의 중요성에도 불구하고 놀이는 어른보다는 아이의 몫이었고 노동과 대비되어 하찮은 일상으로 생각되었다.

시대가 바뀌면서 이전과는 다른 생활과 사고방식이 등장했다. 그중 하나가 놀이에 대한 인식의 변화다. '노동에 비해 하찮은 놀이' 또는 '노동을 잘하기 위한 놀이'가 아니라 놀이 자체가 가진 중요성과 의의가 재평가되었고, 놀이와 노동을 구분할 수 없는 '재미노동fun labour' 같은 현상도 나타났다. 게다가 디지털 시대에 놀이는 시간과 공간에 구애받지 않고 비물질적인 기반인 가상세계를 중심으로 자유롭게 이루어지며, 네트워크에 힘입어 인류 역사의 어느 시기보다 큰 규모의 집단이 함께 놀이를 즐기는 상황이 등장했다. 여기에는 소셜 네트워크를 통해 이루어지는 놀이도 있지만 디지털 게임이 가장 대표적인 사례일 것이다. 이제 사람들에게 디지털 기반의 놀이는 아주 익숙한 일상이 되었다.

「2017 게임 이용자 실태조사 보고서」에 따르면, 10~65세 국민의 70.3%가 게임을 한다. 이 수치는 2016년의 67.9% 대비 2.4%p 증가한 것으로, 게임 이용자 수는 지속적으로 증가하고 있다(한국콘텐츠진흥원, 2017). 연령대별로 보면 10대, 20대, 30대의 경우 80%를 훨씬 넘는 수치를 보이며 40대, 50대, 60대의 경우도 50%를 넘고 있다. 특히 10대 남자 청소년의 게임 이용 경험은 100%에 육박할 정도다. 이러한 수치는 이제는 게임이 더 이상 소수의 마니아들이 향유하는 문화가 아니라 대중적인 놀이이자 여가 활동으로 확장되었음을 보여준다. 게임은 디지털 기기나 네트워크를 기반으로 변하는 현대 놀이문화의 중요한 부분을 차지한다.

3) 게임의 교육적 활용

최근 교육학자들은 학습자가 흥미를 갖고 재미를 느낄 수 있을 때 가장 큰 교육 효과를 얻을 수 있다는 점에 주목하고 있다. 즉, 학습자가 동기부여되지 않거나 학습에 재미를 느끼지 못할 경우 학습 효과와 효율이 낮아진다는 것이다. 이에 따라 학습자가 공부의 부담에서 벗어나 재미있는 놀이를 하면서 공부를 하는 개념이 등장했는데 게이미피케이션, 게임 기반 학습game based learning, 놀이 학습playful learning 등이다.

이들 개념은 의미의 차이는 조금씩 있지만 핵심은 재미, 보상, 경쟁 등 게임이 본래 지닌 요소를 학습에 적용한다는 점이다. 지루하고 어렵게만 느껴지는 공부나 과제를 마치 게임을 하는 것처럼 수행함으로써 학습의 재미를 유지하고 성과도 올릴 수 있다고 보는 것이다. 이러한 게이미피케이션 개념은 현재 교육은 물론 공공서비스, 기업경영, 의료 등 다양한 분야에 적용되어 성과를 거두고 있다.

게임을 하는 것이 시각적 이미지의 미세한 세부 사항을 감지할 수 있는 능력을 향상한다는 연구 결과나 게임을 통해 의사소통, 협업, 전략적 판단 등과 같은 사회적 역량을 키울 수 있다는 논의가 이어지면서 사람들이 게임의 교육적 순기능에 주목하기 시작했다. 실제로 온라인 게임을 많이 하는 사람일수록 더 매끄러운 커뮤니케이션을 이어가고 긍정적인 사회감성적 표현을 많이 이용한다고 주장하는 연구도 있다. 연구자들은 게임 이용이 그러한 긍정적인 커뮤니케이션 행동과 기술을 훈련하거나 예행해보는 기회로 활용되면서 실제 현실에서도 긍정적인 커뮤니케이션이 이루어질 것이라고 추정한다. 이는 사람들이 게임을 오랫동안 많이 하면 뇌가 정상적인 반응을 하지 못해 집중력이 떨어진다는 극단적인 두려움에서 벗어나기 시작했을 뿐만 아니라 게임의 활용도를 다시 생각해보기 시작했음을 보여준다. 또한, 대중문화의 지형 속에서 가장 저급하다는 평가를 받아온 게임이 재평가되고 있음을 의미한다.

4) 게임 산업의 부상

게임 산업은 감성사회로 불리는 21세기에 집중적으로 육성해야 할 국가전략산업으로 평가되고 있다. 또한 컴퓨터 기술, 디자인, 스토리텔링 등을 아우르는 융합 산업이기도 하다. 디지털 게임 산업은 전 세계적으로 매년 30% 이상의 성장률을 보이는 초고속 성장 산업이며, 다양한 컴퓨터 기술 관련 산업은 물론 캐릭터와 애니메이션, 영화, 피규어 등 각종 문화 산업과 연결되어 산업적 파급력이 커지고 있다.

최근 들어 일부 게임의 성장률은 주춤하지만 국내 게임 시장 역시 지속적으로 성장하고 있다. 한때 온라인 게임이 한국 게임을 이끌어가는 주축이었으나 이제는 스마트폰의 보급과 함께 모바일 게임이 국내 게임 시장의 중심을 차지한다. 스마트폰에 기반을 둔 모바일 게임은 게임 구조와 작동방식이 간단하고 쉬운 편이라 이용자층을 확대하는 효과를 낳았다.

그러나 게임 산업에 걱정이 없는 것은 아니다. 주력 분야인 온라인 게임의 부진, 모바일 게임 시장의 포화 상태, 대기업 위주의 성장, 중국을 비롯한 외국산 게임의 역습 등 과제가 산적해 있다.

그럼에도 디지털 게임은 콘텐츠 산업을 이끌어나가는 효자 종목이다. 실제로 디지털 게임 산업은 국내에서 손꼽히는 성장 산업이다. 콘텐츠 산업의 수출액 중 절반 이상이 게임 산업의 몫이다. 우리나라는 미국, 중국, 일본 등과 더불어 게임 수출액으로 막대한 수익을 거두는 게임 강국이다. 디지털 게임 산업이 민간 주도로 글로벌 시장에서 성공한 거의 유일한 콘텐츠 산업이라는 말은 과장이 아니다.

디지털 게임 산업이 거둔 성과는 문화 산업에서 차지하는 게임의 위상에도 변화를 가져왔다. 게임 산업이 국가전략산업이자 적극적으로 진흥하고 육성해야 할 대상으로 자리매김한 것이다. 이러한 게임 산업의 부상으로 디지털 게임은 젊은 세대가 진지하게 고려해볼 만한 직업과 진로 희망 분야가 되었다. 게임과 게임 산업은 이제 우리 사회의 한 부분을 차지하는 진지한 대상으로 자리 잡았다.

2. 디지털 게임의 이해

디지털 게임을 둘러싼 환경적 요인들은 게임이 서로 모순되거나 경합하는 사회적 담론 속에 위치하고 있음을 보여준다. 이것은 그만큼 게임이라는 것이 살펴봐야 할 측면이 많고 논의가 복잡한 문화물이라는 것을 의미한다. 그렇다면 이렇게 복합적인 속성을 지닌 디지털 게임을 어떻게 이해해야 할까?

단순히 디지털 게임이 담고 있는 내용과 그 효과 그리고 게임의 도구적 기능에만 주목하면 디지털 게임을 온전히 이해할 수 없다. 디지털 게임은 다른 디지털 미디어와 마찬가지로 개인의 감각에서부터 사회적·문화적·경제적으로도 영향을 미치고 있다. 예를 들어, 인터넷 같은 디지털 미디어는 네트워크를 통해 사람들을 연결해줌으로써 서로 정보를 공유하고 소통할 수 있게 해주었다. 그런데 인터넷은 여기에서 그치지 않고 정보, 배움, 전문성, 신뢰, 공동체와 같은 개념에 대한 인식과 만남·소통의 방식, 언론, 직업, 산업구조, 법과 제도 등 우리 사회의 거의 모든 것에 영향을 미치고 사람들의 삶의 방식을 바꾸었다. 마찬가지로 디지털 게임 역시 디지털 기술을 통해 새로운 놀이형식을 제공해주는 것을 넘어서 사람들이 놀이와 여가를 즐기는 방식, 자투리 시간을 이용하는 방식, 소통하는 방식, 가상과 현실을 인식하는 방식을 바꾸고, 콘텐츠 산업구조를 재편하며, 관련법과 제도를 생성하는 등 우리 삶 전반에 영향을 미친다.

디지털 게임의 사회적 영향력이나 사회 전반을 재구성하는 힘은 단기간에 드러나지 않고 여러 사회적 요인이 교차하며 작용하는 매우 복잡한 과정이다. 그럼에도 디지털 게임이 지닌 구조나 매체적 특징이 어떤 변화를 유도할 수 있는지 또는 우리의 인식과 삶의 방식을 어떻게 재구성할 수 있는지 살펴볼 필요가 있다. 이것은 디지털 게임을 객관적으로 바라보는 데서 그치는 것이 아니라 게임의 다면적인 특징들이 사회의 다양한 지점에서 어떻게 발현되는지 주의 깊게 살펴보는 것이다. 즉, 우리 삶 전반에 알게 모르게 작용하는 미디어 환경의 하나로서 게임의 영향력을 인식하고 성찰하는 것이다. 이러한 인식과 성찰이 이루어졌을 때 비로소 게임에 대한 이해와 통제력을 어떻게 확보하고 어떠한 대응이나 창의적인 실천을 전개해나갈지 생각해볼 수 있다.

1) 게임은 놀이다

호모 루덴스Homo Ludens, 즉 '놀이하는 인간'이라는 말은 놀이가 인간의 본질이며 놀이가 없이는 문화도 존재할 수 없다는 의미다. 또한 이 말은 놀이가 인간에게 얼마나 중요한지, 인류문화에 놀이가 미친 영향이 얼마나 큰지를 함축한다. 역사적으로 인간은 다양한 놀이를 개발해왔으며, 기술은 인간의 놀이와 놀이하기를 함께 발전시켰다. 디지털 게임은 디지털 기술에 힘입어 탄생한 새로운 놀이다.

디지털 게임이 하드웨어적·소프트웨어적으로 발전하면서 게임은 영화 같은 생생한 영상을 전달하고 소설만큼 방대한 이야기를 담을 수 있게 되었다. 이로 인해 게임을 새로운 이야기 형식으로 볼 수 있다는 주장도 존재한다. 그러나 게임에서 아무리 멋진 이야기를 전달할 수 있다고 하더라도 게임은 기본적으로 놀이다. 멋진 이야기와 그래픽은 게임이라는 놀이를 더 흥미진진하고 고차원적인 것으로 만들어주는 역할을 할 뿐이다. 실제로 게임은 이야기 없이도 가능하며, 점·선·면이라는 흑백의 단순한 그래픽만으로도 구현된다.

게임이 놀이라는 것은 어떤 의미일까? 먼저 디지털 게임은 퍼즐, 퀴즈, 바둑, 체스, 미로 찾기, 카드놀이, 역할놀이, 전쟁놀이를 포함해 온갖 놀이와 스포츠를 디지털 기술로 구현한 것이다. 이로 인해 굳이 놀이에 대한 이론을 빌려오지 않더라도 게임이 지닌 놀이적 속성은 분명해진다. 또한 많은 놀이가 경쟁을 전제로 하기 때문에 기본적으로 놀이에는 긴장과 갈등이 깔려 있다. 게다가 일상적으로 보았을 때 놀이는 진지하지 않은 것 같지만 놀이 속으로 들어갔을 때 그 규칙은 굉장히 진지하며 놀이에 참여하는 사람들 역시 진지하게 몰입한다. 디지털 게임 역시 마찬가지다. 겉에서 보았을 때 게임은 그저 재미를 위해 또는 시간을 때우기 위해 하는 것이다. 그러나 그것을 하는 사람들에게 디지털 게임은 진지한 몰두의 대상이 된다.

여기에서 게임을 하며 논다는 것에 새로운 의미가 덧붙여지기 시작했다. '재미노동'이 그 사례다. 재미노동이란 놀이와 재미라는 동기에서 시작된 게임세계의 체험이 현실세계의 노동과 똑같은 인내심을 요구하는 진지하고 몰입적인 체험이 되는 현상을 말한다. 이 과정에서 노동과 놀이의 경계가 사라지고 극단적인 장시간의 몰입이 나타나기도 한다. 재미노동은 주당 수십 시간 정도를 게임세계에서 보내는 사람들의 체험이 상당 부분 현실의 노동과 닮았다는 점에서 흥미롭다. 현실에서 벗어나 자유롭고 해방된 재미를 즐기리라 예상한 사람들이 게임 속에서 레벨을 높이고 새로운 기술을 익히기 위해 현실의 노동과 유사한 과정을 겪는 것이다. 게임이라는 가상의 삶 자체가 점점 더 사람들에게 의미 있는 것이 되면서 재미노동의 증가는 더 뚜렷해질 것이다. 게임이라는 놀이가 주는 가상의 경험은 가상 자체로 끝나지 않고 현실과 밀접하게 맞닿아 있기도 하다.

2) 게임은 멀티미디어다

어느 미디어에나 그 미디어를 이루는 지배적인 정보형식이 존재했다.

예를 들어, 전통적인 의미의 신문은 종이에 인쇄된 문자를 기본으로 그림이나 사진이 곁들여졌다. 라디오는 음성, 음악 같은 사운드로만 이루어지며 전파를 통해 전달되었다. 텔레비전이나 영화는 사운드와 영상으로 이루어진 미디어로, 각각 전파를 통해 그리고 필름 형식으로 제공되었다. 이렇게 여러 미디어는 고유한 정보형식에 기반을 두고 독자적으로 존재해왔다. 그러나 디지털 시대에 이르자 미디어들 사이의 경계가 사라지게 되었다. 디지털 기술은 모든 정보형식을 디지털 형식으로 전환하고 미디어와 콘텐츠의 융합을 가져오기 때문이다. 이는 인터넷을 보면 가장 쉽게 알 수 있다. 인터넷은 뉴스, 드라마, 영화, 만화, 게임 등 기존의 모든 미디어 형식을 갖추고 있다.

디지털 미디어 또는 디지털 콘텐츠인 게임은 디지털 기술이 지닌 멀티미디어성, 즉 다양한 정보형식이 융합되어 있다는 특징을 지닌다. 게임은 문자, 사운드, 영상 등 인간의 시청각에 소구하는 다양한 정보형식으로 이루어져 있으며 몸의 움직임이라는 촉각적인 요소까지 포함한다. 디지털 게임은 시각, 청각, 촉각 등 여러 감각기관을 통합적으로 자극하는 멀티미디어다. 스크린 위에 나타나는 게임의 인터페이스는 이러한 복합적인 요소들을 어떻게 인식하고 작동할 것인지를 보여준다. 게임을 한다는 것은 읽고, 듣고, 보고, 하는 것을 포괄한다. 따라서 게임을 잘하는 것은 다양한 정보형식을 얼마나 잘 활용하는지에 달려 있기도 하다.

디지털 게임이 멀티미디어 형식을 갖는 것을 또 다른 차원에서 생각해 볼 수 있다. 바로 디지털 게임에서는 그동안 존재해온 인간의 다양한 문화양식이 통합적으로 구현된다는 점이다. 기본적으로 디지털 게임은 인간이 이루어온 다양한 문화 자원을 활용한다. 대표적인 것이 앞서 설명한 놀이형식이다. 한편 디지털 게임에서 스토리텔링은 점점 더 뺄 수 없는 요소가 되고 있다. 디지털 게임은 신화, 전설 등 인간이 일구어온 이야기들을 적극적으로 활용하고 있으며, 이야기를 단순히 보거나 읽는 것이 아니라 이야기 속에 들어가 그것을 실제로 체험하게 함으로써 이야기 소비방식을 변화시키고 있다. 이미지 역시 마찬가지다. 게임의 영상은 그래픽 기술에 힘입어 영화 같은 수준의 생생함과 화려함을 자랑하고 있다.

또한 디지털 게임은 이야기와 이미지 요소 등 인문학적·예술적 요소를 포함하지만 그것을 구현하는 것은 프로그래밍이다. 다시 말해, 디지털 게임은 데이터 구조와 알고리즘의 결합체다. 즉, 디지털 게임은 프로그램에 의해 규정되고 이용자에 의해 경험되는 미디어로서 특정한 데이터 구조, 그리고 데이터 구조로 저장된 것을 구현하는 알고리즘으로 구성된다. 디지털 게임은 거의 모든 미디어가 소프트웨어로 되어가는 상황에서 미디어가 이용되는 방식, 미디어의 소프트웨어화가 지원하고 구현해가는 활동과 변화들을 이해하는 출발점이 될 수 있다.

디지털 게임의 멀티미디어적 특징은 제각기 독립적인 단위로 존재하던 정보형식과 문화형식을 총체적인 인간의 커뮤니케이션 영역으로 끌어내고 그것에 대한 문제제기를 한다는 점에서 의미가 있다.

3) 게임은 하는 것이다

게임은 읽거나 보는 것이 아니라 실제로 하는 것이다. 사람들이 게임 속에서 무언가를 하지 않으면 게임 내용은 진행되지 않는다. 게임은 게임과 사람늘 사이의 지속적인 작용과 반작용으로 이루어지는 역동적인 특징을 갖는다. 게임이 아무리 다양한 정보형식과 심오한 문화형식으로 이루어진다고 하더라도 사람과 게임 시스템의 상호작용이 불가능하면 그것은 게임이라고 할 수 없다. 이 말은 게임 구조 자체가 이용자와의 상호작용을 전제로 하고 있으며, 게임의 실질적인 진행은 게임을 하는 사람의 선택과 행동에 달려 있다는 의미다. 상호작용의 미디어로서 디지털 게임에서는 게임이 담고 있는 내용보다 게임 속에서 사람들이 하는 행위가 중요해진다. 그런 점에서 디지털 게임을 일종의 장난감으로 보기도 한다. 그러나 게임 속 사람들의 행위는 게임의 규칙과 제한에 의해 이루어진다는 점에서 게임은 무조건 마음대로 갖고 놀 수 있는 장난감이 아니다. 게임을 한다는 것은 게임의 일정한 규칙과 제한 요인들 아래 컴퓨터 시스템이라는 상대방과 경쟁하고 타협해가는 것이라고 할 수 있다.

사람들이 게임 속에서 얻는 경험은 개인의 선택에 달려 있기도 하지만 게임이 유도하는 대로 이루어지기도 한다. 게임 자체가 이용자의 참여를 반영하는 구조로 이루어져 있는 것이다. 이러한 특징을 가장 잘 보여주는 것이 게임의 공간성이다. 그 유형에 따라 조금씩 다르지만 디지털 게임은 대부분 사람들이 돌아다닐 수 있는 가상의 공간으로 제시된다. 영화나 책은 공간을 묘사하는 데 그치지만 게임 속에서 사람들은 그 공간을 돌아다닐 수 있다. 이러한 특징은 롤플레잉 형식의 온라인 게임에서 가장 뚜렷하게 나타나는데, 게임 속에 낮과 밤, 마을과 건물이 있고 거기에 거주하는 아바타와 같은 주민들과 게임을 하는 다른 사람들이 함께 존재한다. 따라서 사람들은 게임 속에서 사냥, 여행, 전쟁, 다른 사람들과의 교류 등 다양한 활동을 할 수 있다. 공간으로 제시되는 게임 속에 들어와 자유롭게 돌아다니며 임무를 수행하고 다른 사람들을 만나 소통하는 것이다.

이러한 게임의 상호작용적 특징은 다른 미디어가 줄 수 없는 재미를 제공해주며, 게임에 보다 생생하게 몰입할 수 있게 해준다. 게임 내용을 이용자 자신의 방식으로 구성할 수 있으며 개인의 선택을 반영할 수 있다는 점은 다른 어떤 미디어도 줄 수 없는 게임만의 매력이다.

4) 게임은 사람들을 연결할 수 있다

네트워크를 전제로 하지 않더라도 디지털 게임은 존재한다. 오락실 게임으로 불리는 아케이드 게임, 콘솔 게임, PC 게임이 디지털 게임 이전에 이미 존재했고, 다른 사람들과 연결되어 있지 않더라도 게임을 즐길 수 있다. 그런 점에서 보면 네트워크적 특징은 디지털 게임의 본질적 속성이 아니다. 그러나 디지털 환경이 조성되면서 네트워크적 특징은 점점 더 중요해지고 있다. 유무선 네트워크로 연결된 미디어 환경은 초연결 사회를 구현하고 있으며, 이러한 네트워크 기술의 발달에 힘입어 디지털 게임에서도 새로운 장르와 게임문화가 나타났다. 더구나 디지털 게임의 논의에서는 네트워크를 기반으로 대규모 이용자가 함께 즐기는 온라인 게임이나 다른 이용자와 대전하는 것이 핵심인 전략 시뮬레이션 게임, 그리고 그것이 창조해낸 게임문화를 빼놓을 수 없다. 그만큼 디지털 게임의 네트워크적 특징은 게임문화를 이해하기 위한 핵심 키워드다.

네트워크를 통해 사람들을 연결하는 것은 일종의 커뮤니케이션 혁명을 불러왔다. 신문이나 방송 같은 매스미디어는 메시지를 일방적으로 전달하고, 메시지를 받는 사람들은 파편화된 존재들이었다. 그러나 네트워크는 시공간을 넘어 다양한 사람들을 서로 연결시키고 그 연결을 지속적으로 유지한다. 또한 네트워크에 기반을 둔 커뮤니케이션은 수직적이 아니라 수평적인 성격을 갖는다. 사람들은 메시지를 일방적으로 받기만 하던 존재에서 메시지를 창조하고 전달할 수 있는 힘을 가진 존재가 되었다. 또한, 연결된 사람들은 서로 연대하고 나아가 대안적 공동체까지 형성할 수 있게 되었다. 이러한 네트워크의 특징은 디지털 게임에서도 그대로 구현된다. 실제로 디지털 게임은 막연하게만 느껴졌던 가상현실이나 가상 공동체 같은 새로운 현상을 가장 구체적이고 쉽게 이해할 수 있는 실례가 되었다. 디지털 게임 세대는 디지털 게임을 통해 네트워크가 형성되는 새로운 사회 변화를 피부로 이해할 수 있고, 또 다가올 미래는 어떤 모습일지 상상해볼 수도 있다.

3. 디지털 게임과 게임 리터러시

디지털 게임은 놀이로서의 속성, 사회적 가치와 맥락을 담고 있는 문화물로서의 속성, 소프트웨어의 측면, 이야기와 이미지와 같은 재현형식의 측면을 동시에 지닌다. 이러한 특징들은 게임이 무엇인지를 설명해주는 것과 동시에 그러한 특징에서 파생되는 게임문화를 이해하는 틀이라고 할 수 있다. 또한 이러한 디지털 게임의 특징들은 게임 리터러시라는 개념에 대한 단서를 제공해준다.

리터러시란 본래 문자를 읽고 쓸 수 있는 능력을 말한다. 여기에서 나아가 미디어 리터러시란 다양한 미디어에 대한 이해를 기반으로 미디어의 내용과 이용방식을 비판적으로 성찰하고, 그것이 지닌 사회문화적 맥락을 이해하며, 다양한 미디어를 기반으로 창의적으로 소통할 수 있는 역량을 의미한다(전경란, 2015). 게임 리터러시 역시 미디어 리터러시와 크게 다르지 않다. 게임 리터러시는 게임에 대한 이해를 바탕으로 게임과 게임 이용을 비판적으로 성찰하고, 게임문화가 구현되는 사회적·경제적 맥락을 파악하며, 게임을 통해 창의적으로 의미를 표현하고 소통할 수 있는 능력으로 볼 수 있다. 따라서 게임 리터러시 교육이란 이러한 능력을 함양하기 위한 교육이라고 할 수 있다.

그런 맥락에서 게임 리터러시는 다음과 같은 내용으로 정리해볼 수 있다. 즉, 게임의 구조와 매체적 특징에 대한 이해, 합리적인 게임 이용, 게임을 둘러싼 다양한 맥락에 대한 이해, 게임을 통한 창의적 표현과 의사소통이다. 결국 게임 리터러시 교육은 '게임이란 무엇인가', '어떻게 게임을 할 것인가', '게임은 사회와 서로 어떻게 영향을 주고받는가', '어떻게 게임을 활용할 것인가' 하는 문제를 제안하고, 이에 대한 답을 진지하게 생각하고 찾아보는 시도라고 할 수 있다.

1) 게임 콘텐츠의 이해

리터러시 교육은 글자를 해독하는 것에서 시작한다. 글자를 아는 것을 시작으로 글자가 뜻하는 의미를 이해하고, 그것을 기반으로 의미가 생성되는 맥락을 파악하게 된다. 미디어 리터러시로 생각해보면 신문, 방송, 인터넷, 영화, 소셜 미디어 등 미디어 자체에 대한 기본적인 이해에서 미디어 리터러시 교육이 출발하는 것이다. 따라서 게임 리터러시도 게임이 무엇인지 제대로 아는 것이 우선적으로 필요하다.

게임 콘텐츠에 대한 이해는 게임과 관련된 정보와 지식적 차원을 아는 것이 목표가 된다. 여기에서 말하는 게임 지식은 도구적 차원의 지식만을 의미하는 것이 아니다. 게임의 매체적 특징에 대한 이해를 의미한다. 앞서 정리한 것처럼 디지털 게임은 장난감이고 수수께끼를 푸는 과정이며 적극적으로 몸을 움직여 이용해야 하는 스포츠 형식을 띠기도 한다. 디지털 게임은 문자, 그래픽, 사운드 등 여러 종류의 정보형식이 하나의 미디어 시스템 안에서 수렴되는 멀티미디어이며, 상호작용성을 전제로 하는 디지털 미디어이자 디지털 콘텐츠다. 나아가 디지털 게임은 네트워크를 기반으로 형성되는 가상의 사회이기도 하다. 그곳에서 사람들은 가상현실, 가상 공동체라는 독특한 체험을 할 수 있다.

이러한 논의 속에 게임의 중요한 본질이 숨어 있다. 바로 디지털 게임이 보거나 듣는 것이 아니라 하는 것이라는 점이다. 따라서 디지털 게임의 장르는 그 속에서 사람들이 하는 행위에 따라 구분될 수 있으며, 게임의 네트워크화가 진행되면서 사람들이 게임 속에서 할 수 있는 행위가 늘어나고 세분화되고 있다. 특히 다른 사람들과의 다양한 커뮤니케이션이 확대되고 중요해졌다. 게임의 장르가 플랫폼을 기준으로 아케이드 게임, 콘솔 게임, PC 게임, 모바일 게임 등으로 구분되기도 하지만 퍼즐 게임, 액션 게임, 슈팅 게임, 어드벤처 게임, 롤플레잉 게임, 시뮬레이션 게임 등 게임 속에서 주로 하는 행위가 장르 구분의 기준이 되기도 한다.

또한 게임을 하는 것은 게임 속의 경쟁에서 이기기 위해 의식적으로나 무의식적으로 자신에게 유리한 판단과 선택을 하는 행위다. 그 과정에서 게임 속의 정보를 수집하고 최선의 선택을 하며 그것을 적극적으로 수행하는 행위를 지속한다. 그 과정이 곧 게임에 몰입하는 과정이고, 여기에서 게임의 재미가 생성된다. 이것이 지나치면 게임 이용이 자신의 통제를 넘어서고 과몰입 단계에 이르게 된다. 다른 사람과의 커뮤니케이션 행위도 협력적인 대화와 협조, 함께 목표를 달성하기 위해 다른 사람들을 도와주거나 이끄는 리더십 행동 등 긍정적인 사회 활동으로 이루어질 수 있다. 그러나 동시에 게임 속에서 괴롭힘이 발생하기도 하고 이것이 현실의 폭력으로 이어지거나 집단적 갈등으로 발전하기도 한다. 이와 같이 게임의 매체적 특징을 비롯해 게임 콘텐츠 전반에 대한 이해가 게임 리터러시를 이루는 가장 기본적인 요소다.

2) 합리적인 게임 이용

디지털 게임이 '하는' 미디어이기 때문에 당연히 '어떻게 게임을 할 것인가'는 게임 리터러시에서 중요한 요소가 될 수밖에 없다. 이는 '어떤 게임을 할 것인가', '왜 게임을 하는가'에 대한 성찰과 함께 이루어져야 한다. 즉, 합리적인 게임 이용 능력은 자신이 향유할 게임에 대한 선택 능력과 합리적이고 현명한 게임 이용을 위한 개인적 가치관과 태도를 형성하고 실천하는 것을 의미한다.

먼저 '어떤 게임을 할 것인가', 즉 게임 선택에는 게임의 선정적·폭력적 표현과 같은 재현의 문제, 사행성과 같은 윤리적 문제가 포함된다. 그동안 미디어 리터러시 교육에서는 미디어의 메시지는 중립적인 것이 아니라 특정한 방식으로 재구성된 것임을 인식하는 것이 매우 중요한 문제였다. 게임 내용 역시 게임만의 고유한 방식으로 만들어진 메시지를 담고 있다. 따라서 만화, 영화, 텔레비전에서와 마찬가지로 게임에서도 재현의 문제는 여전히 중요하다. 게임 속에서 사람들이 아무리 긍정적인 행동을 많이 하더라도 지나치게 선정적인 묘사와 폭력적인 묘사는 바람직하지 않기 때문이다. 특히 게임의 폭력성 문제는 게임 역사에서 상당 부분을 차지할 정도로 심각한 이슈다.

디지털 게임과 폭력을 보는 시각은 크게 두 가지다. 하나는 디지털 게임이 너무나 쉽게 폭력성과 폭력 행위를 체험하게 함으로써 직접적으로 부정적인 영향을 미친다는 주장이다. 또 다른 주장은 다른 미디어의 폭력 문제와 마찬가지로 게임 역시 허구적 상황에서 폭력을 연출한 것이며, 그것이 실제 게임을 하는 사람들에게 미치는 영향은 크지 않다는 것이다. 두 관점 모두 의미 있는 논의이지만 어느 한 쪽을 완전히 옳다고 할 만한 연구 결과가 뒷받침되지 않고 있으며 논쟁은 지속되고 있다. 그러나 디지털 게임의 폭력 효과를 주장하는 관점의 경우 게임이라는 미디어가 미칠 수 있는 부정적인 효과를 경계한다는 점에서, 그리고 폭력 효과에 대해 의문을 제기하는 관점의 경우 일방적이고 단선적으로 게임의 효과를 확정함으로써 만들어지는 무책임한 사회적 담론이나 정책의 문제를 지적하고 있다는 점에서 의의가 있다.

한편 왜 게임을 하는가, 즉 게임 이용의 동기는 대부분 스트레스를 해소하기 위한 것으로 조사되고 있다(한국콘텐츠진흥원, 2017). 가장 게임을 많이 하는 세대인 10대의 경우, 여가 시간이 생겼을 때 가장 하고 싶은 활동으로 여행, 영화 같은 공연예술 관람, 스포츠 등을 꼽는다고 한다. 당연히 디지털 게임이 가장 하고 싶은 여가 활동일 것이라는 기대와는 사뭇 다른 결과다. 따라서 학업, 친구 문제, 가족 관계 등으로 스트레스를 받는 10대 청소년이 스트레스를 가장 쉽게 해소할 수 있는 수단이 디지털 게임이고 이에 대한 다른 대안을 우리 사회가 제공해주지 못하고 있는 것은 아닌지 생각해볼 필요가 있다. 또한 개인적으로 스트레스를 해소하기 위해 하는 게임이 장시간의 몰입이나 과몰입으로 이어져, 게임이 또 다른 스트레스가 되는 악순환이 만들어지는 것은 아닌지 돌아볼 필요도 있다.

'어떻게 게임을 할 것인가'의 이슈 역시 게임의 과몰입 문제와 직접적으로 관련된다. 과몰입에 이르게 되는 원인에 대해서는 여러 요인을 들 수 있다. 우선 게임 자체가 상호작용적 특징을 지니고 있어 사람들의 참여와 관여를 지속적으로 요구할 뿐만 아니라 게임에 몰입하는 강도를 점점 더 강화하도록 유도하는 문제가 있다. 또한 게임을 하는 사람 개인이 지닌 특징이나 그를 둘러싼 환경적 요인들이 게임 과몰입의 요인으로 지목되기도 한다. 개인이 지닌 커뮤니케이션 역량, 정서조절력, 자기통제감 등이 개인적 요인이라면 부모와의 관계 같은 가족 관계, 친구 집단의 영향이 대표적인 환경적 요인이다.

특히 어린이나 청소년의 게임 과몰입 문제는 가족 구성원과 함께 보내는 시간이 적은 경우, 부모의 관리 감독이 소홀할 경우, 부모와 의사소통이 원활하지 않은 경우 등이 그 원인으로 제시된다. 또 다른 중요한 요인은 자녀의 게임 이용에 부모가 관여하는 정도나 방법이다. 어린이와 청소년을 대상으로 조사해보면, 부모의 적극적인 통제와 중재는 이들의 게임 이용 시간을 감소시킬 뿐만 아니라 과몰입을 예방하는 데 효과적이라고 한다. 결국 어린이와 청소년의 게임 과몰입 문제는 그들만의 문제가 아니라 가정의 문제이자 나아가 사회의 문제다. 따라서 이 문제에 대한 대처 역시 어린이와 청소년에게만 요구할 수 있는 것이 아니다.

결국 합리적인 게임 이용과 같은 게임 리터러시 요소는 자신에게 적당한 게임을 적정한 시간 동안 게임하기, 어떤 게임이 좋거나 나쁜 게임인지 판단하기, 게임을 통해 얻을 수 있는 좋은 점과 나쁜 점에 대해 성찰하기, 게임 이용 동기와 이용 경험에 대해 부모나 다른 사람들과 이야기 나누기 등의 실천 과제를 포함한다.

3) 게임을 둘러싼 맥락의 이해

디지털 게임은 일차적으로 컴퓨터 관련 기술의 등장과 관련이 있고, 놀이와 여가의 한 형식으로 사회에 도입되었으며, 사회문화적 분위기와 산업구조와도 관련을 맺고 있다. 또한 디지털 게임의 형식적·내용적 측면을 고려하면 게임은 기존에 존재하는 문화물과 분리해 생각할 수 없다. 따라서 게임을 둘러싼 맥락에 대한 이해는 디지털 게임의 기술적 배경과 새로운 게임의 등장, 게임의 생산과 소비 구조, 게임이 창조하는 새로운 문화 현상 등에 대한 이해를 포괄한다.

게임의 기술적 배경은 1940년대로 거슬러 올라간다. 1945년에 이미 앨런 튜링Alan Turing이 컴퓨터로 할 수 있는 일의 하나로 체스 게임을 생각해냈다고 한다. 이후 게임은 컴퓨터 하드웨어와 소프트웨어 기술의 발달에 따라 당시의 첨단 기술을 가장 적극적으로 채택하면서 발전해왔다. 최근 인기를 끌고 있는 증강현실 게임, 가상현실 게임 등도 관련 기술을 게임으로 끌어와 새로운 장르와 형식을 창조한 것이다. 앞으로 등장할 새로운 게임 역시 끊임없이 개발되고 있는 디지털 기술, 문화 기술을 활용함으로써 게임의 기술 중심적 성격은 지속될 것이다. 여기에서 눈여겨봐야 할 점은 새로운 기술이 디지털 게임에 채택되어 어떤 효과를 발생시키는지, 즉 게임과 게임의 이용에 어떤 변화를 가져오는지, 어떤 게임문화를 조성하는지 등이다.

우리나라는 1990년대에 콘텐츠가 부상하면서 게임 산업을 비롯한 문화 산업 관련 정책들이 본격적으로 정비되었다. 이에 따라 지적 테크놀로지와 정보의 중요성이 주목받고 관련 산업이 성장했다. 게임을 비롯한 콘텐츠의 문화적 가치와 창조 산업의 중요성은 점점 커지고 있다. 게임은 사회의 문화적 욕구 충족에 기여하는 문화물일 뿐만 아니라 상품으로서, 그것을 통해 이윤을 창출하려는 게임 산업의 이해관계가 작동하는 영역이다. 따라서 게임이 어떤 방식으로 이익을 얻는지, 그것이 게임을 이용하는 데 어떤 영향을 미치는지 등을 살펴볼 필요가 있다.

한편, 디지털 게임은 디지털 게임 세대를 탄생시켰다. 이 세대는 컴퓨터, 인터넷 등 다양한 디지털 기기를 활용하는 데 능숙하며, 이들의 일상생활에서 디지털 게임은 보편적인 문화로 자리 잡고 있다. 특히 이들 세대에게 디지털 게임은 그동안 신문이나 텔레비전이 기성세대에게 미쳤던 것만큼이나 큰 영향력을 행사한다. 디지털 게임 세대는 게임을 기반으로 놀이와 여가 활동을 하고 또래문화를 이룬다. 디지털 게임 세대에게 게임은 단순한 놀이가 아니라 문화 활동이며 그들만의 독특한 문화적 감수성을 형성해주는 매개체다. 이들 세대에게 게임이라는 가상공간은 현실과 다른 아주 이질적이고 분리된 공간이 아니다. 영상 세대가 문화를 수용하고 그것을 받아들이는 감수성에서 이전 세대와는 사뭇 다른 모습을 보여준 것처럼 디지털 게임 세대 역시 고유한 감수성을 형성한다. 디지털 게임 세대는 게임을 가정에서 또는 게임방에서 일상적인 놀이로 즐기며 성장한 세대다. 어른들에게는 문제적 장소로 보이는 게임방이 이들에게는 또래와 소통할 수 있는 문화적 매개체이며, 함께 공유할 수 있는 놀이문화를 만들어주는 계기가 되었다. 또한 디지털 게임은 밖에 나가 뛰어노는 것만이 함께 할 수 있는 놀이가 아니라는 새로운 경험을 하게 해주었다.

그렇기 때문에 디지털 게임을 모든 청소년 문제의 근원으로 보거나 어린이와 청소년의 심리적·정서적 발달을 해치는 유해물로만 보는 것은 이들의 공감을 얻기가 어렵고 함께 대화를 이어나갈 수도 없다. 그보다는 게임회사가 왜 폭력적인 디지털 게임을 만드는지, 폭력적인 디지털 게임이 어떤 과정을 거쳐 사람들에게 도달하는지, 그 과정에서 심의나 등급제와 같은 제도는 어떻게 기능하는지, 그러한 게임이 자신은 물론 다른 사람들에게 어떤 영향을 미친다고 생각하는지를 논의할 필요가 있다. 사행성 문제도 마찬가지다. 예를 들어, 확률형 아이템 같은 사례는 게임 산업의 수익구조에 대해 생각해보는 출발점이 될 수 있다. 이는 게임의 과금체제와 같은 생산과 소비 구조에 대한 논의로까지 이어질 수 있다.

이러한 과정은 부모 또는 교사가 자녀나 학생에게 일방적으로 의견을 제시하고 가르치는 형식이 되어서는 안 된다. 그보다는 우리 사회의 제도, 구성요인들이 어떻게 작동하는지 알고 있는 어른 세대의 경험과 지혜가 디지털 게임에 대한 젊은 세대의 이해와 상호작용하는 과정이 되어야 한다. 그런 점에서 게임 리터러시 교육은 어린이와 청소년에게만 필요한 것이 아니라 디지털 세상을 함께 살아가는 어른을 위한 교육이기도 하다.

4) 게임을 통한 창의적 표현과 의사소통

디지털 게임 세대는 게임하기를 통해 관계 욕구를 해소하고 또래문화를 형성해간다. 또래를 사귀거나 관계를 유지하고 발전시키는 데 디지털 게임이 작용하는 것이다. 디지털 게임 세대는 자신들만의 독특한 소통 언어를 지니고 있으며, 게임을 통해 축적한 지식과 정보를 통해 또래문화를 형성하기 때문이다. 실제로 디지털 게임 세대를 지칭하는 표현으로 닌텐도 세대Nintendo generation라는 용어가 있다. 닌텐도 세대는 실제 사람과의 대면 의사소통보다는 기계를 통해 자신을 표현하고 기계와 더 의미 있는 관계를 맺는 사람들을 뜻한다.

디지털 게임은 기계와의 상호작용에서 그치지 않고 다른 이용자와 행하는 다양한 상호작용을 더한다. 네트워크를 통해 관계를 형성하고 유지하며 자신을 표현하고 소통하는 소셜 게임이 대표적인 사례다. 소셜 게임은 게임을 통해 다른 사람들과 친밀감, 동질성을 높이고 인맥을 관리하는 것을 목적한다는 점에서 기존의 게임과 다른 성격을 지닌다. 소셜 게임에서 친구나 이웃의 수는 게임을 보다 원활하게 수행할 수 있는 자산이 된다. 충분한 친구가 있어야 게임 속의 미션을 달성할 수 있고, 이웃이 없으면 게임 자체를 진행할 수 없다. 다른 장르의 게임 진행이 이용자의 실력이나 투자 시간에 비례해 이루어지는 경향이 있다면, 소셜 게임의 진행은 친구라는 사회적 자산에 의존한다. 또한 게임 구조 자체도 다른 사람들과의 관계를 확대하고 발전시키도록 유도하며, 서로 돕는 과정을 통해 게임을 보다 원활하게 진행할 수 있다. 따라서 이러한 게임에서 즐거움은 게임을 성공적으로 완료하는 데 있는 것이 아니다. 그보다는 자신이 좋아하는 대상에 관심을 쏟고 그것과 정성스럽게 소통하는 데 있다. 이는 현실적이고 물질적인 이익보다는 자기만족, 칭찬, 명예, 인기와 같은 사회적 보상을 기대하기 때문이다.

디지털 미디어 환경에서 사람들은 다양한 방식으로 자신을 표현하고 다른 사람들과 소통한다. 이전에는 지역, 인종, 젠더, 취향 등의 차이와 위계로 인해 소통이 불가능했던 사람들과 집단들이 서로 교류하는 것이 가능해졌다. 디지털 게임 역시 네트워크화를 통해 그리고 소셜 게임 같은 장르를 통해 사람들의 의사소통과 교류를 활발하게 하고 있다. 이러한 과정은 인간의 가장 본질적인 능력인 커뮤니케이션 능력의 확장을 의미한다. 그런 점에서 게임에서의 의사소통은 두 가지 차원에서 중요성을 지닌다. 첫째, 다양한 정보형식을 포괄하는 보편 타당한 소통 능력의 필요성이다. 둘째, 게임과 또는 게임을 하는 상대편과의 소통을 넘어 사회와의 소통에 대한 인식의 필요성이다. 디지털 게임을 통한 의사소통능력 함양은 개인적 차원에서의 역량 강화에 그치는 것이 아니라 보다 나은 미디어 환경을 조성하기 위해 사회적으로 목소리를 내고 대안을 제시할 수 있는 차원으로 이어져야 한다. 게임 리터러시에 대한 요구를 게임 생산자 영역으로 확대해 게임 산업의 사회적 책무를 강조하고 게임 환경 전반이 함께 발전하는 방법을 도모할 필요가 있다.

4. 게임 리터러시 교육의 방향

게임 리터러시와 게임 리터러시 교육의 필요성과 중요성은 더욱 커질 것이다. 앞서 정리한 것처럼 디지털 게임을 둘러싼 환경이 점점 더 게임의 중요성을 강조하고 있으며, 게임이 다양한 정보형식과 문화형식을 포괄하는 복합적인 메시지 체계라는 점에서 의미가 있기 때문이다.

그동안 디지털 게임은 두려움 또는 혐오의 대상이었다. 디지털 게임을 너무 오래 하면 헤어 나올 수 없는 중독에 빠질 수 있다거나 디지털 게임이 보여주는 가상의 폭력을 오랫동안 접하면 현실에서 폭력을 행하게 된다는 등 미디어가 만들어내는 담론은 그러한 공포와 혐오를 강화해왔다. 그에 따라 디지털 게임과 게임 이용을 규제하는 법과 제도들이 시행되었고 통제교육이라는 보호주의적인 접근이 이루어졌다. 그러나 기존의 부정적인 담론에 대해서 디지털 게임을 제대로 이해하고 관련 문제에 대처하는 리터러시 교육 또는 적극적인 활용교육으로 전환해야 한다는 지적이 여기저기에서 제기되고 있다. 이제는 두려움보다는 호기심을 갖고 디지털 게임에 접근할 필요가 있다는 것이다.

한편, 디지털 사회는 디지털 시민성을 필요로 한다. 디지털 시민은 디지털 기술을 통해 디지털 콘텐츠를 창조하거나 소비하고, 다른 사람과 소통하며, 사회에 참여하기 위한 도구로 활용하는 지식과 능력을 갖춘 사람을 말한다. 게임 리터러시 교육은 게임의 부정적인 측면에 대한 경각심을 갖도록 하지만, 디지털 게임이라는 새로운 소통의 장과 표현의 매개체가 어떻게 사회적으로 쓰일지 논의하는 기회이기도 하다. 디지털 게임은 다양한 방식으로 사람들을 만나게 하고 소통하게 한다. 게다가 디지털 게임 세대는 게임 속에서 협업, 리더십, 문제 해결 능력, 비판적 사고 능력 등 디지털 시대가 요구하는 역량들을 배우고 있다. 그뿐만 아니라 개인정보·사생활 침해, 사이버 폭력 등 디지털 시대가 빚어낸 어두운 모습도 함께 경험하고 있다. 이런 상황에서 게임 리터러시 교육은 디지털 시대를 살아가는 건강한 디지털 시민을 양성하는 데 기여할 수 있다.

게임 리터러시 교육은 디지털 게임 자체와 게임을 둘러싼 광범위한 사회적·경제적·제도적 맥락 그리고 그 맥락들이 만들어내는 사회 변화를 이해하고 대처하는 교육으로서 자리매김할 필요가 있다. 더욱이 디지털 게임은 급속히 변하고 갈수록 이해하기 어려운 복잡하고 광활한 디지털 세계의 모습을 구체적으로 보여준다. 따라서 게임 리터러시 교육은 어린이와 청소년만을 대상으로 한 교육이 될 수 없다. 인간의 생애 주기는 끊임없는 적응과 변화를 요구하며, 디지털 시대 사람들은 일생 동안 진행되는 적응과 변화의 과정을 거쳐야 한다. 그런 점에서 게임 리터러시 교육은 전 세대를 위한 교육이 되어야 하며, 게임 리터러시 교육이 지속적으로 이루어질 수 있도록 정책적 노력과 시스템 구축이 필요하다.

최근 초연결, 초지능으로 대표되는 4차 산업혁명 또는 지능정보사회라는 흐름이 대두되면서 새로운 기술을 어떻게 활용할 것인지, 인간 중심의 새로운 사회를 위해 필요한 윤리와 규범은 무엇인지에 대한 논의가 활발하게 이루어지고 있다. 온라인상의 익명성 뒤에 숨어 저지르는 악의적인 소통과, 반향실echo room처럼 비슷한 의견을 가진 사람들끼리 모여 자신들의 목소리만 옹호하고 다른 의견을 배척하는 상황들이 이어지면서 오히려 민주주의, 인권, 각종 차별 철폐와 같은 가치들이 훼손되고 있다. 게임 리터러시 교육은 다른 미디어 리터러시 교육과 마찬가지로 민주주의의 가치를 높이고 사람들의 인권감수성을 함양하는 데 기여할 책무가 있다.

참여활동

❶ 자신이 주로 하는 게임은 무엇인가? 또는 다른 사람들이 즐겨 하는 게임은 무엇인가? 그 게임들이 왜 재미있는지, 왜 사람들을 몰입시키는지 생각하고 그 이유를 정리해보자.

❷ 게임에 지나치게 몰입할 경우 어떤 문제가 생기는지 생각해보고, 그것을 해결하기 위해서 어떤 방법이 필요한지 논의해보자.

❸ 게임을 통해 배울 수 있는 것은 무엇인지 생각해보고, 그것을 어떻게 활용할 수 있을지 아이디어를 모아보자.

참 고 문 헌

1장 미디어 리터러시는 왜 필요한가

- 김상윤. 2017.1.30. "'일베' 이용자 수 급감…'젊은 보수의 침체' 반영하나." ≪조선일보≫. http://news.chosun.com/site/data/html_dir/2017/01/26/2017012601653.html
- 매클루언, 마셜(Marshall McLuhan). 2011. 『미디어의 이해: 인간의 확장』. 김상호 옮김. 커뮤니케이션북스.
- 이경희·최은혜. 2017.3.20. "[청춘리포트] 10대와 가짜 뉴스 ① 10명 중 6명 '진짜 가짜 구분할 수 있다'." ≪tong≫. http://tong.joins.com/archives/42056
- 정보인권. 2016. "주민등록번호 유출 최소 7억건 이상." http://www.privacy.or.kr/archives/4891
- 터클, 셰리(Sherry Turkle). 2012. 『외로워지는 사람들: 테크놀로지가 인간관계를 조정한다』. 이은주 옮김. 청림출판.
- Licoppe, C. 2003. "Two modes of maintaining interpersonal relations through telephone: From the domestic to the mobile phone." In J. E. Katz(ed.). *Machines that become us: The social context of personal communication technology*. New Brunswick: Transactional Publishers, pp. 171~186.

2장 미디어 리터러시는 무엇인가

- 라인골드, 하워드(Howard Rheingold). 2014. 『넷 스마트』. 김광수 옮김. 문학동네.
- 매클루언, 마셜(Marshall McLuhan). 2011. 『미디어의 이해: 인간의 확장』. 김상호 옮김. 커뮤니케이션북스.
- 요시미 순야. 2005. 『미디어 문화론』. 안미라 옮김. 커뮤니케이션북스
- 하주현. 2003. 「문제 발견, 창의적 사고, 창의적 인성의 관계」. ≪교육심리연구≫, 17권 3호, 99~115쪽.
- Dalton, R. J. 2008. "Citizenship norms and the expansion of political participation." *Political Studies*, 56, pp. 76~98.
- Duck, S. 1994. "Steady as (s)he goes: Relational maintenance as a shared meaning system." In Canary, D. J. and Stafford, L.(Eds.). *Communication and relational maintenance*. New York: Academic Press, pp. 45~60.

3장 민주사회 실천양식으로서 미디어 리터러시는 왜 주목받는가

- 김광재·장은미·강신규. 2017. 「사회미디어 교육 활성화 전략에 관한 연구」. 한국언론진흥재단 연구보고서.
- 양승목·송호근·조권중. 2002. 「지식기반 사회에서의 정보민주주의와 정보복지 정책」. ≪한국사회과학≫, 24권 1호, 79~112쪽.
- 황치성·김광재·한승연. 2013. 「미래성장동력으로서 미디어 리터러시」. 한국언론진흥재단 연구보고서.
- Hobbs, R. 2010. *Digital and media literacy: A plan of action*. Washington, D.C: Aspen Institute
- Livingstone, S. 2004. "Media literacy and the challenge of newinformation and communication technologies." *TheCommunication Review*, 7(1), pp. 3~14.
- Stanford history education group. 2016. "Evaluating information: the cornerstone of civic online reasoning, Executive summary." https://stacks.stanford.edu/file/druid:fv751yt5934/SHEG%20Evaluat

ing % 20Information%20Online.pdf

- The Finish Ministry of Education and Culture. 2013. "Good Media Literacy: National Policy Guideline 2013-2016."
- www.BFI.org.uk
- www.clemi.fr
- www.minimumwage.com

4장 디지털 뉴스 리터러시

- Lasswell, H. 1948. "The Structure and Function of Communication in Society." In L. Bryson(Ed.). *The communication of ideas*. New York: Harper, pp. 202~243.
- Pariser, E. 2011. *The filter bubble: What the Internet is hiding from you*. New York: Penguin Press.

5장 디지털 영상 콘텐츠 리터러시

- 방송통신위원회. 2017.「스마트폰 이용실태조사」. 방송통신위원회.
- Alagaran II, J. R. 2015. "Explore, Engage, Empower Model: Integrating Media and Information Literacy(MIL) for Sustainable Development in Communication Education Curriculum." MILID *yearbook 2015*. Unesco, pp. 31~37.
- Byron, T. 2008. *Byron Review-Children and New Technology: Safer Children in a Digital World*. U.K.: Department for Children, Schools and Families, and the Department for Culture, Media and Sport.
- Friedman, J. 2002. *Reality Squared: Televisual Discourse on the Real*. Rutgers University Press.
- Napoli, P. 2008. *Audience Evolution: New Technologies and the Transformation of Media Audiences*. Columbia University Press.
- Potter, W. J. 2014. *Media Literacy*. Sage Publication.

6장 개인방송 리터러시

- 고은희. 2017.11.27. "'급식체' 열풍? '어, 인정'." ≪경향신문≫, 1~2면.
- ≪과학기술정보통신부≫. 2019.8.30. "1인 미디어산업 활성화 방안", https://bit.ly/33KXRPv
- 김보영. 2016.3.25. "디지털 性 격차 … 외로운 STEM 전공 여학생들." ≪한국경제신문≫, 20면.
- 김치호. 2016.「MCN사업의 현황과 과제」. ≪인문콘텐츠≫, 40호, 167~187쪽.
- 박상준. 2017.9.17. "야하든 폭력적이든 뭐 어때요? SNS스타 돼서 큰돈 벌고 싶어요." ≪한국일보≫, 9면.
- ≪시사인≫. 2017.9.4. "돈벌이에 이용되는 여성혐오콘텐츠." http://bit.ly/2BZDTSu
- 심재웅. 2017.「개인방송과 리터러시의 방향」, ≪미디어와 교육≫, 7권 2호, 16~27쪽.
- 이애화. 2015.「디지털 리터러시 교육을 위한 디지털 역량의 개념적 특성과 한계」. ≪교육문화연구≫, 21권 3호, 179~200쪽.
- 이인묵. 2014.9.5. "나홀로 제작자 돕는 지원군 … 여기 있소이다." ≪조선비즈≫. http://bit.ly/2gx4qxA
- 임현석. 2017.12.7. "'인터넷 1인 방송 개선' 각계 뭉쳤다." ≪동아일보≫, B2면.
- ≪조선비즈≫ 2017.10.30. "존 리 구글코리아 대표 '유튜브 혐오·증오 콘텐츠, 관리 어렵다'." http://bit.ly/2zoi8uR
- 조정호. 2017.8.17. "해운대 비키니 여성 촬영 인터넷 생중계 BJ 검거." ≪연합뉴스≫. http://bit.ly/

2nMxeIb

- 최명호. 2016.「개인방송 서비스 동향과 전망」. ≪한국통신학회지, 정보와 통신≫, 33권 4호, 64~70쪽.
- 최진응. 2016.「인터넷 개인방송의 문제점과 개선방안」. ≪국회입법조사처 이슈와 논점≫, 1187호.
- 최형우. 2016.「국내외 MCN산업 동향 및 기업실태 조사 보고서」. 한국전파진흥협회.
- 한국언론진흥재단. 2019.「2019 10대 청소년 미디어 이용 조사」. 한국언론진흥재단.
- 한국인터넷진흥원. 2016.「2016 인터넷 이용 실태조사」. 한국인터넷진흥원.
- ≪한국일보≫. 2017.9.24. "정부 '이용정지' 받은 문제 BJ들 버젓이 활동하는 이유는?" http://bit.ly/2AoDOKZ
- ≪한국일보≫. 2017.9.25. "욕설BJ, 이용정지 받아도 버젓이 방송 … 규제 '구멍'." http://bit.ly/2xC8rGA
- DMC리포트. 2018.「2018 1인방송 시청 행태」. DMC미디어.
- Evans, S. 2015.2.5. "The Koreans who televise themselves eating dinner." BBC. http://www.bbc.com/news/magazine-31130947
- Hill, C., C. Corbett and A. St Rose. 2010. *Why so few? Women in science, technology, engineering, and mathematics*. Washington, DC.: American Association of University Women.
- Jenkins, H. 2006. *Convergence culture: Where old and new media collide*. New York: New York University Press.
- Kafai, Y. B. and K. A. Peppler. 2011. "Youth, technology and DIY: Developing participatory competences in creative media production." *Review of Research in Education*, 35(1), pp. 89~119.
- Knobel, M. and C. Lankshear. 2010. *DIY media: Creating, sharing and learning with new technologies*. New York: Peter Lang Publishing.
- Vanwynsberghe, H., E. Boudry and P. Verdegem. 2011. *Mapping social media literacy: Toward a conceptual framework*. EMSOC.

7장 디지털 광고 리터러시

- 메조미디어. 2014. 네이티브 광고의 성장과 미래. http://www.mezzomedia.co.kr/
- 심성욱·김운한. 2011.「대학생들의 소셜 미디어 이용동기가 소셜 미디어 광고 이용의향에 미치는 영향」. ≪한국광고홍보학보≫, 13권 2호, 342~376쪽.
- 이희복. 2016.『광고활용교육』. 커뮤니케이션북스.
- Buckingham, D. 2013. *Media education: Literacy, learning and contemporary culture, polity*. UK: Polity Press Cambridge. 번역본: 데이비드 버킹엄. 2004.『미디어교육: 학습 리터러시 그리고 현대문화』. 기선정·김아미 옮김. 제이앤북.
- Speck, P. S. and M. T. Elliott. 1997. "Predictors of Advertising Avoidance in Print and Broadcast Media." *Journal of Advertising Research*, 26(3), pp. 61~76.

8장 디지털 게임 리터러시

- 전경란. 2015.『미디어 리터러시의 이해』. 커뮤니케이션북스.
- 하위징아, 요한(Johan Huizinga). 1989,『호모 루덴스』. 김윤수 옮김. 까치글방.
- 한국콘텐츠진흥원. 2017.「2017 게임이용자 실태조사 보고서」. 한국콘텐츠진흥원.

찾 아 보 기

지은이(수록순)

김경희는 한림대학교 미디어커뮤니케이션학부 교수다. 이화여자대학교에서 신문방송학과를 졸업하고 같은 대학교에서 석사, 박사학위를 취득했다. ≪중앙일보≫에서 대통령 선거조사·국민의식조사 등 여론조사보도를 담당했으며, 뉴스속보부에서 인터넷 뉴스를 기획, 편집했다. 저서로는 『뉴스 안과 밖의 여성』(2017), 『한국사회와 인터넷 저널리즘』(2017), 『인터넷 취재보도』(공저, 2010), 『한국의 인터넷: 진화의 궤적』(공저, 2008) 등이 있으며, 「Cying for Me, Cying for Us, Obstacles to the Success of Female Journalists in Korea」 등 다수의 논문이 있다.
khkim@hallym.ac.kr

이숙정은 중앙대학교 미디어커뮤니케이션학부 교수다. 미국 텍사스주립대학교(University of Texas at Austin)에서 커뮤니케이션학 석사, 박사학위를 취득했다. 주 연구 분야는 뉴미디어의 사회적 영향, 청소년의 미디어 이용과 효과, 미디어 리터러시 등이다. 저서로는 『청소년에게 게임을 허하라』(공저, 2017), 『뉴미디어 뉴커뮤니케이션』(공저, 2014) 등이 있다.
sjleecom@cau.ac.kr

김광재는 한양사이버대학교 광고미디어학과 교수다. 전남대학교 신문방송학과를 졸업하고 서강대학교에서 박사학위를 취득했다. 현재 미디어 관련 다양한 학회에서 활동 중이다. 주 연구 분야는 미디어산업 및 정책, 미디어 콘텐츠 영역이다. 저역서로는 『콘텐츠 비즈니스론』(공역, 2012), 『사회과학 통계방법론의 핵심이론』(공역, 2010), 『디지털미디어혁명과 표준전쟁』(공저, 2007) 등이 있다.
gwangjae.k@gmail.com

정일권은 광운대학교 미디어커뮤니케이션학부 교수다. 연세대학교 사회학과를 졸업하고, 오하이오주립대학교(Ohio State University)에서 커뮤니케이션학 석사, 박사학위를 취득했다. 한국언론학회, 한국방송학회, 사이버커뮤니케이션학회, 한국정보사회학회 이사를 지냈다. 주 연구 분야는 정치커뮤니케이션, 저널리즘, 미디어와 여론, 인터넷과 소셜 미디어 등이다. 저서로는 『디지털 사회와 커뮤니케이션』(편저, 2014), 『SNS를 통한 정치 참여』(편저, 2012), 『SNS혁명의 신화와 실제: '토크, 플레이, 러브'의 진화』(공저, 2011)가 있다.
jeongik@kw.ac.kr

박주연은 한국외국어대학교 미디어커뮤니케이션학부 교수다. 독일 베를린대학교(Free University of Berlin)에서 커뮤니케이션학 석사, 박사학위를 취득했다. 한국언론진흥재단 선임연구위원으로 근무했고 한국방송학회, 사이버커뮤니케이션학회 편집이사를 지냈다. 주 연구 분야는 미디어산업 및 정책, 미디어 콘텐츠 영역이다. 저서로는 『모바일과 여성』(공저, 2015), 『미디어경영론』(공저, 2015), 『뉴미디어, 뉴커뮤니케이션』(공저, 2014), 『스마트 생태계와 미디어경영』(공저, 2014) 등이 있다.
joonix@hufs.ac.kr

심재웅은 숙명여자대학교 미디어학부 교수다. 고려대학교에서 방송학 석사학위, 인디애나대학교(Indiana University)에서 텔레커뮤니케이션학 박사학위를 취득했다. 한국언론학회와 한국방송학회에서 총무이사와 편집이사를 역임했다. 주 연구 분야는 디지털 미디어 리터러시, 청소년의 미디어 이용, 성과 미디어 등이다. 저서로는 『디지털사회와 커뮤니케이션』(공저, 2014) 등이 있다.
jwshim@sookmyung.ac.kr